张家界旅游业提质升级发展研究

国家自然科学基金旅游研究项目文库

粟 娟 / 著

中国旅游出版社

前　言

　　党的二十大报告指出，中国特色社会主义进入新时代，中国经济由高速增长阶段转向高质量发展阶段。在高质量发展阶段，中国旅游迎来了旅游消费升级的重大机遇。在人均收入提高、消费升级的背景下，人们不再满足于传统的"柴米油盐酱醋茶"等生活必需消费，大众旅游消费也不再是奢侈消费，"琴棋书画诗酒茶"等文化娱乐消费以及"远方与诗"的休闲度假旅游正在成为现代人生活的常态。随着旅游者的消费需求从功能型消费升级为情感型消费，传统观光旅游的业态、产品和服务都已经不能适应休闲度假的时代诉求。旅游产业的转型与升级已成为必然，尤其是传统旅游目的地的旅游产业转型升级已是势在必行，因此如何科学引导传统旅游目的地进行旅游产业及消费市场转型升级，具有重要的现实意义。

　　我国的旅游消费转型升级主要表现在三个方面。一是国民旅游出游规模和消费规模的扩大。我国2019年全年的国内旅游人数超过60亿人次，出境旅游人数达到1.5亿人次，国内、国际旅游消费规模达到8万亿元人民币。这种增长速度和消费规模位于世界各国前列。二是旅游领域社会投资的增长。据不完全统计，全国现有旅游投资基金超过100家，总体规模达到万亿元。大量社会资本进入旅游领域，为旅游供给规模化发展打下了坚实的基础。三是国家全域旅游发展战略的推进，使全国特别是县域旅游发展摆脱了以景区开发为重点、以观光旅游为重心的旅游供给现状，旅游供给形态呈现多元化。国内学者从旅游产品的供给角度提出了观光旅游、休闲旅游、度假旅游、户外运动、研学旅游、技术旅游、自驾旅游等多种旅游形态，也有学者从旅游空间创新形态上提出除了传统景区这种空间形态之外，大力开发度假区、休闲街区、露营区、旅游小镇、旅游基地、旅游综合体、旅游购物区、旅游风景道、旅游绿道等多种空间形态。还有学者认为旅游消费转型升级不仅要在供给端提高旅游产品的供给数量和品质，还需构建便利化的旅游消费服务体系和公共安全服务体系。

为推动旅游业高质量发展，更好发挥旅游业在促进经济社会发展、满足人民美好生活需要等方面的重要作用，国务院、文化和旅游部（以下简称"文旅部"）陆续推出《关于深化"互联网＋旅游"推动旅游业高质量发展的意见》《"十四五"文化和旅游发展规划》（以下简称《规划》）等政策文件，为旅游高质量发展提供政策指导。但旅游的高质量发展究竟要形成什么样的旅游发展格局，达成什么样的发展模式，目前还没定论。但高质量发展的目标在于激发经济的活力、创新力和竞争力，这是毋庸置疑的。已有研究文献结合区域实际情况开展了旅游高质量发展的思路、路径及对策建议研究，如林宝民和林德荣指出深入贯彻新发展理念、加快构建红色旅游新发展格局是推动红色旅游高质量发展的重要思路。王勇认为实现生产要素投入少、资源配置效率高、经济社会效益好是旅游实现高质量发展的路径。师博和任保平从旅游＋体育的视角提出实现体育旅游高质量发展有利于助推城市高质量发展、推进体育事业的协调和可持续发展。综合来看，国内学者已开启了旅游高质量发展的探析，但尚未从旅游消费角度展开全面系统的分析，尤其是传统旅游目的地该如何实现旅游提质升级的高质量发展，这是目前亟待研究的重要课题。

传统旅游目的地是指利用当地自然景观、传统文化资源并以村镇为主体进行开发的区域，具有为游客提供满意度高的村镇旅游经历、改善当地村镇居民生活水平、保护村镇自然资源等功能。影响传统旅游目的地持续发展的因素是复杂多样的，如旅游产品的持续创新、传统旅游目的地的文化建设、旅游消费市场拓展等。有部分学者认为，传统旅游目的地高质量发展是未来持续发展的有效路径，如依靠资源驱动发展模式的传统旅游目的地无法继续引领行业发展，加速推进旅游高质量发展才是振兴路径，只有加速实现旅游目的地高质量健康发展，才能引领整个行业转型升级提质增效等。高质量发展作为一种新的发展理念、新的发展方式以及新的发展战略，对推动当前社会经济发展、增进人民福祉产生重要作用。传统旅游目的地高质量发展需要着力：文旅融合、改善旅游基础设施、政府的积极引导等。部分学者还提出了旅游高质量发展的具体路径建议，如打好"文化牌""生态牌""需求牌""品质牌""改革牌""合作牌"来实现旅游高质量发展，充分利用互联网技术作为实现旅游高质量发展主力等。

　　张家界自1988年因旅游建市，秉承旅游兴市、旅游强市的发展理念，由边远旧城成长为闻名中外的知名旅游城市，经历从解决温饱到全面小康的沧桑巨变，旅游经济总量实现了跨越式发展，是西部民族地区典型的传统旅游目的地。近五年来张家界旅游发展迅猛，2014年旅游人次和旅游收入分别为3884.58万人次和248.7亿元，到2018年分别为7912.3万人次和756.8亿元旅游收入，旅游人次、旅游收入总量增幅较大，分别为1.04%、2.04%，但旅游人次增长率由21.04%下降到8.5%；旅游收入由36.99%下降到21.32%，旅游经济增长的下行趋势比较显著。面对当前日益复杂多样的消费需求，张家界陷入了"低频消费—低价格竞争—低品质供给—低游客满意度—更低频消费"困境，多年构建的"旅游资源堡垒"面临着被推倒的危险。因而如何跳出"资源依赖"陷阱，从供给方着力增加旅游产品供给，营造良好的旅游消费环境，释放游客消费力，推动旅游消费转型升级，成为当前张家界这类传统旅游目的地高质量发展迫在眉睫的问题。因此，本研究以张家界为传统旅游目的地案例地，分析当前旅游业提质转型发展的现实背景与实践基础，从市场消费需求寻找突破路径，在市场供给端发现提质转型的突破点及路径，以期在丰富旅游高质量发展的研究内容和理论体系的同时，能够为其他传统旅游目的地实现旅游提质转型的高质量发展提供有益参考。

粟娟

2024年7月

目 录

第一篇　提质升级的前提篇

第二篇　提质升级的需求篇

第三篇　提质升级的供给篇

第四篇　提质升级的发展篇

第一篇
提质升级的前提篇

| 第一章 |
张家界旅游业提质升级面临的机遇与挑战

第一节 张家界旅游业提质升级面临的机遇

一、全面建成小康社会助推张家界休闲旅游消费潜力全面释放

2020年我国国内生产总值（GDP）总量突破100万亿元，增速达2.3%。我国继续保持全球第二大经济体位置，并全面建成了小康社会。党的十九大报告指出，中国在2020年既要全面建成小康社会、实现第一个百年奋斗目标，又要乘势而上，从2020年到2035年，在全面建成小康社会的基础上，开启全面建设社会主义现代化国家新征程。与之相应，国内旅游市场持续高速发展。中国文旅部统计数据显示，2010—2019年，国内旅游市场持续平稳增长；2019年国内旅游人数突破60亿人次，达到60.06亿人次，较2018年同比增长8.43%[1]。中华人民共和国成立70周年后，我国已经成为世界第二大消费市场和第一大投资市场，我国市场要适应包括4亿多中等收入者在内的14亿居民的消费升级和分级态势。休闲消费时代已经悄然而至，旅游日益成为老百姓一种常态化生活方式。张家界旅游资源丰富，旅游接待设施完善，多年规范化经营开发，为国民休闲旅游消费需求提供了全面释放的可能。

二、复杂经济环境催生张家界文旅消费新潮流

当前我国正面临改革开放以来前所未有的复杂国际环境。在当前投资放缓、出口受阻的严峻形势下，消费作为拉动经济增长的"三驾马车"之一，地位越发凸显。最近国家连续出台了四份促进文旅消费的意见，为扩大文化和旅游消费找到了新的突破口，也为培育文化和旅游消费领域细分市场找准了着力点[2]。

2019年8月23日，国务院办公厅印发《国务院办公厅关于进一步激发文化和旅游消费潜力的意见》，提出了继续推动国有景区门票降价、提高移动支付便捷程度、开发入境旅游产品及特色商品、鼓励把文化消费嵌入各类消费场所、打造特色类文化旅游演艺产品、推动旅游景区提质扩容、大力发展夜间文旅经济、丰富新型文化和旅游消费业态、加大文化和旅游市场监管力度等9项措施。该意见还提出到2022年的具体目标：4G/5G网络覆盖率超过90%；建设国家文化和旅游消费30个示范城市和100个试点城市；培育30个以上旅游演艺精品项目；5A级国有景区全面实行门票预约；建设200个以上国家级夜间文旅消费集聚区；建设30个国家文化产业和旅游产业融合发展示范区。

2019年8月27日，国务院办公厅印发《国务院办公厅关于加快发展流通促进商业消费的意见》，提出了20条稳定消费预期、提振消费信心的政策措施。其中与文旅消费直接相关的就有3条：鼓励主要商圈和特色商业街与文化、旅游、休闲等紧密结合，适当延长营业时间，开设深夜营业专区、24小时便利店和"深夜食堂"等特色餐饮街区；鼓励有条件的地方充分利用开放性公共空间，开设节假日步行街、周末大集、休闲文体专区等常态化消费场所；保护和发展中华老字号品牌，对于中华老字号中确需保护的传统技艺，可按相关规定申请非物质文化遗产保护相关资金。

2019年8月26日，科技部、中央宣传部、中央网信办、财政部、文化和旅游部（以下简称"文旅部"）、广播电视总局六部门印发《关于促进文化和科技深度融合的指导意见》，明确了加强文化共性关键技术研发、完善文化科技创新体系建设、加快文化科技成果产业化推广、加强文化大数据体系建设、

推动媒体融合向纵深发展、促进内容生产和传播手段现代化、提升文化装备技术水平、强化文化技术标准研制与推广8项重点任务，充分释放科技对文化建设的支撑作用和创新力。

2020年11月18日，文旅部发布《文化和旅游部关于推动数字文化产业高质量发展的意见》支持面向行业通用需求，建设数据中心、云平台等数字基础设施，完善文化产业"云、网、端"基础设施，打通"数字化采集—网络化传输—智能化计算"数字链条；对文化资源进行数字化转化和开发，让优秀文化资源借助数字技术"活起来"；支持互联网企业打造数字精品内容创作和新兴数字文化资源传播平台，支持具备条件的文化企业平台化拓展，培育一批具有引领示范效应的平台企业；发展产业链金融，鼓励金融机构、产业链核心企业、文化金融服务中心等建立产业链金融服务平台，为上下游中小微企业提供高效便捷低成本的融资服务；围绕京津冀协同发展、长三角一体化发展、长江经济带发展、粤港澳大湾区发展、黄河流域生态保护和高质量发展、成渝地区双城经济圈等区域发展战略，培育若干产业链条完善、创新要素富集、配套功能齐全的数字文化产业发展集聚区。

2020年3月，国家发展改革委等二十三部门联合印发的《关于促进消费扩容提质加快形成强大国内市场的实施意见》算是疫情背景下的"特殊产物"，但该政策的影响延续至今，并且还将持续。这一政策也和需求侧改革（后回调为"需求侧管理"）有不少关联。其中和文旅直接或间接相关的内容包括：完善市内免税店政策，建设一批中国特色市内免税店；鼓励有条件的城市对市内免税店的建设经营提供土地、融资等支持，在机场口岸免税店为市内免税店设立离境提货点；扩大口岸免税业务，增设口岸免税店；培育新型文化和旅游业态，鼓励博物馆游、科技旅游、民俗游等文化体验游，开发一批适应境内外游客需求的旅游线路、旅游目的地、旅游演艺及具有地域和民族特色的创意旅游商品。改善入境旅游与购物环境，结合区域发展布局打造消费中心，优化城乡商业网点布局，加快新一代信息基础设施建设，鼓励线上线下融合等新消费模式发展。

从上述相关政策的供给端可以看出，文化产业和旅游业跳出影视、出版、观光等传统领域，融入国民经济的"大循环"中，彰显了文旅经济的全新布局。尤其是需求侧改革，其中一个核心是"形成需求牵引供给、供给创造需求的更高水平动态平衡"，可以简单理解为有明显或潜在的需求存在，需要重视与适配，同时供给端要对需求有一些前瞻判断，进而能够在新的产品服务供给方面挖掘也即创造需求。文中汇集的 5 个政策指向主要是增加国内市场消费的积极性、覆盖面，主要方式包括：提供更具性价比（或较高质量而价格优惠）的商品、增加新的文旅产品、拉升城市消费、挖掘乡镇消费、技术下沉渗透、提升在线消费等。以上政策覆盖面广，涵盖了文旅产品供给亮点、文旅商业场景消费热点及文化与科技深度融合的重点，三者之间相辅相成、互为支撑，减少无效和低端供给，提升了文化和旅游生产的精准度，进一步增强文旅产业发展新动能。同时，也为推动文旅消费市场主体变革提供了内生动力。

张家界瞄准文化和旅游激发潜力，魅力湘西、梦幻张家界、烟雨张家界、溪布街湘西老腔、大鲵科技馆、张家界千古情、大湘西记忆博物馆等文旅产品的开发，既丰富了群众文化生活，适应了旅游形势发展变化，也刺激了消费、扩大了就业，是提振张家界旅游消费的务实之举。"以山为基，以文塑形"，借助智慧技术为文化和旅游消费找到新的突破口，为培育重点文化和旅游消费领域细分市场找准着力点，张家界将开启新的旅游消费热潮。

三、国家战略力促张家界旅游产业结构优化

（一）乡村振兴战略

从 2017 年 10 月 18 日党的十九大"乡村振兴战略"首次被提出，到农业农村部成立的机构改革，实现了土地统筹管理与资金统筹使用，助力乡村振兴战略的落实。乡村旅游作为重要抓手，在"十四五"期间将得以全力推进落实，发挥更大的综合效益。

（二）文化自信战略

习近平总书记曾在庆祝中国共产党成立 95 周年大会上明确提出：中国人要坚持的"四个自信"中文化自信位居其一。2018 年文化和旅游部的成立，

有效整合文化和旅游两个领域的资源与优势，推动两个产业的相互融合与发展，充分发挥文化＋旅游的多重价值，文旅融合成为文化自信的重要抓手。文化旅游发展规划承载着文化和旅游融合发展的纲领性文件的使命。

（三）生态文明战略

党的十九大把"绿水青山就是金山银山"写入党章，2018 年全国"两会"通过的《中华人民共和国宪法》（以下简称《宪法》）修正案又将建设"美丽中国"和生态文明写入《宪法》。可见，生态文明的主张成为国家意志的体现。文化和旅游产业要在生态文明建设中真正发挥作用，自身也必须来一场"绿色革命"，达到开发与保护的博弈平衡，走绿色、低碳、协调发展的道路。

（四）新国土空间规划

2019 年 5 月 23 日，中共中央、国务院印发的《关于建立国土空间规划体系并监督实施的若干意见》指出，建立国土空间规划体系并监督实施，将主体功能区规划、土地利用规划、城乡规划等空间规划融合为统一的国土空间规划，实现"多规合一"，强化国土空间规划对各专项规划的指导约束作用，是党中央、国务院作出的重大部署。"十四五"期间，文化和旅游规划需要与国土空间规划深度结合，确保规划更加科学、合理，确保文化旅游项目实施落地。

（五）文旅康养战略

从 2020 年起，出生于 1960—1975 年的一代人开始陆续进入 60 岁，这一部分人自改革开放以来掌控了中国社会绝大部分财富、资源，他们进入老龄化势必将推动中国养老产业走向风起云涌、群雄纷争的黄金时代！未来 20 年，将是中国养老产业的黄金 20 年，以党的十九大报告"加快老龄事业和产业发展"为契机，中国养老产业的顶层设计与政策架构已初露雏形。国务院发布的《"健康中国 2030"规划纲要》中指出，应积极促进健康与养老、旅游、互联网、健身休闲、食品融合，催生健康新产业、新业态、新模式。以健康产业为核心，将健康、养生、养老、休闲、旅游等多元化功能融为一体的生态环境较好的特色小镇，是文旅康养发展的重要载体[3]。

四、5G 等高铁互联互通技术迎来张家界旅游业大变革

"5G 环境"是指在第 5 代通信技术引领下的高速立体交通、人工智能、物联网、网络定制、电子支付、智能导航、5G 搭载人工智能、VR（虚拟现实）、AR（增强现实）、8K 高清视频、自动驾驶、无人机等形成的全新区域经济社会综合环境。

中国 5G 研发与商用已走在世界前列，2019 年 6 月 6 日，工业和信息化部（以下简称"工信部"）正式向中国电信、中国移动、中国联通、中国广电发放 5G 商用牌照，批准经营"第五代数字蜂窝移动通信业务"。

5G 对时间延迟的超强压缩和对空间距离的极大缩减，必将颠覆旅游者行为方式和旅游产业组织形式，引发旅游业空间结构的重大变化，可能会催生出超越当前想象力的旅游新产品、新体验、新场景、新服务、新业态、新品牌，促进旅游业飞跃性提质升级优化。

交通改善可扩容旅游客源市场，缩短行程时间提升旅游质量。张家界因旅游立市，最初只有一条铁路、一条省道沟通域内外，张家界旅游业的发展历程，就是不断修路搭桥、交通扩容的过程。经过三十多年旅游交通建设，张家界的旅游交通条件得到了根本性改观，构筑了"高速公路、高铁、航空"多维交通网络体系。可以说，张家界市"覆盖全域、连通四方、交叉立体、快行慢游"的旅游交通体系为实现旅游消费转型的目标垫高了起点，为拓展旅游客源市场打下了坚实的基础[4]。

五、湖南旅游新竞合时代倒逼张家界旅游业提质升级

1."一带一部"战略定位湖南文旅发展空间格局

自 2013 年以来，湖南省旅游合作的空间格局发展战略规划，是以习近平总书记视察湖南时提出的"一带一部"战略构想为指引的，即湖南要"发挥作为东部沿海地区和中西部地区过渡带、长江开放经济带和沿海开放经济带接合

部的区位优势，抓住产业梯度转移和国家支持中西部地区发展重大机遇，提高经济整体素质和竞争力，加快形成结构合理、区域协调、城乡一体的发展新格局"。"一带一部"战略既是对湖南经济社会整体发展的崭新定位，更是湖南文旅融合实施省际区域合作的新方位、新格局、新战略[5]。根据旅游流观察，湖南处于长江以南旅游市场核心地带，是东部沿海客源地和中西部旅游目的地的过渡带，也是中西部旅游目的地通往东部沿海目的地的过渡带，还是长江旅游带和沿海旅游带的接合部。

长江开放经济带、沿海开放经济带、西南部地区三大巨型旅游经济体，既是湖南人民的旅游目的地，又是湖南旅游的客源地，湖南文旅融合发展的省际区域合作，必须瞄准这三大区域，实施"引客入湘"和"送客出湘"。

2. 建设五大旅游板块、五大城市群、七条跨区域线路

根据《湖南省建设全域旅游基地三年行动计划（2018—2020 年）》，在省内以"锦绣潇湘"为品牌，统筹协调长株潭、环洞庭湖、大湘西、雪峰山和大湘南五大旅游板块的空间联动；省际方面聚焦长三角、珠三角、京津冀、成渝和长江中下游城市群等"五大城市群"，以打通张崀桂旅游走廊为重点，强化与周边省区和高铁沿线跨省旅游合作，深化"9+2"泛珠旅游合作大联盟、湘鄂赣幕阜山示范区和湘渝鄂黔武陵山旅游联盟的区域旅游合作。

五大旅游板块确定各自的发展定位和主导产品，以培育五大区域品牌为核心，推动五大旅游板块加强内联外合，加快组建五大旅游共同体，并与周边省区和高铁沿线城市构建跨省区域旅游合作联盟，完善重大节会推进机制，做到统一旅游品牌、统一规划线路、统一产品开发、统一宣传促销、统一监管服务，实现区域无障碍旅游，构建全域旅游开放发展新格局。

规划"张崀桂"世界遗产旅游线、"伟人故里"红色旅游线、长江黄金水道和环洞庭湖度假旅游线、"世外桃源"美丽乡村旅游线、"心愿之旅"祈福寻根旅游线、"神韵雪峰"山地度假旅游线和"快乐之都"长株潭都市旅游线等七条跨区域线路。

3. 实施"三湘四水"品牌建设工程

全面系统整体推进以"三湘四水"为核心品牌的 5 大区域品牌和 14 个市州旅游品牌系列宣传推广，形成"三湘四水"核心品牌整体形象优势。聚焦国内"五大城市群"和境外"五大客源市场",开展五大旅游板块精准对接专业营销推广活动。以加强湖南—东盟文化旅游合作为突破口和发力点,开展"锦绣潇湘"走进"一带一路"文化旅游合作交流活动。

4.张家界市的"全域旅游战略"

自 2016 年以来,张家界市按照"三星拱月、月照三星"全域旅游的空间布局推动"双核、三极、多点"发展:"双核"即武陵源核心风景区、市中心城区核心服务区;"三极"即天门山旅游文化先导区增长极、张家界大峡谷国际旅游经济区增长极、茅岩河风光带增长极;"多点"即旅游景点、特色旅游村镇及乡村旅游服务基地。众多景区的崛起,加剧了张家界市旅游市场的竞争度。省内与市内的全域旅游规划与发展,既为张家界旅游消费经济转型发展带来机遇又为其带来挑战,其提质升级成为必经之路。

六、国家全域旅游示范区开启张家界旅游高质量发展新局面

2019 年 9 月 4 日,张家界市武陵源区入列文化和旅游部公示的首批国家全域旅游示范区名单。"奇绝冠天下,醉美武陵源。"从边远小城到国内外旅游胜地,从"养在深闺人未识"到"天下谁人不识君",飞速发展的武陵源给世人带来了一次又一次的惊喜。近年来,武陵源区依托优越的资源禀赋和良好的生态条件,通过创新景区综合管理体制、旅游服务体系、社会安全管理等,大力推进精品景区、特色城镇、美丽乡村三位一体全域旅游示范区建设,将景区、城镇、乡村三大旅游板块凝聚成核,实现了全域布局、全景打造、全业融合、全民参与的全域旅游发展态势,实现游客接待量、旅游总收入连年增长,走出了一条独具特色的全域旅游发展新路子[6]。因此,武陵源区全域、全景、全业扩大旅游消费,提升旅游消费水平,优化消费结构方面迎来了良好契机。

第二节　张家界旅游业提质升级面临的挑战

一、区域不均衡发展制约了旅游消费水平的提升

三十年来，张家界采取核心景区带动周边的典型发展模式，有效推动了全境旅游产业发展，但是也造成了旅游产业发展失衡，旅游资源开发、基础设施建设、资金投入、政策扶持在不同程度上向产业核心地带倾斜，以凸显其产业引领功能。2018 年武陵源区启动了旅游厕所、城区建设、环山游道、客服中心、风貌改造、特色民俗等 40 多个项目的建设，政策性资金累计投入 3 亿多元，慈利县与桑植县的两翼建设面积大、范围广，资金投入杯水车薪，旅游项目延迟、搁置的现象很常见，产业规模及收益更是不可同日而语。以 2018 年为例，武陵源区接待游客 3028.89 万人次，实现旅游收入 265.5 亿元；慈利县接待游客 894.58 万人次，实现旅游收入 52.07 亿元；桑植县接待游客 593.34 万人次，实现旅游收入 31.86 亿元[7]。张家界旅游产业转型和旅游消费水平提升既是对传统旅游产业的继承和发展，也是对固有格局和模式的改革和创新。当前国家大力推动全域旅游，提升张家界旅游消费水平需要全力打造并融入全域旅游品牌，全域旅游强调"全景区规划、全时段体验、全业态融合、全领域覆盖"，对区域全境提出了"无差别覆盖"的建设理念。很显然，张家界旅游产业区域不均衡发展是亟待解决的问题，如何在可持续、无损失的前提下合理调整旅游产业区域失衡的现状，是张家界旅游提质升级必须面临的挑战。

二、旅游业态创新引发了景区带动模式的变革

张家界旅游产业的景区带动模式取得了举世瞩目的成就，时至 20 世纪 20 年代，张家界面临着景区旅游向全域旅游转变、提升旅游体验的挑战，新的旅游组织形态、新的旅游产品形态、新的旅游经营形态不断出现，自驾旅游、高

铁旅游、养生旅游、特色民俗旅游等旅游新业态催生了市场需求，带动了市场竞争，旅游与文化、林业、农业等相关产业的融合使旅游产业链从形式到内容都得到了延伸和扩展，旅游景区多年构筑起来的"堡垒"面临着被推倒的危险。在产业转型升级、旅游消费水平提升的战略背景下，传统景区必将面对内部管理矛盾和外部统筹压力，不得不在形象塑造、市场开拓、产业集聚、管理服务等方面实现自我重塑。值得注意的是，2019年9月20日文化和旅游部公布的首批国家全域旅游示范区中有半数皆为传统旅游景区所属的区域，如河北秦皇岛北戴河区、山西晋中平遥县、福建南平武夷山市、湖南张家界武陵源区。很显然，旅游消费水平提升并不否定传统景区旅游，相反，旅游景区作为核心吸引物是新时期旅游产业转型升级的必备要素。张家界是最早发展起来的经典旅游城市，应该尽快探索适合区域资源特征和产业实际的发展新模式，实现从传统的"孤岛式、单一型"景区模式向"扩散式、联动型"增长模式的转变[8]。

三、多元融合带来了旅游管理体制的重构

张家界旅游产业的多元融合主要反映在旅游产业融合和旅游主体融合两个方面。张家界旅游产业融合是在传统旅游业对经济发展的带动作用逐渐缩减、自然景观吸引力进入长尾阶段以后才出现的，旅游与文化、旅游与林业、旅游与商业、旅游与农业、旅游与渔业等多元产业融合形成了以旅游业为基础的"旅游+"产业模式，使旅游业态多样化、旅游产品个性化、旅游经营自主化，旅游产业的内涵和外延得到了极大的扩展，文林商农等相关产业的产业价值得到了延伸。但是，管理体制的"分立式管理"没能够及时跟上产业的"融合式发展"。在产业融合的同时，各类主体积极参与旅游开发构成了多元融合的另一个方面。张家界景区众多，大多数景区是在政府主导下依托地方自然人文资源建设起来的，具有明显的国有性质，政府主导的景区管理体制更有利于资源开发、资金统筹和综合执法。旅游产业转型升级提升了市场化水平，旅游产业成了社会各界的投资热点，银行、基金等货币资本和工矿业等民间资本不断涌入，景区托管等专业化运营企业开始出现，政府主管部门、景区、企业、社

区、居民以及相关组织之间的责权利难以厘清，旅游景区、企业内外部管理权限壁垒重重，各方利益难以统筹协调，很多景区和企业不具备综合执法职能，对于经常发生的违规操作、游客投诉问题往往有心无力。如何实现旅游与相关产业的协同发展？如何统筹旅游景区的经营权与管理权？如何协调多元主体的责权利？解决这些问题，需要不断深化旅游管理体制改革。

参考文献

［1］中国政府网.中华人民共和国文化和旅游部 2019 年文化和旅游发展统计公报［EB/OL］.（2020-6-22）［2023-3-19］.http://www.gov.cn/shuju/2020-06/22/content_5520984.htm.

［2］王德刚，王娟.供给与消费两端发力，促进消费拉动增长——关于疫情防控常态化背景下提振文化和旅游消费的思考［J］.人文天下，2020（11）：4.

［3］靳如一.未来康养产业小镇业态创新与模式探索［J］.城市，2019（9）：60-64.

［4］李云涛.智慧旅游背景下云南旅游交通体系优化战略研究［D］.昆明：云南师范大学，2014.

［5］刘茂松.实施"一带一部"战略，推进多层级一体化集聚发展——关于湖南"十三五"发展高密度经济的建议［J］.湖湘论坛，2016（1）：3.

［6］李晶.武陵源核心景区旅游业扩容提质研究［D］.长沙：湖南师范大学，2014.

［7］湖南省人民政府官网.张家界市 2018 年国民经济和社会发展统计公报［EB/OL］.（2019-04-15）.http://tjj.hunan.gov.cn/tjfx/tjgb/szgb/zjj/201904/t20190414_5314951.html.

［8］赵莹，张朝枝，金钰涵.基于手机数据可靠性分析的旅游城市功能空间识别研究［J］.人文地理，2018，33（3）：8.

［9］马晓龙，金远亮.张家界城市旅游发展的效率特征与演进模式［J］.旅游学刊，2015，30（2）：9.

|第二章|
张家界旅游业提质升级的现实基础

第一节　张家界旅游业发展现状

一、旅游人数起伏中保增长

张家界自 1988 年因旅游建市，秉承旅游兴市、旅游强市的发展理念，由边远旧城成长为闻名中外的知名旅游城市，经历了从解决温饱到全面小康的沧桑巨变，旅游经济总量实现了跨越式发展，综合实力显著增强。1989 年到 2018 年的 30 年间，张家界的旅游接待规模在总体上呈现出不断增长的态势，可以将其分为四个发展阶段：1989—1994 年、1995—2003 年、2004—2014 年、2015—2018 年。1989—1994 年为张家界旅游业萌芽期，受交通条件的制约，旅游接待人次在 100 万人次上下浮动，主要是来自国内外的地质学者、考察团队。1994 年张家界完成了更名，开始了有计划、有步骤地对外宣传，旅游业进入了发展阶段。1995 年接待游客 160 万人次，同比增长了 91.85%。

2002 年张家界旅游接待 773.64 万人次，约是 1995 年的 4.8 倍，2003 年受"非典"疫情影响，旅游接待 759.58 万人次，同比负增长 1.8%。1989—2003 年张家界旅游人次变化趋势如图 2-1 所示。

2004—2014 年的 11 年间，在经历了 2003 年的低谷以后，2004 年出现反弹，接待游客首次突破千万大关，达到 1269 万人次，2005—2014 年分别同比增长了 14.50%、11.29%、16.14%、-10.59%、10.04%、30.15%、26.45%、18.06%、-4.11%、12.84%，除 2008 年、2013 年受汶川地震和经济低迷的影响出现两个低谷以外，增速基本平稳。2015 年张家界旅游接待游客首次突破 5000 万大关，达到 5057.09 万人次，同比增长 30.6%，旅游业进入高速增长期。在"十三五"期间，2016 年接待游客 6143.00 万人次，同比增长 21.47%；2017 年接待游客 7335.81 万人次，同比增长 19.42%；2018 年接待游客 7959.55 万人次，同比增长 8.50%，在游客接待基数较大的情况下保持着高速增长。2004—2018 年张家界旅游人次变化趋势如图 2-2 所示。

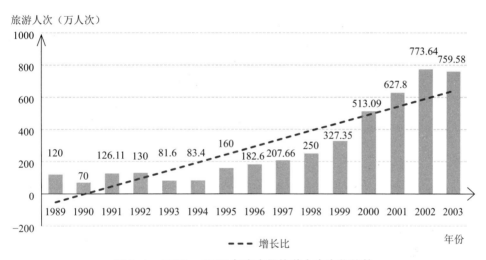

图 2-1　1989—2003 年张家界旅游人次变化趋势

将张家界"十三五"期间旅游接待数据分解到区县即可发现（见表 2-1），2016 年慈利县接待游客 567.34 万人次，同比增长 39.0%；2017 年接待游客 767.72 万人次，同比增长 35.32%；2018 年接待游客 894.58 万人次，同比增长 16.52%。桑植县 2016 年接待游客 444.68 万人次，同比增长 25.1%；2017 年接待游客 515.58 万人次，同比增长 15.94%；2018 年接待游客 593.34 万人次，同比增长 15.08%。自实施全域旅游战略以来，偏离核心景区的慈利县和桑植县的旅游接待出现了大比例增长，为张家界旅游接待高速增长做出了贡献，也从一个侧面反映了全域旅游战略的实效。

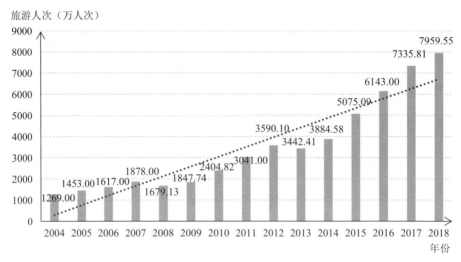

图 2-2　2004—2018 年张家界旅游人次变化趋势

表 2-1　"十三五"期间张家界旅游接待人次

区县	2016 年		2017 年		2018 年	
	旅游接待人次（万人次）	增长（%）	旅游接待人次（万人次）	增长（%）	旅游接待人次（万人次）	增长（%）
慈利县	567.34	39.0	767.72	35.32	894.58	16.52
桑植县	444.68	25.1	515.58	15.94	593.34	15.08
永定区	2845.10	19.8	3419.98	20.21	4004.89	17.10
武陵源区	2286.04	19.6	2632.53	15.16	3028.89	15.06

二、旅游收入递增有后劲

　　分析 1995—2015 年张家界旅游收入情况（见图 2-3）可以发现，自 1995 年始，张家界旅游收入开始出现平稳增长，1996 年旅游收入 30356 万元，同比增长了 18.2%；1997 年旅游总收入 41649 万元，同比增长了 37.20%。21 世纪以后，除了 2003 年受"非典"疫情影响，旅游总收入同比负增长 2.40%，2004 年出现反弹，旅游收入同比增长 71.98%，2005 年恢复正常增速，同比增长

16.89%，2006 年同比增长 23.36%。2007—2015 年，张家界旅游产业进入快速增长期，2007 年旅游收入为 91.25 亿元，2015 年达到 340.7 亿元，其间旅游总收入增长速度分别为 14.95%、-8.50%、20.01%、25.07%、33.51%、24.75%、1.71%、17.15%、36.99%。由于 2008 年汶川地震的影响，张家界的旅游经济严重受挫，增速为 -8.5%。2013 年受全球经济低迷、国内政策调整、H7N9 禽流感等多重因素的影响，张家界旅游收入增速放缓，仅为 1.71%，2014 年张家界旅游形势基本恢复，2015 年恢复高速增长态势，同比增长 36.99%。

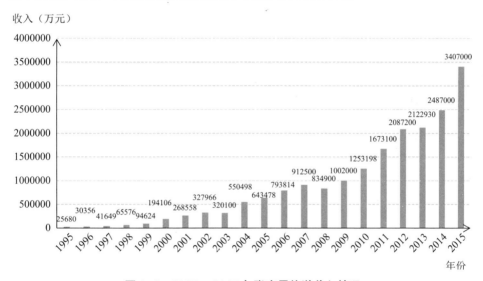

图 2-3　1995—2015 年张家界旅游收入情况

　　"十三五"期间，张家界市启动全域旅游建设，全面强化旅游市场监管，完善了《旅游投诉交办工作机制》和《涉旅突发事件（事故）处置程序》，与南京等国内多地旅游质检所签订《旅游质量监督协作书》。为了进一步强化旅游市场竞争力，市委、市政府主要领导率团参加中国国际旅游交易会、台北旅展、世界旅游城市峰会等国内外旅游盛会，亲赴韩国、欧洲等境外开展旅游营销活动。这一系列措施使两区两县的旅游收入呈现持续增长。"十三五"期间张家界市各区县旅游收入情况如表 2-2 所示。武陵源区地域狭小，但是凭借核心景区的优势，2016—2018 年的旅游收入达到 102.02 亿元、218.7 亿元、265.5 亿元，分别增长了 27.3%、114.37%、21.40%，永定区保持了持续增长的态势，旅游收入达到 288.4 亿元、335.35 亿元、407.35 亿元，分别增长了 31.5%、16.28%、21.47%。慈利县与桑植县分据张家界东、西两线，地理位置远离核心景区，慈利县借助全域旅游这一载体，通过打造乡村旅游景点、户外旅游线路，2016—2018 年三年间旅游收入达到 30.81 亿元、43.38 亿元、52.07 亿元，分别增长了 26.9%、40.80%、20.03%。桑植县充分发挥革命老区、国家贫困县的错位优势，编制了《全县文化旅游产业发展总体规划》《桑植县全域旅游发展总体规划》《八大公山原始森林国家旅游度假区概念性规划》，积极融入张家界"三星拱月、月照三星"战略布局，大力发展民俗风情、红色文化、洞天美景，2016—2018 年实现旅游收入 21.92 亿元、26.35 亿元、31.86 亿元，分别增长了 26.9%、20.21%、20.91%。具体如表 2-2 所示。

表 2-2 "十三五"期间张家界市各区县旅游收入情况

区县	2016 年		2017 年		2018 年	
	旅游总收入（亿元）	增长（%）	旅游总收入（亿元）	增长（%）	旅游总收入（亿元）	增长（%）
慈利县	30.81	26.9	43.38	40.80	52.07	20.03
桑植县	21.92	28.3	26.35	20.21	31.86	20.91
永定区	288.40	31.6	335.35	16.28	407.35	21.47
武陵源区	102.02	27.3	218.70	114.37	265.50	21.40

第二节　张家界旅游客源市场现状

为了充分了解张家界旅游客源市场结构，课题组于 2019 年 11 月进行了旅游国内客源市场调查，调查结果如图 2-4 所示。中南地区占据了 58.01%（984 人），客源市场占比超过 40%，是核心客源市场，其中湖南省所占比例较大；华东地区占据了 18.51%（314 人），客源市场占比接近 20%，是基本客源市场，其中江西、浙江所占比例较大；华北地区、西南地区、西北地区、东北地区所占比例较低，是机会市场，短期内不宜开发，可以通过调查选择性适度开发。为了充分了解核心客源市场结构,对湖南样本做进一步分析,结果表明省内客源分为三部分:第一部分是张家界、长沙、常德,处于湖南北部一线,自古为祖国东部进入西部的旅游通道;第二部分是湘西州、永州、邵阳、怀化,处于湖南西部,与张家界一同构成文化意义上的大湘西,旅游产业客源共享,互为依存;第三部分是衡阳、株洲、岳阳、益阳、娄底、郴州、湘潭等地,所占比例相对较小。

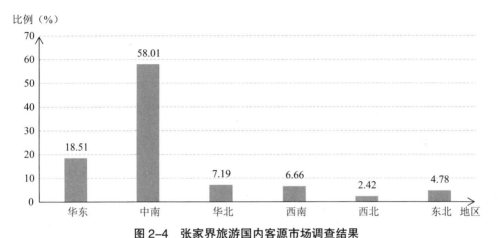

图 2-4 张家界旅游国内客源市场调查结果

在 30 年发展历程中,张家界市入境旅游总体趋势与全国旅游发展趋势大体一致,随国际关系和经济环境的变化呈现波动增长。1989—1998 年处于缓慢增长阶段,港澳台游客占据了入境游客的大多数,欧美、日韩及东南亚游客所占比例较小。1999—2010 年进入波动增长阶段,受 2003 年"非典"疫情和 2008 年汶川地震的影响,张家界入境旅游在起伏中增长,日韩游客快速增多,日本入境客源中期衰退,韩国入境客源总体看涨,2010 年达到 150 万人次,加剧了张家界入境旅游市场的风险,使张家界入境旅游市场面临着单一市场巩固和多元市场拓展的双重压力。2011 年至今是稳步增长阶段,张家界市大力推动海外旅游推介,先后与德国、法国、美国等多个国家的新闻媒体和重要旅行商开展合作,成效显著,2018 年入境游客接待量达到 562.15 万人次,韩国游客依然占据较大比重,但是下降趋势明显,境外客源市场趋于完善。

第二篇
提质升级的需求篇

| 第三章 |
张家界旅游者消费需求特征

为了充分掌握张家界旅游者的消费需求和行为，课题组在 2019 年 11 月 10—29 日期间开展旅游者消费调研。调研分为两个阶段，第一阶段完成资料归集与问卷设计，时间是 2019 年 11 月 10—25 日。课题组参阅了张家界市旅游发展规划、张家界市政府工作报告、《张家界市统计年鉴》以及各个涉旅企业的资料信息和数据资料，设计出包括人口信息、社会背景、行为特征、消费偏好、满意度等在内共 38 条调查项目，并实施小范围预调查，根据预调查结果修订问卷。第二阶段为实地调研。由吉首大学项目专家团队会同政府工作人员，组织 138 位有调查经验的大学生，事先经过课题调研专项培训，分成 10 个小组散布在武陵源标志门、张家界国家森林公园、黄龙洞、千古情、大峡谷玻璃桥、抗金岩乡村民宿、天门山索道站、溪布街、宝峰湖等处，以小组定点分散的方式实施调查，发放问卷前保持询问，以免重复填写。调查期间共发放问卷 2500 份，实际回收 2189 份，剔除无效及信息缺失严重的问卷，获得有效问卷 1696 份，有效率为 77.48%，运用 SPSS25.0 进行数据处理。

第一节　张家界旅游者消费动机

一、张家界旅游者消费动机特征

从表 3-1 可以看出，张家界旅游者消费动机主要是欣赏美丽风景、强身健体、修身养性与缓解生活工作压力，分别占总体比例的29.66%、25.00%和10.33%。其次是寻求刺激与独具特色的民俗活动，购买旅游纪念品与商务需要的消费动机相较于其他消费动机来说较少。

表 3-1　张家界旅游者消费动机情况

大类	小类	人数	占比（％）
文化动机	体验风土人情	13	4.33
	独具特色的民俗活动	17	5.67
审美动机	丰富阅历增长见识	11	3.67
	欣赏美丽风景	89	29.66
健康动机	强身健体、修身养性	75	25.00
	缓解生活工作压力	31	10.33
社交动机	探亲访友	8	2.67
	与亲友一起结伴旅游有趣	13	4.33
购物动机	购买旅游纪念品	5	1.67
探险动机	寻求刺激	24	8.00
	登山探险	11	3.67
商务动机	商务需要	3	1

二、张家界旅游人口统计因素和旅游消费动机的交互分析

1. 性别与旅游消费动机

由图 3-1 可以看出，来张家界旅游的男女游客主要目的是欣赏美丽风景，其次是强身健体修养身心。在社会竞争越来越激烈的今天，人们的压力越来越大，所以旅游是缓解压力其中一个很重要的途径。由图 3-1 得知，男性旅游者在缓解压力的选择上比女游客多一些，在民俗活动方面女游客更感兴趣一些。

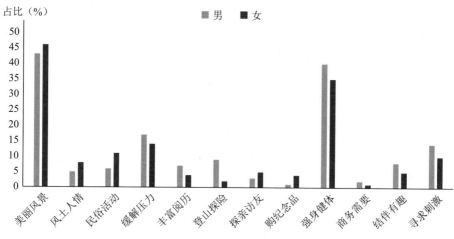

图 3-1 性别与旅游消费动机

2. 年龄与旅游消费动机

由图 3-2 可以看出，旅游者年龄越大越注意强身健体、修身养性，欣赏美丽风景在 24 岁以下、25~30 岁、31~40 岁这类人群中占比较高，其他旅游消费动机偏低，综合来看主要是审美动机占比最高。

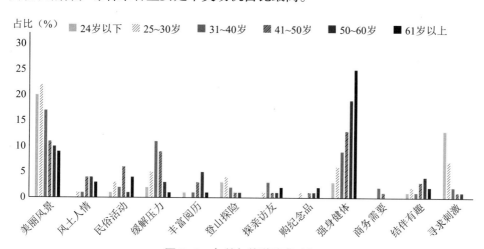

图 3-2 年龄与旅游消费动机

3. 受教育程度与旅游消费动机

由图 3-3 可以看出，张家界的旅游者有初中及以下、高中、大专、本科、研究生及以上学历，游客的受教育程度与旅游消费动机的关系如图3-3所示。欣赏美丽风景的人数在各学历群中所占比重最大，其次是强身健体、修身养性。在丰富阅历这一方面研究生及以上人群中占比相对来说比较多。

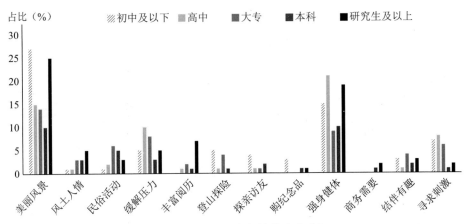

图3-3　受教育程度与旅游消费动机

4. 职业与旅游消费动机

由图3-4可以看出，退休人员强身健体、修身养性的占比最大，退休人员大多为中老年人，因此对健康的需求比其他职业更大，学生中欣赏美丽风景与追求刺激的占比最大，商务需要动机在公务员与企业单位的人群中占比最大。

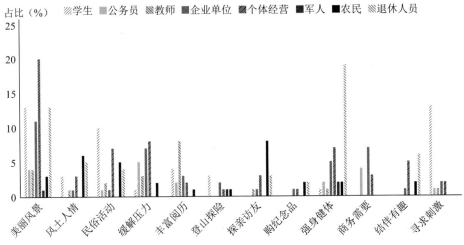

图3-4　职业与旅游消费动机

三、小结

1. 来张旅游者以"欣赏美丽风景""缓解生活工作压力"消费动机为主

根据问卷调查结果可知，张家界旅游者的消费动机主要有以下两点。（1）"欣赏美丽风景"：张家界自然风光以山峰称奇、以深谷显幽、以森林见秀，有奇峰3000多座，并且这些石峰如人如兽、如器如物，形象逼真，气势非常壮观，峰间峡谷，溪流潺潺，浓荫蔽日。山间植被茂盛，绿树成荫，山峰形状奇特。有的如唐僧师徒，有的如劈山救母，有的如采药老人，有的又像天女散花。山中藏有波平如宝镜的宝峰湖，碧波荡漾，船行其间，眼望美景，心旷神怡，就像在仙境中一样。湖岸、湖中兀立的群山，如船出海，如塔独立。耳边传来土家儿女的山歌，引得游人吆喝寻声张望。绝伦绝美，游人驻足聚焦，慨叹大自然的鬼斧神工，所以，来张家界欣赏美丽风景成了绝大多数人的不二选择。（2）多数旅游者认可来张旅游消费动机为"缓解生活工作压力""强身健体、修身养性"。现代社会的生活节奏越来越快，工作、学习压力也越来越大，时间久了，人们就想逃避现实，远离都市亲近大自然，于是人们开始决定外出旅游。旅游可以释放积累的压力，摆脱工作困扰和生活压力，在身心需要与爱方面会得到很大的满足。而张家界就是很好的旅游目的地的选择，张家界有着"三千奇峰，八百秀水"，森林覆盖率达64.61%，名列湖南省第一。城市实施了"美化、亮化、净化"工程，人均拥有绿地1.55平方米，是人们理想的生态旅游区、度假区。所以"缓解生活工作压力""强身健体、修身养性"这两种旅游消费动机占比最高。从交互分析中可以看出，在性别上，男性旅游者在缓解压力与强身健体的选择上比女性旅游者多一些。在年龄上，可以看出年龄越大的旅游者越注意强身健体、修身养性，所以强身健体、修身养性这一旅游消费动机在50~61岁人群中占比最高。在职业上，可以看出退休人员大多是老年人更加注重强身健体、修身养性。

2. 审美动机及文化体验消费动机也具有重要地位

在民俗活动方面，不同地方的不同文化将给旅游者带来特殊的文化氛围，与美妙的自然结合，旅游者可以享受到不同的乐趣。张家界有很多少数民族，主要是土家族和白族。因此，张家界的民族风情十分丰富，民族文化氛围也很浓厚。例如，张家界的婚俗非常有趣：土家族的婚俗多种多样，幽默有趣，具有很大的观赏价值。还有白族人的婚姻习俗，如"墨守成规"和"父母之命媒妁之言"都很受欢迎。张家界的乡土歌舞有着鲜明的乡土风情，与当地人的生活息息相关，表达的感情很强烈，魅力十足，风格十足，有充满当地特色的舞蹈高花灯，白族的板凳龙舞，土家族的摆手舞等。张家界也有自己独特的节日风情，如白族火把节，土家族三月三、六月六节。张家界有美味健康的特色菜葛粉，还有摇滚、民歌。因此，旅游者不仅可以体验风俗、服饰、美食，还可以极大地满足游客的好奇心和神秘感，同时也丰富了旅游者的体验和洞察力。因此，这就是为什么张家界旅游者关注"独具特色的民俗活动"及"体验风土人情"的文化消费动机比例高的原因。尤其女性旅游者对民俗活动更感兴趣。

3. 探险动机在年轻人的需求动机中占比较高

年轻人喜欢新鲜有吸引力的东西，愿意追求变化和刺激。张家界位于武陵山区，地形陡峭，山洞众多，是一个冒险的好地方。张家界目前已经开发出如蹦极、探洞、玻璃栈道、漂流、急流勇退等刺激性的运动，这些运动是年轻人更为喜爱的旅游项目，特别是玻璃栈道已经是张家界旅游者必到之地。从交互分析结果可以看出，寻求刺激的旅游者主要以学生为主，年轻人相对于中老年人喜欢不断地追求变化和刺激。

第二节　张家界旅游者消费行为特征

一、消费支出以基础消费为主

旅游花费是旅游者消费行为的重要指标，反映了旅游者的消费额度、消费重点以及消费结构。调查显示，消费占比最大的是 1001~2000 元，占样本总数的 28.8%（484 人），其次是 2001~3000 元，占样本总数的 19.9%（338 人），消费额度在 5000 元以上的有 164 人，占样本总数的 9.7%，另有 149 人消费额度在 500 元以下，占样本总数的 8.8%，均为本市居民。从总体上来看，入张旅游者的消费额度并不高，高消费者少，以中低档消费者为主。分析住宿消费可以发现，有 643 人选择 151~280 元的房标，占样本总数的 37.9%，556 人选择 101~150 元的房标，占样本总数的 32.8%，只有 86 人选择 351~600 元、33 人选择 600 元以上的房标，分别占样本总数的 5.1%、1.9%，总体上以中低档标间为主。在餐饮消费上，65.1%（1103 人）的旅游者将每天饮食支出控制在 100 元以内，只有 10.6%（180 人）的游客每天饮食支出超过了 121 元。在旅游消费结构调查中，住宿（1032 人，60.8%）、门票（961 人，56.7%）、餐饮（867 人，51.1%）、交通（815 人，48.1%）成了旅游消费的重点，购物及其他项目的开支所占比例较小，表明旅游消费重点在基础性消费上。

将住宿消费与月收入交叉检验，如表 3-2 所示，皮尔逊卡方值检验的显著性水平达到了 0.000，小于 0.01，说明不同收入状况的旅游者对住宿标准存在着显著差异，中高收入者在 281~350 元、351~600 元、600 元以上三种住宿标准的百分比明显高于低收入者，而在 101~150 元、100 元以下两种住宿标准的百分比明显低于低收入者，说明高收入旅游者有较高的住宿需求。综合上述多项旅游消费调查分析结果，可以认为入张旅游者的总消费并不高，高收入者虽然有一定的消费诉求，但并没有表现出经济学意义上的消费现象，绝大多数旅游者的支出集中在住宿、门票等成本高、利润薄的基础性项目上，演艺、购物及其他成本低、利润高的文旅项目带来的经济贡献还有待提升。

表 3-2　张家界市旅游者住宿消费与月收入交叉检验

月收入		1000 元以下	1001~3000 元	3001~5000 元	5001~8000 元	8001~10000 元	1 万元以上	
住宿标准	100 元以下	14.9%	15.4%	4.6%	3.4%	2.6%	1.0%	$P=0.000$ < 0.01 $Phi=0.466$ $V=0.208$ $R=0.410$ $\rho=0.396$
	101~150 元	49.3%	44.1%	37.5%	32.3%	22.7%	13.7%	
	151~280 元	29.3%	33.5%	43.4%	42.9%	43.8%	31.4%	
	281~350 元	5.1%	5.7%	11.6%	16.3%	20.2%	27.5%	
	351~600 元	1.4%	0.9%	2.1%	4.3%	7.4%	18.1%	
	600 元以上	0.0%	0.4%	0.8%	0.8%	3.3%	8.3%	

二、山地景观仍是消费热点

　　课题组对入张旅游者的景区选择进行调研，并进一步追踪其满意程度，调研结果显示，旅游者景区偏好主要有三大板块。第一大板块是张家界国家森林公园、天门山国家森林公园、黄龙洞、大峡谷四个景区，皆为自然旅游资源，张家界国家森林公园、天门山国家森林公园成了入张旅游者钟爱的景区，分别有82.3%（1395人）、75.6%（1282人）旅游者选择前往，相比较而言，天门山国家森林公园的旅游者满意度较高，可能与靠近城区、景观更显精致有关。旅游者对黄龙洞和大峡谷的选择比较类似，分别占样本总数的38.7%（657人）、38.1%（647人），虽然无法和国家森林公园媲美，但是成了公园绿地景观的有益补充，丰富了张家界自然景观的资源格局。第二大板块是土家风情园、宝峰湖、贺龙纪念馆、溪布街，其中人文景观的满意度较高。第三大板块包括了九天洞、老道湾、桑植红二方面军纪念馆、朝阳地缝，景区选择与满意度都不高，可能与远离核心景区有关。在与景区选择相关的项目类型调查中，结果显示有81.6%（1384人）的旅游者为自然风光所吸引，有37.1%（630人）的旅游者认为自己被特色美食所吸引，30.3%（514人）表示喜欢观看演艺节目，17.6%（299人）将城市夜景作为游览项目之一。

　　课题组进一步针对文旅项目展开调研，数据显示，《千古情》和《魅力湘西》作为张家界两台大型的演艺晚会，获得半数旅游者的青睐（858人，50.6%；855人，50.4%），有15.6%的（268人）表示喜欢《烟雨张家界》。最近推出的《大湘西记忆馆》获得了22.4%（380人）的肯定。综合上述调查可以发现，张家界的旅游资源不再是自然风景一枝独秀，演艺、街景、美食等文旅产品渐成气候，旅游业态越来越丰富，人们不再满足于视觉刺激，越来越多的旅游者通过文化旅游项目感受价值，获取情感和思想共鸣。

第三节　张家界旅游者消费结构特征

游客的性别、收入、受教育程度对旅游消费需求和消费行为存在不同程度的影响，课题组通过交叉分析探索旅游者社会特性对旅游消费的影响及其内在规律。

一、男性旅游者购买意愿与重游意愿高于女性旅游者

旅游者性别与消费行为的特别结构特征如表 3-3 所示。不同性别的旅游者在出游人均花费的交叉检验显示 $P=0.000 < 0.01$ 且 $R=0.133$，表明不同性别的旅游者在人均花费方面存在显著差异，高端消费人群中的男性比例远大于女性（65.2% ＞ 34.8%），低端消费人群中的女性比例小于男性（45.0% ＜ 55.0%），男性旅游者比女性更舍得花钱，可能与男性游客中包含了一部分商务、会议游客有关。不同性别的旅游者在出游次数的交叉检验显示 $P=0.000 < 0.01$ 且 $R=0.121$，男性旅游者出游的机会明显大于女性游客，可能是因为男性旅游者承担了更多的社会事务，有更多的机会出门旅行。在是否是重游张家界的调查结果中，交叉检验显示 $P=0.000 < 0.01$ 且 $R=0.111$，数据表明男性旅游者重游张家界的比例远远高于女性游客。

表 3-3　张家界旅游者旅游消费的性别结构特征

项目	出游人均花费						$P=0.000$ < 0.01 $R=0.133$
	500 元以下	501~1000 元	1001~2000 元	2001~3000 元	3001~5000 元	5000 元以上	
男性	45.0%	50.5%	49.8%	49.1%	63.7%	65.2%	
女性	55.0%	49.5%	50.2%	50.9%	36.3%	34.8%	

项目	每年出游次数				P=0.000＜0.001 R=0.121
	1次	**2~3次**	**4~6次**	**6次以上**	
男性	47.5%	50.3%	57.2%	69.5%	
女性	52.5%	49.7%	42.8%	30.5%	
项目	第几次入张旅游				P=0.000＜0.01 R=0.111
	第一次	**第二次**	**第三次**	**三次以上**	
男性	49.3%	63.7%	53.4%	57.8%	
女性	50.7%	36.3%	36.6%	22.2%	

二、收入决定交通方式但不影响餐饮类型

张家界旅游者个人收入与消费行为交叉检验如表3-4所示。不同收入层次的旅游者在出游人均消费的交叉检验显示 $P=0.000＜0.01$ 且 $R=0.284$，表明不同收入层次的旅游者在住宿方式的选择上存在显著差异，结合数据可以发现，高收入者（102人，49.8%；79人，32.6%）选择星级酒店的比率远远高于低收入者（33人，14.5%；13人，6.0%），低收入人群更多倾向选择经济型酒店（114人，52.8%）和青年旅社（21人，9.7%），但是特色民宿成了不同收入旅游者共同的青睐。旅游者收入层次与交通工具交叉检验显示 $P=0.000＜0.01$ 且 $R=0.393$，高收入者（86人，41.7%）选择飞机的比例远远高于低收入者（19人，8.8%），低收入者倾向于选择火车（124人，57.1%）和汽车（45人，20.7%）出行，自驾成为大多数游客的共同选择。值得注意的是，旅游者个人收入与餐饮类型的交叉检验显示 $P=0.802＞0.05$，表明不同收入层次的旅游者在餐饮类型的选择上没有差别，张家界的中西式快餐、高档饭店、三下锅等特色餐饮获得旅游者集体认同，餐饮类型出现了无差别消费。

表 3-4　张家界旅游者个人收入与消费行为交叉检验

个人收入	住宿方式						
	星级酒店	经济型酒店	青年旅舍	家庭旅馆	特色民宿	其他	
1000 元以下	6.0%	52.8%	9.7%	5.6%	17.1%	8.8%	
1001~3000 元	14.5%	46.9%	6.6%	0.9%	21.1%	10.0%	P=0.000 < 0.01 R=0.284
3001~5000 元	21.1%	44.9%	3.3%	3.6%	20.3%	6.8%	
5001~8000 元	27.2%	39.3%	4.6%	3.7%	18.6%	6.6%	
8001~10000 元	32.6%	40.1%	2.1%	2.5%	20.2%	2.5%	
10000 元以上	49.8%	22.4%	1.5%	2.0%	20.5%	3.8%	
个人收入	交通工具						
	飞机	火车	汽车	自驾车	其他		
1000 元以下	8.8%	57.1%	20.7%	8.8%	4.6%		
1001~3000 元	21.5%	46.4%	15.9%	10.7%	5.5%		P=0.000 < 0.01 R=0.393
3001~5000 元	31.7%	34.7%	19.1%	12.6%	2.0%		
5001~8000 元	28.3%	39.4%	13.1%	17.3%	1.9%		
8001~10000 元	30.9%	37.8%	13.4%	15.4%	2.5%		
10000 元以上	41.7%	24.3%	15.5%	15.0%	3.5%		

三、教育背景决定了旅游者消费餐饮和出游类型

张家界旅游者教育背景与消费行为交叉检验如表 3-5 所示。拥有不同学历的旅游者在出游类型上的交叉检验显示 P=0.007 < 0.05 且 R=0.224，表明不同学历的旅游者在出游类型的选择上存在显著差异，结合数据规律可以发现，高学历者选择个人出游（24.7%）、情侣出游（20.0%）高于低学历者（11.5%、6.4%），但是低学历者在亲子出行（23.5%）、好友结伴（43.4%）方面明显高于高学历者（10.1%、18.4%），高学历者有更多的机会参与单位组织的出游活动，可能是因为丰富的教育投入使他们拥有了更多的组织资源。教育背景与餐饮类型交叉检验显示，高学历者选择高档饭店（9.8%）的比率高于低学历者

（2.9%），低学历者明显愿意接受快餐（17.9%），但是，张家界特有的三下锅成了不同学历层次旅游者的一致选择。

表 3-5　张家界旅游者教育背景与消费行为交叉检验

教育背景	出游类型						
	个人出游	情侣出游	亲子出游	好友结伴	单位组织	其他	
小学及以下	11.5%	6.4%	23.5%	43.4%	3.4%	11.8%	
初中	16.2%	8.1%	17.6%	35.3%	3.7%	19.1%	*P*=0.007 < 0.05 *R*=0.224
高中	20.3%	15.9%	18.7%	24.7%	10.4%	10.0%	
专科	19.6%	15.4%	9.8%	32.1%	11.2%	12.1%	
本科	23.6%	18.2%	9.4%	22.4%	18.8%	7.5%	
硕士及以上	24.7%	20.0%	10.1%	18.4%	17.1%	9.7%	
教育背景	餐饮类型						
	高档饭店	快餐	三下锅	地方特色			
小学及以下	2.9%	17.6%	70.6%	8.9%			
初中	2.3%	8.3%	69.7%	19.7%			*P*=0.012 < 0.05 *R*=0.154
高中	0.8%	7.2%	82.3%	9.7%			
专科	3.1%	8.2%	75.6%	13.1%			
本科	4.5%	8.6%	73.4%	13.5%			
硕士及以上	9.8%	8.7%	68.5%	13.0%			

| 第四章 |

基于数字足迹的张家界旅游者
时空行为特征

第一节　旅游者时空行为研究的背景及现状

一、研究背景

（一）旅游者时空行为研究是旅游研究的核心

旅游者时空行为是指旅游者在出发地至目的地、旅游目的地内部和返回出发地旅游过程中的空间移动行为和时间分配行为[1]。研究旅游者空间活动规律以及形成缘由，有助于发现旅游目的地旅游产业现存问题，从而进一步优化旅游接待设施，提高景区空间布局合理性，完善旅游产品体系，所以旅游者时空行为研究始终是旅游研究的核心。纵观前人有关旅游者空间行为的研究成果，大多数研究者从空间角度入手研究旅游者行为，时间要素长期被孤立于研究视角之外。问卷调查是数据的主要来源，其受时间以及地理空间距离的影响较大，具有一定的局限性与滞后性。从时间地理学角度入手，采用可获性、真实性较高的网络游记作为数据获取源，能够体现研究成果的智慧性和前沿性，对研究城市内部旅游者时空行为具有一定的启示意义。

（二）大数据时代为旅游空间行为研究提供新契机

随着移动互联网、云计算、物联网等的快速发展，以及智能终端、应用商店的迅速普及，大量数据由此产生并不断扩张膨胀。"互联网＋"概念的提出以及 O2O（线上线下商务）商业模式的蓬勃发展，旅游行为方式正在随之发生巨大的转变，旅游者通过浏览各大旅游网站获取旅游目的地景区相关信息，并在旅游途中和旅游过后在社交空间发表与其旅游行为相关的文本与照片，大量的数字足迹因此形成。大数据时代背景下，决策的制定逐渐通过数据分析做出。Web Scraper、Import.io、火车头采集器、八爪鱼采集器等网络数据抓取软件应运而生，给旅游研究的数据收集予新方向。

（三）旅游数字足迹为张家界全域旅游发展研究提供佐证材料

2016 年，张家界入选国家首批全域旅游示范区名单，现推行"三星拱月"的全域旅游措施，即以武陵源为核心，打造以张家界大峡谷为主的东线旅游、以茅岩河为主轴的西线旅游、以天门山及后山为主的南线旅游。张家界作为全国旅游综合改革试点城市，是全域旅游早期探索地，通过研究其旅游发展的进程与规律，不仅能够揭示在过去的四年里，张家界发展全域旅游的成效如何、是否存在亟须解决的问题，同时也能够给未来张家界的旅游规划一定启示，以实现张家界旅游发展的全面可持续，以为进一步实现"提质张家界，打造升级版"战略提供理论支撑。

本研究通过对张家界旅游者空间行为规律进行研究，试图探究张家界市在推行全域旅游的进程中，是否存在亟待解决的问题。因此，笔者选取 2015 年至 2018 年四个年度，旅游者游后在社交空间发表的网络游记这一数字足迹，作为获取旅游者时空信息的数据源，通过从中提取出发时间、停留时间以及访问景点各项信息，利用 Excel2013 汇总所得信息以及 ArcGIS10.2 软件中的核密度分析手段，实现旅游者空间行为的可视化，并尝试分析其形成原因，对图表中反映出的现象及问题提出可行性建议，从而进一步促进各景区的全面协调可持续发展，以推进张家界市旅游产业的全覆盖和全景化。本研究既丰富了数字足迹应用于旅游研究的案例，同时也是对张家界旅游研究的扩展。

二、理论基础

1. 时间地理学理论

20世纪60年代后期，瑞士地理学家哈格斯特朗（Hägerstrand）提出时间地理学理论，并由以他为核心的隆德学派发扬光大[2]。如何将各个相关联的要素直观、有机地表示在空间和时间轴上，是哈格斯特朗提出时间地理学框架的起始[3]。哈格斯特朗把人放在时间和空间中考虑，其核心思想是人具有不可割裂性，时间和空间实际上属于一种真实存在的资源，人处于一定的时间和空间内就会消耗这类资源[4]。时间地理学起初多用于城市规划以及人地关系的研究中，后来这一理论被引入旅游研究，改变了在旅游者行为研究中时间因素长期被割裂于研究视野之外的现状，从而促使旅游者空间行为研究进一步深入。

2. 核心—边缘理论

约翰·弗里德曼（John Friedmann）在研究委内瑞拉区域演变规律以及结合前人研究成果的基础上，提出核心边缘理论。其核心思想为，任何区域都是由一个或若干个核心区域和边缘区域组成。理论尝试说明一片区域如何从互不相关、孤立发展，变成发展不平衡，又由极不平衡发展，变为相互关联的平衡发展的区域系统[5]。旅游目的地也存在这样的核心和边缘区，在旅游发展初期，各地之间联系较少，没有形成一定系统。随着旅游发展进程的推进和资金的大量流入，拥有资源和交通优势的地区便成为该地区的核心，相对于这个核心来说，旅游资源相对匮乏的地区就成为区域的边缘。

三、相关概念及国内外研究现状

（一）相关概念

1. 数字足迹

美国学者Fabien Girardin率先提出数字足迹概念，他认为数字足迹

（digital footprint）是人们在使用或者登录各种设备后，在互联网或其他信息设备上留下的与其行为有关的电子信息。而这种信息从时间维度可以被划分为游前、游中、游后三个阶段，并能体现使用者的行为规律和现象[6]。学者李君轶首先将旅游数字足迹的概念介绍进国内，他基于国外学者研究结论并提出自己的见解，认为旅游数字足迹是旅游者在整个旅游过程中，在各种信息设备上留下的能够反映其时空运动轨迹的电子痕迹[7]。这类数字足迹包括手机通信信息、GPS（全球定位系统）定位数据、用户主动发表在互联网上的文字和照片、网页访问数据等。

2. 旅游者时空行为

国内学者林岚认为旅游者行为是一系列刺激—反应的集合，因此旅游者空间行为应该有广义、狭义之分，广义的旅游者空间行为可以分为四个方面，分别为旅游者动机行为、决策选择行为、旅行行为及体验行为，狭义的旅游者空间行为则指旅行行为的地域移动的游览过程[8]。广义观念上的概念牵涉心理学、经济学以及地理学，要素面较广。狭义方面则更加侧重空间要素，近年来也受到学术界的广泛认可。随着研究进一步深入，时间地理学的概念被引入旅游研究，学者黄潇婷认为，旅游者时空行为是旅游者从出发地到目的地内部，再至返回出发地的整个旅游过程中的空间移动行为和时间分配行为[9]。

（二）国内外研究现状

1. 国内外关于数字足迹的研究

数字足迹最早被用于探讨城市动力学，O'Neill（2006）将扫描发现的蓝牙信号数据与门数（Gatecounts）和静态快照（Static Snapshots）两种传统方法相结合，用以探究城市与人们行为的关系[10]。随后，数字足迹被用于旅游研究，研究数据的主要来源为用户在手机上主动或被动留下的电子数据。如：Rein（2007）等对比手机移动定位数据和传统住宿统计数据的相关性，发现被动移动定位数据可用于旅游研究[11]；Girardin（2008）通过采集旅游者手机的通信数据以及其在照片分享网站 flicker 上发表的图片，研究游客在意大利罗马的空间行为和旅游偏好[12]；Vaccaci（2009）等则通过获取手机通话记录和短信息、图片等数字足迹，研究了美国纽约连续三年的旅游状况[13]。Aram

（2011）以旅游博客为研究数据，试图探究西方旅游者的正负面评论对作为旅游目的地的张家界市形象造成的影响，并发现他们对自然风光印象深刻，旅游博客可以为西方旅游者旅游目的地形象的形成奠定良好的基础[14]。数字足迹已经被较为广泛地应用于旅游研究的各个方面，由此可见国外对数字足迹的研究开始较早，且研究成果丰富，这为国内数字足迹的研究提供了借鉴基础。

国内利用数字足迹所做的研究主要集中于旅游研究方面，用于研究的数字足迹的主要来源有微博、QQ、微信、各大旅游网站游记文本，如携程网、马蜂窝、驴妈妈等。如张妍妍（2014）等通过提取西安旅游者的网络照片和游记信息，结合社会网络分析法研究了西安国内散客旅游流时间及网络结构特征，发现西安旅游业发展存在的一些问题[15]。杨敏（2015）等以成都市为例，利用从 Flickr 和 Trip Advisor 两个网站中获取的入境游客数字足迹数据，深入挖掘入境游客的时间及空间信息，研究并总结了入境旅游者行为的时空规律。他们发现成都入境游客在时间上主要集中于秋冬两季，在空间上入境游客偏好成都大熊猫繁育研究基地、青城山—都江堰、锦里、宽窄巷子等景区[16]。梁保尔（2015）等以上海历史街区的 12 个历史文化风貌区作为研究对象，对比分析官方宣传文本以及游客的网络游记文本，借助计算机共现处理平台统计各历史文化风貌区"关注次数"与"共现次数"两个指标，探寻旅游者与官方的关注偏好及共现偏好差异所在[17]。可见，国内研究者倾向于利用数字足迹研究旅游者的时空规律，但相对国外来说研究成果较少。

2. 国内外有关空间行为的研究

早在 1899 年，Bodio 就对旅游者空间行为进行了研究，他发表的《外国旅游者在意大利旅游的移动规律和旅游花费》和随后 Niceforo 发表的《外国人在意大利移动》被认为是对旅游者空间行为最早的研究。国外学者对于旅游者空间行为的研究主要有以下几个方面——游客空间流动特征与规律及旅游流行为规律与行为模式研究等。如 Verbeke 通过分析欧洲内部区域间和区域内的旅游流，得到旅游者出游的距离衰减规律[18]；Alexandre 等对葡萄牙文化景点和每个城市的过夜游客住宿数量进行聚类分析，得出包价游游客的空间活动模式[19]；Mega 等通过探讨新加坡环球影城的游客空间分布以及决策行为，为设计人员和管理者设计更为科学合理的指路系统服务[20]。

国内有关旅游空间行为的研究从内容上看十分丰富，主要集中在旅游空间行为模式、旅游者流动规律以及旅游路径三个方面。如：吴必虎（2000）等在梳理归纳国内外有关旅游空间行为模式的基础上提出以城市为空间节点的区域旅游模型[21]；陆林（2013）等通过收集旅行社路线报价单，对珠三角都市圈的旅游空间行为模式及目的地类型进行了研究[22]；卢松（2013）等以黄山市为对象，研究了自驾游旅客的空间行为结构和模式[23]；贾铁飞（2015）等通过对访沪自由行游客进行现场访谈以获得资料数据，运用ArcGIS10.2对数据进行矢量化处理以探究旅游者空间行为特征[24]；张骏（2011）等以南京市为对象，研究了旅游空间行为路径的弊端及形成原因，并在此基础上提出了路径优化目标及策略[25]；李渊（2016）等考虑旅游者的旅行时间限制和空间行为特征，对最优旅游路线的设计进行了探讨[26]。旅游空间行为从维度上可以分为微观和宏观两个方面，众多学者从不同维度试图揭秘旅游者行为的"黑箱"问题。如：袁大伟通过实践调研以及问卷调查，研究了旅游景区微博营销对旅游者决策行为的影响，并发现信息质量、互动性、营销方法、活跃度、网络口碑程度对旅游者决策行为有不同程度的影响[27]；王纯阳等以赴港游客为研究对象，利用SEM模型方程证明了旅游者动机、旅游者期望和目的地形象之间的联系[28]；程敏以长沙游客为研究对象，探究团队游和自助游旅客旅行行为的异同点[29]。由此可见，较少研究者选取微观角度对旅游者空间行为进行研究。

3. 国内外有关旅游者时间行为的研究

长期以来，旅游时间被看作抽象的、静止的。旅游研究也常常将时间因素孤立于考虑范围之外，直到有关旅游季节性的问题用空间导向的旅游理论框架难以解释时，人们才意识到时间因素与旅游行为有着密不可分的关联。前人有关旅游者时间行为的研究成果在内容上根据时间段的长短可以被分为长期、中期、短期三个维度。长期的旅游时间维度是研究旅游目的地年际的旅游流分布及变化规律，袁正新（2006）分析了张家界旅游客流量年际间时空变化的基本特征[30]；刘后平（2008）分析时间序列的惯性并由此建立了我国入境旅游人数的SARIMA模型[31]。中期的旅游时间维度是指客流季节性或月份的变化，陆林（2002）等通过对比研究国内山岳型和海滨型旅游目的地客流特征，发现了季节性因素对旅游流量的影响作用[32]。短期的旅游时间维度则是指客流量的周或日变化，黄潇婷（2009）尝试将时间地理学的研究方法引入旅游研究中，通过问卷调查的方法采集了 2008 年 5 月 25 日和 26 日两天的旅游者时空信息，以研究北京颐和园景区内部旅游者时空行为模式[33]。前人多选择集中的、连续的时间段作为研究时段，研究时间跨度较长的文献数量偏少。

国外学者对于旅游者时间行为的研究从内容上看，主要集中在研究季节规律和模型建立方面。如 Christine Lim 以到澳大利亚旅游的中国香港、新加坡和马来西亚客为研究对象，探究了不同国家旅游者具有的不同的时间出行偏好[34]；Cecilia 等利用半马尔科夫过程，以澳大利亚菲利普自然公园为研究对象，通过评估旅游者和旅游景点之间的空间和时间相互作用，模拟旅游者在选择景点时所做的决策[35]。但国外学者从时空角度入手研究旅游流动的相关文献数量较少。

总的来说，国内有关旅游时间和空间行为的研究都晚于国外，大多数学者都从空间维度入手研究旅游者行为，而忽视了时间因素对旅游者行为的影响，所以有关时间行为的研究成果略有不足。时间因素被纳入旅游研究的范畴之后，对于旅游者时空行为的研究近年来也逐渐得到重视。从研究维度方面来看，以往学者通常选取宏观角度的一个方面进行研究，很少有人从各角度入手探讨旅游者行为，而从微观角度进行研究的文献数量偏少，直到近几年才慢慢增多。从研究的切入点来看，鲜少有研究者利用数字足迹探究全域旅游的推进情况。随着科学技术的发展，以及新兴技术在旅游研究中的应用，数据的获取不再受时间和地理距离等影响，研究成果从而也更具科学性和完整性。

根据综述的结果，本研究选取旅游者在个人网络空间发表的带有文字和照片的游记文本作为研究的数据源，从狭义维度入手研究旅游者时空行为。

第二节　研究方法及数据获取

一、研究方法

1. 文献研究法

通过查询 CNKI（中国知网）、超星电子数字图书馆、斯普林格（Springer）出版的资料和网络资料，搜集了国内外与该课题相关的大量学术资料，在对文献进行仔细梳理以后，了解了数字足迹、旅游者空间行为、旅游者时间行为等概念的研究现状以及相关的研究方法，为本节研究奠定技术及理论基础。

2. 文本分析法

利用数据抓取软件八爪鱼采集器对携程网和马蜂窝网 2015—2018 年的游记进行抓取，通过逐篇阅读筛选过后的游记，从中提取出发时间、停留时间以及访问景点，作为本研究的数据基础。

3. 数理统计法

将提取到的有关游客的出行信息归类整理录入 Excel2013 表格中，并根据出行时间划分出游季节，并利用 Excel2013 的数理统计工具对年内游客出行季节分布进行图表显示。再将 Excel2013 中的旅游者浏览景点信息汇总，算出每个景点的被访问次数以及频率，利用 ArcGIS10.2 软件实现旅游者空间行为的可视化，以研究张家界市旅游空间集聚区的演化情况。

4. 核密度分析法

核密度分析是一种将点要素的集合（矢量数据）转换为栅格数据的一种手段。

在核密度分析中，落入搜索区域内的点具有不同的权重，靠近网格搜索中心的点会被赋予较大的权重[37]。核密度估计法的基本思想在于事件在空间点密度大的区域发生的概率大，在空间点密度低的区域发生的概率低[38]。核密度估计的公式有多种，常用的一般为 Parzen window，其公式为：

$$F(X) = \frac{1}{nL} \sum_{i=1}^{n} a(\frac{(x - X_i)}{L}) \qquad (4-1)$$

其中，L 为带宽，$a(\frac{(x - X_i)}{L})$ 为核函数，$(x - X_i)$ 是样本点离 X_i 的距离。

二、旅游数字足迹获取

（一）数据平台选择

当前，各大旅游网站都具有游记攻略板块。为了保证数据的获取量，首先对当前热门旅游网站中的张家界游记数量进行预查，所得结果如表4-1所示。

表 4-1 热门旅游网站张家界游记数量

网站名称	马蜂窝	携程	穷游网	驴妈妈	去哪儿	途牛
游记数量（篇）	27495	7862	2000	1991	1601	742

从上述表格中数据，可以看到马蜂窝和携程网的游记数量远多于其他四个网站。携程网是中国目前最大的在线旅游服务商，根据 2018 年 12 月最新数据显示，携程网月活跃用户数超过 2 亿。马蜂窝旅游网成立于 2006 年，是中国领先的自由行服务平台，被誉为中国的旅行圣经。携程网和马蜂窝旅游网能够提供充足数据，为避免单个网站被某一年龄层偏爱的偶然因素，本节以携程网和马蜂窝旅游网两个网站的游记作为研究数据。

（二）数据采集内容

本节研究张家界游客的时空行为规律，并且将 2015 年至 2018 年作为研究年份。因此，采集内容包括旅游者发布的游记文本和照片，并通过逐篇阅读的方式，从各篇游记文本中提取出出游时间、停留时间以及访问景点三项数据，照片则作为辅助数据用于用户表述不清时提取具体景点名称。

（三）数据获取情况

由于马蜂窝旅游网的游记数据过于庞大，因此，本节所采用的数据来源于以"张家界湖南"为关键词搜索的热门游记，搜索到的游记篇数为2860篇。利用数据爬取软件八爪鱼采集器，分别对携程网和马蜂窝旅游网的张家界游记进行爬取，将数据结果导入Excel2013表格中，根据时间序列排序，所得2015年至2018年的张家界游记数量汇总如表4-2所示。

表4-2 2015—2018年张家界游记数量汇总

网站名称	年份	游记数（篇）
携程网	2015	455
	2016	448
	2017	282
	2018	204
马蜂窝	2015	63
	2016	140
	2017	501
	2018	336
合计（篇）		2429

（四）数据清洗原则

部分所获取的游记数据不满足研究需要，为了保证游记的真实性和结果的准确性，需要对游记进行挑选并删除，主要遵循以下几点原则。

（1）剔除非张家界游记。

（2）剔除用户发表的重复性游记。

（3）合并用户分天进行叙述的游记，只保留其中一篇。

（4）剔除没有出发时间和表述不清难以提取信息的游记。

（5）剔除游记篇章中只包含照片，而没有文字介绍的游记。

（6）剔除盗图进行个体户营销的商业性游记。

（五）最终数据及说明

按照上述六点原则对获得游记进行清洗后，得到的最终游记数量如表4-3

所示。

表 4-3　最终游记数量

网站名称	年份	游记数（篇）
携程网	2015	172
	2016	121
	2017	133
	2018	76
马蜂窝	2015	54
	2016	124
	2017	409
	2018	208
合计（篇）		1297

　　数据抓取分两段进行，首先对 2015 年至 2017 年的张家界游记进行抓取，2019 年 1 月再对 2018 年的游记进行单独抓取，两部分游记共同组成此次研究的数据源。在逐篇阅读游记的过程中，发现携程网存在很大一部分自媒体性质的营销游记，因此最终得到的游记数量与初始数量相比有大幅度减少，由于大量商业性游记的存在，想要获取真实游客分享的用户会选择其他平台游览，这就是携程网真实数据逐年减少的原因。而马蜂窝旅游网的商业营销用户较少，因此可以看到从 2015 年至 2017 年的游记数量呈连年增长趋势。

　　对比游记的出发时间和游记发表时间，部分游客在出游后的数月才发表相关目的地的游记，由此发现，用户在游玩某地过后，通常不会马上进行游记的书写工作，因此游记发表存在一定的延时性。通过对有撰写游记习惯的游客进行访谈，得到的结果也和上述结论相同。从两大旅游网站的数据来看，2018年的游记数量不大，可能与此原因相关。

第三节 张家界旅游者行为时间分布特征

一、旅游者年平均停留时间呈弱增长趋势

由图 4-1 来看，自全域旅游实施至今，旅游者在张家界停留的天数呈总体上升趋势，由 2015 年的 2.74 天上升到 2017 年的 2.86 天，而 2018 年旅游者停留天数相对 2017 年和 2016 年稍有下降，基本降幅较弱。

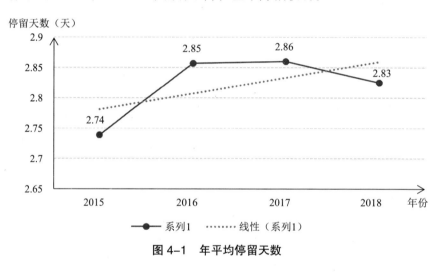

图 4-1 年平均停留天数

二、旅游者停留天数多为 2~4 天

从图 4-2 中的峰值来看，旅游者在张家界停留时间一般为 2~4 天，多数旅游者在张家界停留时间为 3 天。一日游旅游者在逐年增长，2018 年在张家界停留一天的游客比例约为 9.89%，相比于 2015 年的 5.75%，增长了 4.14%。从一日游旅游者具体的访问景点来看，主要访问的景点为天门山和玻璃桥，这

首先与天门山和玻璃桥近年来成功的宣传造势有关，玻璃桥被网友称为"抖音网红景点"，成为部分"90 后"旅游者来张家界首选的游览景点。其次，随着交通网络的进一步优化，各地区景点之间的通行时间大幅缩短，"快旅慢游"时代到来，越来越多的旅游者选择自驾出行，而其中进行一日游和一夜游的游客不占少数[39]。与此同时，在张家界停留 3 天以上的游客比重在增加，全域旅游背景下，更多的景区被开发并投入营业，为旅游者在目的地的移动提供了更多选择。

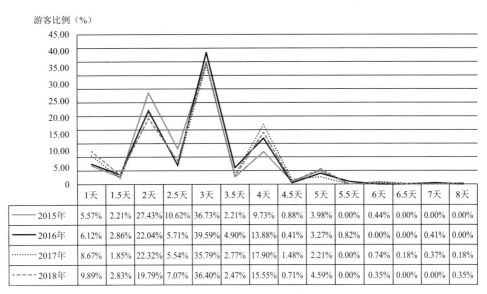

	1天	1.5天	2天	2.5天	3天	3.5天	4天	4.5天	5天	5.5天	6天	6.5天	7天	8天
2015年	5.57%	2.21%	27.43%	10.62%	36.73%	2.21%	9.73%	0.88%	3.98%	0.00%	0.44%	0.00%	0.00%	0.00%
2016年	6.12%	2.86%	22.04%	5.71%	39.59%	4.90%	13.88%	0.41%	3.27%	0.82%	0.00%	0.00%	0.41%	0.00%
2017年	8.67%	1.85%	22.32%	5.54%	35.79%	2.77%	17.90%	1.48%	2.21%	0.00%	0.74%	0.18%	0.37%	0.18%
2018年	9.89%	2.83%	19.79%	7.07%	36.40%	2.47%	15.55%	0.71%	4.59%	0.00%	0.35%	0.00%	0.00%	0.35%

图 4-2　旅游者停留天数

三、旅游者在地文景观、人文活动类旅游资源全年分布均匀

根据《旅游资源分类、调查与评价（GB/T 18972—2003）》，将游记中出现的旅游者到访景点作出分类，具体如表 4-4 所示。

表 4-4　旅游者到访景点分类

主类	亚类	基本类型	旅游资源名称
A 地文景观	AA 综合自然旅游地	AAA 山岳型旅游地	天门山国家森林、八大公山、崇山、七星山
		AAB 谷地型旅游地	槟榔谷、黄龙洞、九天洞
		AAF 自然标志地	武陵源核心景区
	AC 地质地貌过程形迹	ACG 峡谷段落	张家界大峡谷
		ACF 岩壁与岩缝	朝阳地缝一线天
B 水域风光	BA 河段	BAA 观光游憩河段	茅岩河
	BB 天然湖区与池沼	BBA 观光游憩湖区	宝峰湖
	BD 泉	BDB 地热与温泉	江垭温泉、万福温泉
F 建筑与设施	FA 综合人文旅游地	FAB 康体游乐休闲度假区	双峡度假区
		FAE 文化活动场馆	张家界市博物馆
		FAD 园林游憩区域	大庸桥公园、回龙观公园
	FB 单体活动场馆	FBE 歌舞客场馆	云顶会
	FD 居住地与社区	FDA 传统与乡土建筑	土司城、田家大院、大庸府城
		FDB 特色街巷	溪布街
		FDD 名人故居与历史纪念建筑	贺龙故居、革命烈士纪念塔、贺龙纪念馆
	FE 归葬地	FEA 陵区陵园	桑植烈士陵园
	FG 水工建筑	FGA 水库观光游憩区段	娄江水国风景区
H 人文活动	HC 民间习俗	HCC 民间演艺	魅力湘西、天门狐仙、梦幻张家界、梦里张家界

对旅游者到访景点进行分类后，本节采用地理集中指数对各类型旅游资源季节集中程度进行测算。地理集中指数是衡量研究对象集中程度的重要指标，其计算公式为：

$$G = 100\sqrt{\sum_{i=1}^{n}(\frac{x_i}{T})^2} \qquad (4-2)$$

式中：G 为某类旅游资源整年的集中指数；x_i 为第 i 个季节旅游者访问景点的频数；T 为某类旅游资源类型的全年游客访问数；n 为研究季节数量，即 $n=4$。G 的取值范围为 0~100，G 值越大，则说明某类旅游资源旅游流全年分布越集中，G 值越接近 $100\sqrt{1/N} = 100\sqrt{1/4} = 50$，某类旅游资源旅游流全年分布越均匀。

根据表 4-4 的分类标准，结合网络游记的数字足迹，计算各类旅游资源四季访问数占比如表 4-5 所示。

表 4-5　各类旅游资源四季访问数占比

旅游资源类型	春季	夏季	秋季	冬季
AAA 山岳型旅游地	0.28	0.32	0.30	0.10
AAB 谷地型旅游地	0.32	0.29	0.26	0.13
AAF 自然标志地	0.27	0.32	0.28	0.13
ACG 峡谷段落	0.28	0.32	0.29	0.11
BBA 观光游憩湖区	0.32	0.37	0.19	0.13
FAD 园林游憩区域	0.43	0.29	0	0.29
FDA 传统与乡土建筑	0.28	0.42	0.16	0.14
FDB 特色街巷	0.23	0.33	0.26	0.18
HCC 民间演艺	0.31	0.31	0.27	0.12

将表 4-5 数据代入式（4-2），得出表 4-6 中的集中指数 G，并绘制各类旅游资源集中指数柱状图，由于个别旅游资源访问全年人数过少，因此本节不给予测算。由图 4-3 可以看出，特色街巷、自然标志地、谷地型旅游地、峡谷段落、民间演艺、山岳型旅游地、观光游憩湖区和传统与乡土建筑的 G 值比较接近 50，说明此类旅游资源游客访问数在四季分布较为均匀，而园林游憩区域 G 值较大，表明此类旅游资源受季节的影响因素较大。

表 4-6　各类旅游资源集中指数

类型	AAA 山岳型旅游地	AAB 谷地型旅游地	AAF 自然标志地	ACG 峡谷段落	BBA 观光游憩湖区	FAD 园林游憩区域	FDA 传统与乡土建筑	FDB 特色街巷	HCC 民间演艺
G 指数	52.99	52.06	52.02	52.63	54.06	59.42	54.77	51.17	52.87

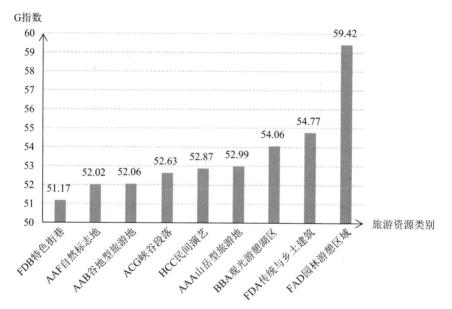

图 4-3　各类旅游资源季节集中指数柱状图

四、旅游者在夏季集中度高，冬季偏低

饱和曲线和斯泰恩斯峰值指数（以下简称峰值指数）是定量分析旅游流峰值情况的一种方法，饱和曲线是一条变量在一定时间内单调递减的曲线，斯泰恩斯峰值指数则是该条饱和曲线上的斜率，其计算公式为：

$$M_n = \frac{U_1 - U_n}{U_1(n-1)} \qquad (4-3)$$

式中：M_n 为峰值指数，U_1 为某旅游资源类型旅游人次最高的季节访问人数；U_n 为旅游人次排名第 n 位季节的访问人数；n 为第 n 个时段，1 为旅游流规模最大的时段。峰值指数越大，则说明该旅游资源在某季节的旅游流规模越大，即旅游者访问数在这一季节分布较为集中。

将游记中的旅游者访问景点次数统计汇总，代入式（4-3），得出峰值指数如表 4-7 所示。

表 4-7　各类型旅游资源四季游客访问人次及峰值指数

资源类型	春季	夏季	秋季	冬季
AAA 山岳型旅游地	192/0.0695	223/1	205/0.0807	72/0.2257
AAB 谷地型旅游地	48/1	44/0.0833	40/0.0833	20/0.1944
AAF 自然标志地	246/0.0729	288/1	255/0.1146	116/0.1991
ACG 峡谷段落	68/0.0526	76/1	69/0.0921	26/0.2193
BBA 观光游憩湖区	20/0.1304	23/1	12/0.2391	8/0.2174
FAD 园林游憩区域	3/1	2/0.3333	0/0.5	2/0.3333
FDA 传统与乡土建筑	24/0.3333	36/1	14/0.3055	12/0.2222
FDB 特色街巷	18/0.1538	26/1	20/0.2308	14/0.1538
HCC 民间演艺	44/1	44/1	38/0.1364	17/0.3068

根据上述各类型旅游资源四季旅游者访问数按降序排列绘制饱和曲线，为保证峰值指数曲线的直观性和清晰性，本节将各类型旅游资源的斯泰恩斯峰值指数乘以 100，制成折线图。如图 4-4 所示。

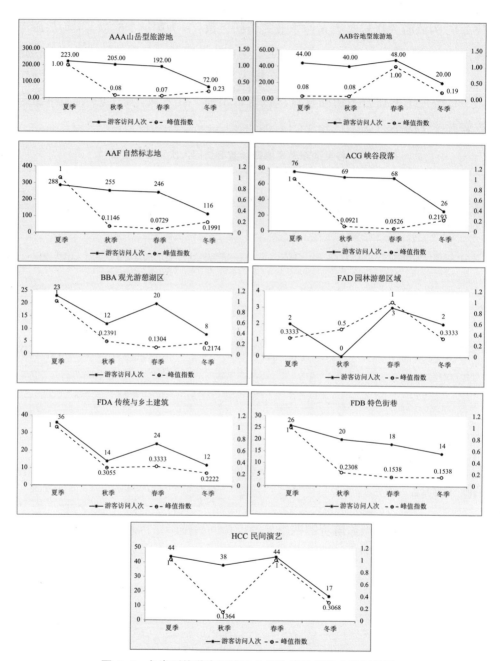

图 4-4　各类型旅游资源饱和曲线和峰值指数曲线折线图

1. 春、夏、秋三季较冬季对旅游者吸引力强

从饱和曲线以及旅游者四季访问旅游资源类型的数量上来看，旅游者偏爱山岳型旅游地、自然标志地和峡谷段落，这三类旅游资源的旅游者访问数要远高于其他类别。冬季相比春、夏、秋三季对旅游者的吸引力弱，由于张家界冬季平均气温低，极端温度为 -4.5℃，天气严寒，因此目的地接待人次偏低。春季气温回升、春意阑珊，是踏春游园的好季节，因此园林游憩区域访问数较高；夏季七月、八月正值暑假，亲子游成为旅游队伍的主力军，且夏季阴雨天较少，便于出行，因此总体上旅游者大多集中在夏季；秋季十一长假是继暑假后的又一旅游高峰期。

2. 建筑与设施类旅游资源较地文与人文活动类短期涌涨现象明显

由峰值指数可以看出，各类型旅游资源的峰值指数多集中在夏、秋季，山岳型旅游地、自然标志地、峡谷段落、特色街巷类资源在春、夏、秋三季的峰值指数不存在明显差异，所以上述类别旅游资源在研究时段上分布比较均匀，短期涌涨带来的高峰情况不明显。而园林游憩区域峰值指数曲线较为陡峻，旅游者在短时间内涌涨，且这类旅游资源总体访问频数不高，所以这类旅游资源在研究时段具有较为明显的高峰突出现象。

第四节　张家界旅游者行为空间特征分析

旅游者的空间分布受多方因素影响，主观上旅游者本身的审美情趣是影响其空间移动的重要因素，客观上，旅游资源的吸引力、交通的便利程度以及旅游目的地的接待设施，也会从一定程度上影响旅游者的出行。随着张家界市旅游的发展及近年来全域旅游的推进，旅游目的地各方面服务水平不断提升，旅游者的出行偏好也应该发生了改变。本节通过将旅游者游记文本中提及并访问的景点进行汇总，以研究自全域旅游提出以来，旅游者空间分布的变化情况。

一、旅游者空间分布呈集聚型

有关旅游者空间分布的研究经常涉及空间识别的问题，即判断旅游者的空间分布是发散的，还是随机的，或是集聚的。平均最近邻分析常用于测算空间格局。该方法原理为：对比计算最近邻点对的平均距离和随机分布模式下最近邻点对的平均距离，以判断空间分布格局。

2015年至2018年旅游者到访景点如图4-5所示，利用ArcGIS10.2中的平均最近邻分析对访问景点图进行处理，结果如图4-6所示。

由图4-6可以看出，平均最近邻分析的z值为负，表明空间分布模式为集聚，若z值为正则代表发散[40]。图中的$Z=-2.48$，位于$-2.58 \sim -1.96$之间，说明张家界旅游者的空间分布格局为集聚型（clustered）。武陵源区和永定区面积相对较小，但优质旅游资源丰富且发展较为成熟，是旅游者主要的集聚地，而桑植县和慈利县面积较大，国家A级旅游景区分布较为分散，高知名度景点相对较少，且各景区之间的交通畅通程度有待提升，因此少有旅游者涉足。

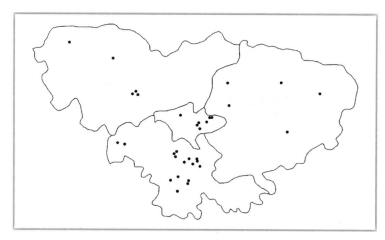

图4-5 2015—2018年游客到访景区

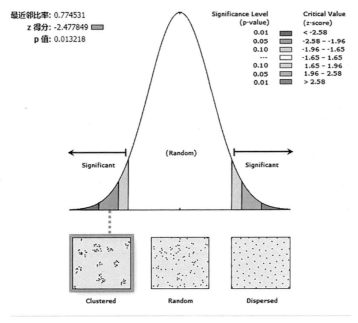

z 得分为 -2.48，则随机产生此 聚类 模式的可能性小于 5%。

图 4-6 平均最近邻汇总

二、旅游者空间分布由"单核"向"双核"衍化

此小节利用 ArcGIS10.2 中的 kernel density（核密度）工具，进一步探讨输入点要素的数值和分布情况，通过测算全区密度分布情况，以生成联系栅格图形反映张家界旅游者的空间集聚区。

1. 2015 年张家界市旅游空间特点

从表 4-8 可知，2015 年，张家界市共有国家 A 级旅游景区 16 家。其中，5A 级 2 家，4A 级 8 家，3A 级 6 家。从地域分布来看，武陵源占 6 家，永定区占 5 家，慈利县占 4 家，桑植县占 1 家。

由图 4-7 可以看出，2015 年旅游者主要集中在武陵源区和永定区，由于国家 A 级旅游景区主要集中在武陵源区和永定区，而各景区之间空间距离相对短，分布比较稠密，且景区与景区之间都有比较便捷的交通以满足旅游者在

目的地内部的移动的需求。

利用表4-8中的访问景点频数以及图4-7，通过核密度工具进一步得出图4-8，从图4-8中可以看出，张家界市形成了以武陵源核心景区和天门山国家森林公园为中心核密度值逐级递减的旅游者聚集区。永定区的旅游者从空间上看主要集中在中部，而两侧少有人涉足。桑植县和慈利县并没有明显的聚集区，仅慈利县出现了核密度值较低的低密度区，这与两县本身的旅游资源结构有关，慈利县4家A级旅游景区中有2家为温泉旅游资源，景区资源具有同质性；而桑植县仅一家国家A级旅游景区，资源吸引力与其他景区相比偏低。2015年旅游者访问景点频数如表4-9所示。

表4-8　2015年张家界市国家级景区分布

区位	景区名称
武陵源区	武陵源核心景区（5A）、黄龙洞旅游区（4A）、宝峰湖旅游区（4A）、溪布街（3A）、中国大鲵生物科技馆（3A）、紫霞观（3A）
永定区	天门山国家森林公园（5A）、土家风情园（4A）、军声画院（3A）、老院子（3A）、绿色大地（3A）
慈利县	江垭温泉（4A）、张家界大峡谷（4A）、万福温泉（4A）、龙王洞旅游区（4A）
桑植县	贺龙纪念馆（4A）

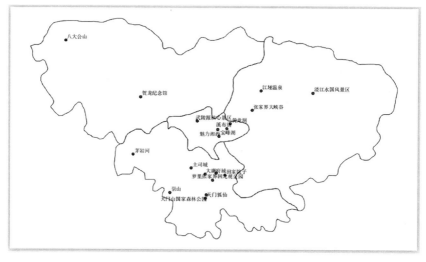

图4-7　2015年游客访问景区分布

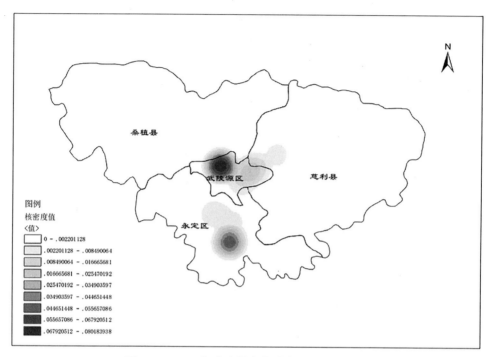

图 4-8 2015 年张家界市旅游空间分布核密度

表 4-9 2015 年旅游者访问景点频数

旅游景区	访问频数	频率（%）	旅游景区	访问频数	频率（%）
武陵源核心景区	210	92.92	梦里张家界	2	0.88
天门山国家森林公园	126	55.75	田家大院	1	0.44
黄龙洞	46	20.35	崇山	1	0.44
魅力湘西	16	7.08	回龙观公园	1	0.44
宝峰湖	15	6.64	茅岩河	1	0.44
土司城	15	6.64	贺龙纪念馆	1	0.44
天门狐仙	14	6.19	八大公山	1	0.44
张家界大峡谷	10	4.42	江垭温泉	1	0.44
溪布街	10	4.42	娄江水国风景区	1	0.44
大庸府城	8	3.54			

2. 2016 年张家界市旅游空间特点

从表 4-10 可知，2016 年，张家界市共有国家 A 级旅游景区 19 家，其中，5A 级 3 家，4A 级 8 家，3A 级 8 家。与 2015 年相比，增长 3 家，增幅为 18.8%。从地域分布来看，武陵源区占 6 家，永定区占 7 家，慈利县占 4 家，桑植县占 2 家。

利用表 4-11 中的访问景点频数以及图 4-9，通过核密度工具进一步得出图 4-10。由图 4-10 可以看出，旅游者空间聚类情况与 2015 年相比没有明显变化，旅游者高密度聚集区依旧是以武陵源核心景区为中心及其周边景区组成的区域。以天门山国家森林公园为中心的次核心热点区周边形成了新的低密度聚集区，由于天门山所需的游览时间较短，正常情况下半天就可以结束当日行程，大部分旅游者到达旅游目的地后希望尽可能多地游览当地景点，因此会在天门山的行程结束后浏览一些小的景点，比如与天门山距离较近的土司城。2016 年 8 月，张家界大峡谷景区内的玻璃桥成功试运行，并开始接待中外游客，作为目前世界最高、最长的人行玻璃天桥，建成之初就创下了十项"世界之最"，并在试运营期间就吸引了许多旅游者前来观光游览。相比于 2015 年，慈利县以大峡谷景区为核心的区域聚集度进一步增大。

表 4-10　2016 年张家界市国家 A 级旅游景区分布

区位	景区名称
武陵源区	武陵源核心景区（5A）、黄龙洞旅游区（4A）、宝峰湖旅游区（5A）、溪布街（4A）、中国大鲵生物科技馆（3A）、紫霞观（3A）
永定区	天门山国家森林公园（5A）、土家风情园（4A）、军声画院（3A）、老院子（3A）、绿色大地（3A）、茅岩河景区（3A）、老道湾景区（3A）
慈利县	江垭温泉（4A）、张家界大峡谷（4A）、万福温泉（4A）、龙王洞旅游区（4A）
桑植县	贺龙纪念馆（4A）、九天峰恋景区（3A）

表 4-11 2016 年旅游者访问景区频数

旅游景区	访问频数	频率（%）	旅游景区	访问频数	频率（%）
武陵源核心景区	222	90.61	宝峰湖	15	6.12
天门山国家森林公园	166	67.76	天门狐仙	13	5.31
张家界大峡谷	30	12.24	大庸府城	7	2.86
黄龙洞	29	11.84	大庸桥公园	1	0.41
魅力湘西	23	9.39	革命烈士纪念塔	1	0.41
溪布街	20	8.16	七星山	1	0.41
土司城	18	7.35			

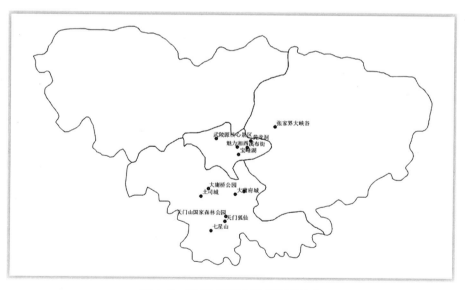

图 4-9 2016 年游客访问景区分布

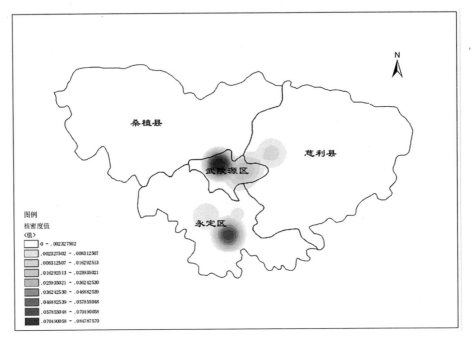

图 4-10　2016 年张家界市旅游空间分布核密度

3. 2017 年张家界市旅游空间特点

从表 4-12 中看，2017 年，张家界市共有国家 A 级旅游景区 21 家，其中，5A 级 3 家，4A 级 8 家，3A 级 10 家。与 2016 年相比，增长 2 家，增幅为 10.5%。从地域分布来看，武陵源区占 6 家，永定区占 7 家，慈利县占 6 家，桑植县占 2 家。

利用表 4-13 中的访问景区频数以及图 4-11，通过核密度工具进一步得出图 4-12，由图 4-12 结合图 4-11 看，旅游者主要活动在武陵源区、永定区和慈利县。以天门山景区为核心的聚集区核密度值已基本接近武陵源核心景区。大峡谷景区的核密度值从 2016 年的第三阶梯上升至第五阶梯，超过以黄龙洞为核心的聚集区核密度值，成为张家界市的新次热点核心区。桑植县境内仅 2 家国家 A 级旅游景区，且地域辽阔，景区之间相对分散，旅游资源相比发展成熟的其他景区吸引力度小，所以其内部始终未出现旅游者聚集区。

表 4-12　2017 年张家界市国家 A 级旅游景区分布

区位	景区名称
武陵源区	武陵源核心景区（5A）、黄龙洞旅游区（4A）、宝峰湖旅游区（5A）、溪布街（4A）、中国大鲵生物科技馆（3A）、紫霞观（3A）
永定区	天门山国家森林公园（5A）、土家风情园（4A）、军声画院（3A）、老院子（3A）、绿色大地（3A）、茅岩河景区（3A）、老道湾景区（3A）
慈利县	江垭温泉（4A）、张家界大峡谷（4A）、万福温泉（4A）、龙王洞旅游区（4A）、五雷山（3A）、一线天（3A）
桑植县	贺龙纪念馆（4A）、九天峰恋景区（3A）

表 4-13　2017 年旅游者访问景区频数

旅游景区	访问频数	频率（%）	旅游景区	访问频数	频率（%）
武陵源核心景区	473	87.27	梦幻张家界	4	0.74
天门山国家森林公园	397	73.25	张家界市博物馆	4	0.74
张家界大峡谷	199	36.72	烟雨张家界	3	0.55
黄龙洞	76	14.02	大庸桥公园	3	0.55
溪布街	48	8.86	回龙观公园	2	0.37
魅力湘西	45	8.30	田家大院	1	0.18
宝峰湖	33	6.09	云顶会	1	0.18
土司城	31	5.72	革命烈士纪念塔	1	0.18
天门狐仙	23	4.24	溇江水国风景区	1	0.18
大庸府城	5	0.92	槟榔谷	1	0.18

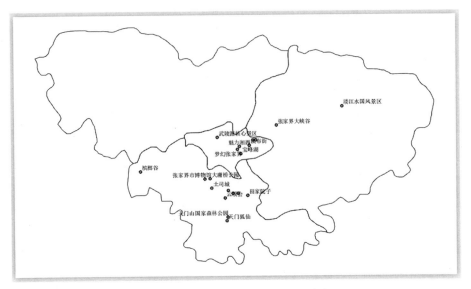

图 4-11　2017 年游客访问景区分布

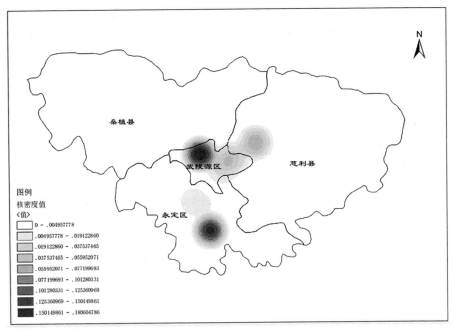

图 4-12　2017 年张家界市旅游空间分布核密度

4.2018 年张家界市旅游空间特点

从表4-14可知，2018年张家界市国家级景区19家，其中，5A级3家，4A级8家，3A级8家。相比2017年减少2家，降幅为9.5%。从地域分布来看，武陵源区占5家，永定区占6家，慈利县占6家，桑植县占2家。

利用表4-15中的访问景点频数以及图4-13，通过核密度工具进一步得出图4-14，可以看出，张家界市内形成明显的主次核心区，其中主核心区主要以武陵源核心景区和天门山景区为轴心，从具体的图面数据来看，武陵源核心景区的中心圆更大，核密度值更高，但天门山景区与之相比已经相差甚微。次核心区由以黄龙洞景区和大峡谷景区为中心的两个同心圆组成。大峡谷景区与2017年相比核密度值降低，因景区在年内发生坠石事故，一定程度上给景区造成了负面影响。

表 4-14 2018 年张家界市国家 A 级旅游景区分布

区位	景区名称
武陵源区	武陵源核心景区（5A）、黄龙洞旅游区（4A）、宝峰湖旅游区（5A）、溪布街（4A）、中国大鲵生物科技馆（3A）
永定区	天门山国家森林公园（5A）、土家风情园（4A）、军声画院（3A）、老院子（3A）、茅岩河景区（3A）、老道湾景区（3A）
慈利县	江垭温泉（4A）、张家界大峡谷（4A）、万福温泉（4A）、龙王洞旅游区（4A）、五雷山（3A）、一线天（3A）
桑植县	贺龙纪念馆（4A）、九天峰恋景区（3A）

表 4-15 2018 年旅游者访问景区频数

旅游景区	访问频数	频率（%）	旅游景区	访问频数	频率（%）
武陵源核心景区	241	85.16	烟雨张家界	2	0.71
天门山国家森林公园	215	75.97	七星山	2	0.71
张家界大峡谷	94	33.22	回龙观公园	2	0.71
黄龙洞	50	17.62	贺龙故居	2	0.71
溪布街	23	8.13	双峡度假区	1	0.35

续表

旅游景区	访问频数	频率（%）	旅游景区	访问频数	频率（%）
魅力湘西	23	8.13	大庸府城	1	0.35
宝峰湖	14	4.95	朝阳地缝一线天	1	0.35
土司城	10	3.53	万福温泉	1	0.35
天门狐仙	8	2.83	桑植烈士陵园	1	0.35
梦幻张家界	3	1.06	槟榔谷	1	0.35
茅岩河九天洞风景区	3	1.06			

图 4-13 2018 年游客访问景区分布

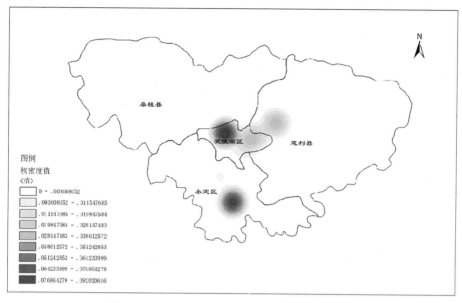

图4-14　2018年张家界市旅游空间分布核密度

5.旅游者访问景区的空间分布对比分析

利用ArcGIS10.2软件中的核密度工具对张家界市2015年至2018年的旅游者空间分布情况进行可视化后，可以很清楚地看出张家界游客的聚集特点，2015年，张家界市内形成"一主两次"三大核心区，并在次级核心区的基础上外溢形成低密度集聚区。随着全域旅游进程的进一步推进，到2018年，市内新增一核呈现四大核心集聚区，高密度区由武陵源区的世界自然遗产核心风景区不断向东部慈利县和南部永定区转移。与此同时，天门山景区集聚效应不断增强，外溢效应逐渐减弱，与武陵源核心景区并驾齐驱。从具体景区的发展情况来看，在实施全域旅游的四年内，天门山景区每年均举行各类惊险刺激的极限运动，保持鲜活度以吸引眼球，景区知名度不断增强，后起之秀的大峡谷景区以人造景点"玻璃桥"成为新晋网红景点，武陵源核心景区以其世界自然遗产的金字招牌依旧保持主导地位。桑植县西线旅游由于缺乏知名旅游资源和鲜明的旅游品牌形象，成为张家界市发展全域旅游的一块短板。

三、旅游者四季区位空间分布差异小

季节更替造就不同的旅游景观，受旅游者自身审美偏好和节假日等多方面的影响，旅游活动具有时间上分布不均衡的特点。旅游季节性的存在具有广泛性，在自然旅游资源方面体现尤甚。利用 ArcGIS10.2 软件中的定量符号化对旅游者访问景区进行分级处理，并选取自然间断点分级法实现区域的色彩分级，这种方法通过聚类分析将相似性最大的数据分在同一级，能够较好地保持数据的统计特征[41]。

从图 4-15 可以看出，武陵源区始终居于第四等级，武陵源区聚集了较多的知名旅游景点，主要景点是武陵源核心景区，周边的黄龙洞、宝峰湖、魅力湘西剧院等都是发展较为成熟且具有一定知名度的景点。永定区、慈利县、桑植县依次位于第三、第二、第一等级上。由于永定区、武陵源区和慈利县的核心景区都为自然旅游资源，在景观特色上并不存在明显差异，且旅游者到达某地开展旅游活动，倾向于选择知名度高的景区进行游览，导致张家界市旅游者访问景区的四季差异性小。同时，张家界市内 A 级旅游景区存在分布不均的情况，永定区和慈利县 A 级旅游景区约占全市的 32%，而桑植县仅占11%。桑植县以茅岩河九天洞风景区为核心打造西线旅游板块，但景区自 2015年被政府收买股份后，到 2018 年才投入试营业，四季游客访问人数均处于末位。

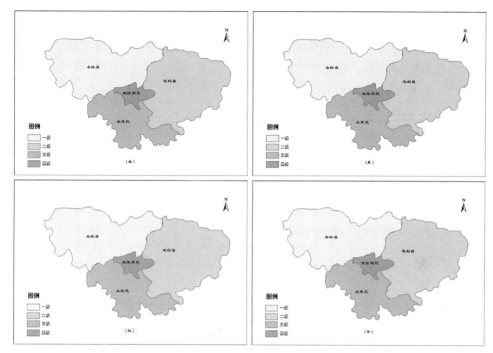

图4-15　张家界市旅游者四季空间访问景区分级

第五节　本章结论和讨论

供给侧结构性改革背景下，全域旅游成为新时代旅游发展主题。互联网的迅速普及为旅游研究带来诸多契机，数据获取成本降低的同时还实现了快捷与便利。将网络游记数字足迹作为本章研究的数据来源，借助 Excel2013 的数据分析功能和 ArcGIS10.2 软件的数据处理功能，将定性分析和定量分析相结合，研究了张家界市旅游者时空分布的特点，得到以下结果，并进行讨论。

一、本章结论

（1）自张家界推行全域旅游以来，旅游者在张停留时间逐年增长。停留天数主要集中在 2~4 天，以停留 3 天最多。

（2）张家界旅游者以参观自然旅游资源为主，人文旅游资源为辅。其中，旅游者在自然标志地、谷地型旅游地、峡谷段落、山岳型旅游地、观光游憩湖区、特色街巷和民间演艺类旅游资源四季分布均匀，传统与乡村建筑和园林游憩区域短期涌涨现象明显，具有比较明显的季节性。

（3）春、夏、秋三季较冬季对旅游者的吸引力强。

（4）旅游者访问景区空间布局呈集聚型，中部武陵源核心景区的访问频率呈逐年递减趋势，天门山景区以及大峡谷景区旅游者呈逐年递增趋势。

（5）旅游者空间分布由"单核"向"双核"演化，张家界旅游者集聚区由"一主两次"三大集聚区发展到"两主两次"四大集聚区，即以武陵源—天门山为双核热点区，黄龙洞和大峡谷为核心的次级热点集聚区，桑植县境内始终未出现集聚区。

（6）旅游者四季区位空间分布差异小。武陵源区位于第四等级，永定区、慈利县、桑植县四季皆分别位于第三、第二、第一等级。

二、讨论

（1）一日游旅游者的比重在逐年增长。随着可支配收入与空闲时间的增多，越来越多的中产阶级选择自驾出行，有相关数据[39]显示 80% 以上的自驾游为中短途线路，城市周边游成为旅游爱好者周末出行的不二之选。

（2）旅游者在张逗留天数与前人研究结果相似，可见数字足迹对于旅游研究具有一定实践意义。已有研究[42]是基于 Logis 模型，其数据来源为传统问卷调查，调研时间为 15 天。本章研究选取全年作为研究年段，使研究结果更具完整性。

（3）多数旅游景区春夏秋三季都呈现良好的发展态势，部分景区在冬季仍保持较高的访问人次，与前人研究[43]结论所显示的张家界市旅游旺季为 6 月、7 月、8 月有所差异。本章将旅游者到访景区做分类处理，发现知名景点，如武陵源核心景区及天门山景区在冬季仍有较高的访问人次。

（4）由 2015 年到 2018 年 4 个年度的核密度分析图可以看出，桑植县在研究年度始终未出现旅游者集聚区。相关研究[44]认为：边缘地区如桑植县及慈利县的大部分区域之所以成为旅游发展的冷点区，与其旅游服务设施分布不均匀，发展不完善以及规划理念的不足有密切关系；绝大部分知名景点、交通网络以及娱乐场所都分布在武陵源—永定中心城区，但这些要素在旅游发展冷点区的密度较低，这与张家界市本身的历史发展渊源有关。在全域旅游空间开发体系的构建过程中，由核心区向边缘区的旅游开发是今后进一步推进全域旅游进程的核心。

（5）旅游者访问区位不存在明显季节差异。已有文献[45]调查结论显示：张家界市旅游产品存在同质性，仅慈利县内就有江垭温泉和万福温泉两家温泉景区，此外，除黄龙洞外，市内还有九天洞、龙王洞两家溶洞类旅游景区。为实现时间上的全域性，应打造具有季节差异性的旅游产品组合，以满足不同季节旅游的需求。

（6）网络游记这一数字足迹发表存在延时性。这与前人[13]认为旅游数字足迹具有及时性有所出入。在数据采集的过程中发现，部分游记都在游后半年多才被发表于网络社交空间，因此为保证研究结论的准确性，本章用于合并研究的数据仅选取 2015 年、2016 年、2017 年三年的数据。

参考文献

［1］黄潇婷.旅游者时空行为研究［M］.北京：中国旅游出版社，2011：10.

［2］HÄGERSTRAAND T. What about people in regional science［J］. Papers and proceedings of the regional science association，1970，24：7-21.

［3］SHAW，SHIH-LUNG.Guest editorial introduction：time geography—its past，present and future［J］.Journal of Transport Geography 23（2012）1-4.

［4］柴彦威，时间地理学的起源、主要概念及其应用［J］.地理科学，1998，18（1）：65-70.

［5］汪宇明.核心—边缘理论在旅游区域规划中的应用［J］.经济地理，2002，22（3）：372-375.

［6］FABIEN GIRARDIN，JOSEP B，FRANCESCO CALABRESE，et al.Digital Footprint：Uncovering Tourists with User-Generated Content［J］. Pervasive

Computing, IEEE, 2008（4）：36-43.

［7］李君轶.旅游数字足迹：在线揭示游客的时空轨迹［J］.思想战线，2013，39（3）：103-107.

［8］林岚，许志晖，丁登山.旅游者空间行为及其国内外研究综述［J］.地理科学，2007，27（3）：434-437.

［9］黄潇婷.旅游者时空行为研究［M］.北京：中国旅游出版社，2011：10.

［10］EAMONN O'NEILL, VASSILIS KOSTAKOS, TIM KINDBERG, et al.Instrumenting the City：Developing Methods for Observing and Understanding the Digital Cityscape［C］. The Eight lnternational Conference on Ubiquitous Computing, 2006：315-332.

［11］REIN AHAS, ANTO AASA, ANTTI ROOSE. Evaluating passive mobile positioning data for tourism surveys：An Estonian case study［J］.Tourism Management, 2007：469-486.

［12］FABIEN GIRARDIN, CARLO RATTI, JOSEP BLAT, et al.Leveraging Explicitly Disclosed Locat- ion Information to Understand Tourist Dynamics：A Case Study［J］.Journal of Location Based Services, 2008：1-24.

［13］ANDREA VACCARI, LIANG LIU, ASSAF BIDERMAN, et al.A Holistic Framework for the Study of Urban Traces and the Profiling of Urban Processes and Dynamics［J］.Intellig-ent Transpritation systems IEEE, 2009：1-6.

［14］ARAM SON.International tourists' image of Zhangjiajie, China：content analysis of travel blogs［J］. International journal of Culture, Tourism and Hospitality Research, 2011：306-315.

［15］张妍妍，李君轶，杨敏.基于旅游数字足迹的西安旅游流网络结构研究［J］.人文地理，2014（4）：111-117.

［16］杨敏，李君轶，杨林.基于旅游数字足迹的城市入境游客时空行为研究——以成都市为例［J］旅游科学，2015，29（3）：60-66.

［17］梁保尔，潘植强.基于旅游数字足迹的目的地关注度与共现效应研究——以上海历史街区为例［J］.旅游学刊，2015，30（7）：80-88.

［18］VERBEKE M J. A regional analysis of tourist flows within Europe［J］. Tourism Management，1995，16（1）：73-82.

［19］ALEXANDRE SOUSA，GUEDES M. Isabel Martín Jiménez;Spatial patterns of cultural tourism in Portugal［J］.Tourism Management Perspectives，2015：107-115.

［20］MEGA SURIA HASHIM，ISMAIL SAID.Effectiveness of Wayfinding Towards Spatial Space and Human Behavior in Theme Park.［J］.Procedia－Social and Behavioral Sciences，2013：282-295.

［21］杨新军，牛栋，吴必虎.旅游行为空间模式及其评价［J］.经济地理，2000，20（4），105-108.

［22］陆林，汤云云.珠江三角洲都市圈国内旅游者空间行为模式研究［J］地理科学，2014，34（1）：10-17.

［23］卢松，吉慧，蔡云峰.黄山市自驾车入游流旅行空间行为研究［J］.地理研究，2013，32（1）：179-190.

［24］贾铁飞，刘蓉.访泸国内游客旅游行为空间特征研究［J］.人文地理，2014，145（5）：140-146.

［25］张俊，古风，卢凤萍.城市旅游空间路径分析及优化——以南京市为例［J］.地理与地理信息科学，2011，27（1）：85-89.

［26］李渊，丁燕杰，王德，等.旅游者时间约束和空间行为特征的景区旅游线路设计方法研究［J］.旅游学刊，2016，31（9）：50-60.

［27］袁大伟，旅游景区微博营销对旅游者决策行为的影响研究［D］.泉州：华侨大学，2014：1.

［28］王纯阳，屈海林.旅游动机、目的地形象与旅游者期望［J］.旅游学刊，2013（6）26-34.

［29］程敏，自助游游客与团队游客的行为特征比较——以来长沙的游客为例［D］.长沙：湖南师范大学，2018：18-28.

［30］袁正新，张家界市旅游客流时空变化与影响研究［J］.林业经济，2006（6）：66-70.

［31］王丽英，刘后平.基于SARIMA模型的我国入境旅游人数时间序列分

析［J］.统计与咨询，2008（4）：26-27.

［32］陆林，宣国富，章锦河，等.海滨型与山岳型旅游地客流季节性比较——以三亚、北海、普陀山、黄山、九华山为例［J］.地理学报，2002，57（6）：731-740.

［33］黄潇婷.基于时间地理学的景区旅游者时空行为模式研究——以北京颐和园为例［J］.旅游学刊，2009，24（6）：82-87.

［34］CHRISTINE L，MICHAEL M.Monthly seasonal variations：Asian Tourism to Australia.Annals of Tourism Research［J］，2001，28（1）：68-82.

［35］XIA J H，ZEEPHOONG S P，PACKER D. Spatial and temporal modeling of tourist movements using Semi-Markov processes［J］. Tourism Management，2011，（32）：845.

［36］牟乃夏，刘文宝，王海银，等.AcrGIS10地理信息系统教程从初学到精通［M］.北京：测绘出版社，2012：329.

［37］邓敏，刘启亮，李光强，等.空间聚类分析及应用［M］.北京：科学出版社，2011：18-19.

［38］左登基.《2017中国自驾旅游大数据》显示我国正步入"快旅慢游"时代［N］.中国旅游市场报，2017-08-31（002）.

［39］牛强.城市规划GIS技术应用指南［M］.北京：中国建筑工业出版社，2012：224-228.

［40］邓敏，刘启亮，李光强，等.空间聚类分析及应用［M］.北京：科学出版社，2011：233.

［41］王兆峰.张家界游客多目的地旅行决策的阶段模型构建与实证分析［J］.商学研究，2018，25（1）：78-87.

［42］张铁生.热点景区客流量峰林结构、时间分形与分流调控研究［D］.西安：陕西师范大学，2015.

［43］刘旭.张家界景区边缘旅游地空间开发优化研究［D］.重庆：重庆大学，2018：143.

［44］尹华光，鲁芮妍：全域旅游背景下张家界旅游景区的空间结构优化［J］.中南民族大学学报（人文社会科学版），2018，38（5）：68-72.

| 第五章 |
张家界旅游者的自驾游行为特征分析

第一节　研究背景

一、社会快速发展给自驾游带来了新契机

随着科技进步和经济发展，人们的休闲时间与时俱增，恩格尔系数则与时俱减。而人们可自由支配收入的大幅度增加，引起了人们消费观念、消费方式的转变，据经济学家的研究结果表明："当城乡人均收入超过 1000 美元，每增加 10% 会有 1% 用于旅游；当城乡人均收入超过 3000 美元，每增加 10% 会有 2%~5% 用于旅游。"[①] 而目前从国内制定的带薪假期制度看，实行每周工作5 天、周末不上班的工作制度，并且又对带薪休假制度进行改善，每人每年有5~52 天不等的假期，人们的闲暇时间逐渐增多。

在消费方式上，旅游以自助游和团队游为主，而自助游又以自驾游为主要发展趋势。首先汽车时代全面来临，私家车在居民家庭中快速普及，公路、高速公路网络体系日渐完善，为自驾游提供了强有力的支撑，使之成为一种新型旅游方式，需求也随之增长。其次在互联网大数据时代下，游客（旅游者）借助旅游网络平台搜集信息、记录过程、留言交流、互通想法。这些网络游记文

---

① https://dwz.cn/zMTWiQxr

本为自驾游时空行为研究提供了大规模、高质量的旅游数据信息，使网络游记成为游客获取信息和分享感受的主要载体，而不再受时间和地域、成本等方面的影响。我们可通过收集网络游记中共享的地理位置信息，再借助数据可视化来进行研究分析，并为管理者提供参考依据。

二、张家界全域旅游发展需要

（1）区域概况。

张家界市地处湖南省西北部，澧水中上游，属武陵区腹地，总面积为9516.03平方千米。其自然条件优越，拥有多种地质水文、野生动植物等旅游资源，境内遍布丰富的世界自然遗产，是湖南省以旅游建市的省辖地级市。2018年1月至7月，张家界市全景区共接待游客4117.49万人次，同比增长18.96%；实现旅游收入343.45亿元，同比增长21.8%。《张家界市2019年元旦假日旅游市场情况总结》和《张家界市2018年国庆旅游接待情况总结》指出：小长假期间，散客占全市接待总量的71.43%，自驾车辆达12.9877万台。

本节以张家界市两县两区为研究对象，以武陵源景区为核心，在实际获取研究所需数据时，将市内3A级以上景区计算到自驾游客访问的景区节点中，从有效的网络游记中获取所需数据，尽可能详细完整地呈现来张家界市的自驾游客在时空行为方面的轨迹特征。

（2）旅游资源概况。

张家界因其独特的地理景观和丰富的旅游资源成为国内中西部一个重要的旅游城市之一。1982年9月，国内第一个国家级即张家界国家森林公园建成。1988年8月，张家界武陵源风景名胜区被列入国家重点风景名胜区；1992年，由张家界国家森林公园等三大景区构成的武陵源风景名胜区被列入《世界遗产名录》；2004年2月，被列入全球首批《世界地质公园》；2007年，被列入中国首批国家5A级旅游景区；2017年，被授予"国家森林城市"的荣誉称号。张家界市A级旅游景区名录如表5-1所示。

表 5-1　张家界市 A 级旅游景区名录

旅游区名称	景区等级	地址
武陵源—天子山旅游区（武陵源）	5A	武陵源区
天子山索道		武陵源区
百龙天梯		武陵源区
杨家界索道	（景区内交通工具）	武陵源区
观光电车		武陵源区
黄石寨索道		武陵源区
武陵源—天门山旅游区（天门山）	5A	永定区
黄龙洞旅游区	4A	武陵源区
宝峰湖旅游区	4A	武陵源区
贺龙纪念馆	4A	桑植县
土家风情园	4A	永定区
江垭温泉度假村	4A	慈利县
张家界·大峡谷旅游风景区	4A	慈利县
万福温泉国际旅游度假区	4A	慈利县
龙王洞旅游区	4A	慈利县
军声画院	3A	永定区
中国大鲵生物科技馆	3A	武陵源区
溪布街	4A	武陵源区
老院子	3A	永定区
九天峰恋景区	3A	桑植县
茅岩河景区	3A	永定区
老道湾景区	3A	永定区
五雷山	3A	慈利县
一线天	3A	慈利县

（3）张家界旅游资源分布如图5-1所示。

图5-1　张家界旅游资源分布

（4）全域旅游发展格局。

随着国家旅游改革进程的推进，早在2011年，张家界就大胆提出"全域提升"计划；2013年，张家界响亮提出了"提质张家界，打造升级版"发展战略，提出了"一城一区，错位发展"的布局、"三星拱月，全域旅游"的发展规划。"三星拱月"即全市旅游发展以世界自然遗产地武陵源为核心，打造好以张家界大峡谷为主的东线旅游、以茅岩河为主轴的西线旅游、以天门山及后山为主的南线旅游，形成东、西、南"三星"共拱一个月亮和"月照三星"的发展格局。2016年，张家界被列入首批"国家全域旅游示范区"。

三、自驾游时空行为研究是旅游研究新热点

面对越来越多样化的游客需求，我们只有了解其产生原因以及行为特征后，通过研究分析才能寻找到旅游业发展、旅游产业布局、景区基础建设和交通设施、旅游产品等方面的不足之处。尽管有许多学者对旅游时空方面进行了研究，但以空间行为特征方面为主，将时间和空间两个因素结合起来研究的成

果相对较少，因此，旅游者时空特征的研究仍然是旅游研究的高度关注点。而我们在互联网大数据平台的支撑下，数据的获取不受局限，并且成本较低、可操作性强、相对客观，为研究开启了新的大门。

第二节 研究目的及意义

一、研究目的

本研究基于张家界旅游网络游记的获取，利用从携程网、马蜂窝网上挖掘到的游记数据，对自驾旅游者的时空行径进行梳理，并对时空行为进行进一步的研究。通过 Acrgis 10.2 以及 coreldraw X6 对数据进行空间可视化分析，以揭示张家界旅游者时空行为的变化和规律，明确张家界旅游空间发展的优势和不足，为张家界的旅游规划、旅游布局及服务能级增长提供更多可参考的数据及理论支撑。

二、研究意义

本节以张家界市为例，系统分析自驾游客的行为特征，并以此为基础来探讨在区域结构内自驾游客在时空行为上表现出的一般规律。同时对张家界市旅游市场的空间区域结构进行优化发展，以及为打造以张家界市为自驾游目的地提供可具参考性的意义。

（1）理论意义。

在国内旅游学等学科领域方面，针对自驾游的相关研究在时间上相对较晚，研究时可参考的文献、数据资料也相对较少，并且大部分研究是从多科学角度进行分析，时间、空间两个维度相对缺乏，而本节基于网络游记内容来分析自驾游时空行为特征，可以作为对自驾游市场进行深度开发的理论前提。本节以自驾游客为主要研究对象，通过收集国内外有关自驾游的研究资料，分析自驾游客的时间特征、行为特征及其涉及的影响因素，结合网络游记内容收集自驾游市场的数据信息，为进一步开发张家界自驾游市场提供坚实的理论支撑。

（2）实际意义。

张家界市是旅游大市，旅游资源丰富，交通网络发达便利，具有开发自驾游市场的先天性优势，因此以张家界市作为自驾游市场开发和研究的重点对象，具有一定的前瞻性。

①本节通过收集整理各大旅游网站发布的以张家界自驾车旅游为主的网络游记，从中挖掘自驾游出行的行为信息，并在这些游客提供的数据中，充分了解游客的时间行为、空间行为以及游客满意程度，发现旅游区的重要枢纽区域。

②有利于张家界政府更加明确对景区的管理规划，并为其提供坚实的理论基础和有效的管理意见。研究分析自驾游客的时空行为特征，对张家界市旅游的空间布局，相关的旅游配套设施、旅游信息服务设施的完善有着重要的意义。

③有利于提高游客的满意程度。随着张家界市旅游空间布局、交通的通达性和旅游设施完善程度的大幅度提高，自驾车游客在其旅游过程中可以获得更加便捷、舒适以及符合自身期望的旅游产品和旅游服务，由此来提高游客的满意度。

三、国内外研究现状

（一）自驾游的相关研究

1. 自驾游的概念

在早期，国外一些国家的旅游学者就对自驾游的发展体系进行了初步的研究。2001 年，学者 Prideau 认为，自驾游是指不管车是否所属自己，驾驶汽车从临近家区域到最后到达地之间的过程中进行的与旅游有关的一系列活动[1]；2002 年，Olsen 从"是否过夜"的说法角度来定义自驾游，特意指出了时间上的限定因素，将自驾游定义为"用汽车店租来或者所属自己的汽车作为旅行的载具，离开出发地至少一晚上，去探访亲友或者进行休闲、观光、度假的各类旅游行为"[2]；Taplin 和 Mc Ginley 认为，自驾游是一种在条件较为受限的条件下，满足自己身心愉悦的一种旅游方式[3-4]。而国内研究相较于国外起步比较晚。2004 年，龙斌认为自驾游就是游客以自己开车为主要出游形式，在目的地以及出游过程中发生的各种旅游活动的总和[5]；2005 年，宋伟在西方多位学者对有关自驾游概念定义的基础上，结合自己的观点，提出我国自驾游一般所应包括的基本内容[6]；2006 年，张晓燕指出自驾游是在去往旅行终点的时空内包含的各种行为与关系[7]；2007 年，李勇认为自驾游是囊括了旅游目的地所拥有的各类人文的、自然的景观以及各类娱乐设施、基础设施，所进行的一系列涉及旅游六要素的行为，是一种集观光度假、休闲康养、娱乐购物于一体的旅游行为[8]。2011 年，刘欢认为自驾游最初被称为 Sunday-drive，发展到后来变成 Drive Travel[9]。2013 年，崔美玲认为自驾游是一种自由行[10]；2014 年，马聪玲认为自驾游是自助游的一种类型[11]。

2. 自驾游的类型

面对广泛的自驾旅游群体，其旅游距离、旅游目的以及行为特征等不尽相同。

（1）旅游类型。Taplin 和 Qiu 根据自驾游涉及的时间因素将其区分为短距离的日常出游形式和长途旅行[12]；2002 年，Olsen 按照时间要素把自驾旅游划分为四类：短暂休息类、短途类、长途类、豪华类[4]；2006 年，Anne Hardy 根据自驾旅游者的行为方式以及心理表现，将其分为四大类：积极的冒险旅游者、积极的普通旅游者、成熟的冒险旅游者、成熟的普通旅游者[13]。

（2）在自驾游市场的分类上，2003 年，胡敬民将自驾游市场分为观光、探险、摄影爱好、休闲享受、探亲访友等类型，并总结归纳每种类型的特点[14]。在自驾游其他有关方面的一些研究领域中，2006 年，赖斌等提出旅行社应该提供能带给旅游者一定效益的"自驾车旅游产品"，并论述了旅行社在保证自驾车旅游产品的必然性及合理性中所起的作用[15]。2007—2008 年，陆军和林福煌两位学者对自驾车旅游营地也开展了一定研究[16]。

3. 自驾游的相关要素

学界对自驾游的线路、交通、目的地、旅游吸引物以及景区内服务设施等也进行了相对细致、深度的研究，如 John H. E. Taplin 和 Min Quiz 以澳大利亚为例，将旅游景区、旅游时间、旅游行为以及交通情况等作为因素组成模型，对旅游景区吸引游客的能力程度、远程旅游对自驾游客吸引力的大小进行研究[12]，得出的结论为自驾旅游者对不同线路的制定，其吸引力比其他旅游因素的吸引力要大很多，由此可见，线路的自主制定对自驾游客的吸引力较大。总的来说，国外研究者对于自驾游的理论探讨开始较早，多学科领域的研究涉及范围广，相对较为全面。

综上所述，在对自驾游的定义上，国内外多位学者都有其不同的观点和看法，但都强调了自驾游驾驶的自主性、休闲游憩体验的高度参与性以及经历过程，体现出与传统旅游形式的与众不同之处。而在内容上，国内大部分的文献研究还受限在自驾游的发展现状、自驾游客市场等较浅层面的描述性阶段，涉及自驾游时空行为方向的研究较少。

4. 自驾游的研究方法

对于研究方法而言，国外学者更多是偏向用理科的方法来进行研究，最常见的是构建模型，如 Stone（1954）率先根据消费者理论构建了需求方程体系[17]，之后便有众多研究者探究模型参数和功能的变更，出现了线性支出模型、鹿特丹模型、超越对数模型等。还有定量分析、GIS、SNA 等分析方法，这些方法更偏向于理性思维。

首先，纵观国内以往研究，问卷调查仍是其获取数据的主要手段。解杼等（2003）借助即时问卷和语义差异量表，对在龙虎山景区（赣）的旅游者感知距离进行了研究[18]；陈乾康（2004）小组通过问卷调查和走访的形式，对四川省自驾车旅游市场的特点、游客需求以及如何做大做强自驾游市场等课题做了研究[19]。其次，由于对研究数据的高质量需求，研究者们不再满足于传统的研究方式，逐渐向多科学化角度转变，如郭亚军等（2002，2010）采用质性研究和量化研究结合的方法，构建了关于旅游者旅游决策行为的三维模型，并对旅游者决策行为的相关影响因素及其之间的内在联系进行研究分析[20]；吕丽等（2013）运用 SNA 对上海世博会（EXPO 2010）旅游者空间扩散网络进行了分析[21]；葛学峰、武春友（2010）运用 MNL 模型，对乡村旅游消费者的偏好差异进行测量[22]。最后，在信息技术高速发展的背景下，网络游记的开放性、真实性、准确性抓住了人们的眼球，如张文、顿雪霏（2010）根据游台湾的网络游记研究了大陆游客对台湾旅游形象的感知[23]；朱翠兰等（2013）通过分析游记文本和关联属性，发现了厦门地区旅游感知的主要成因[24]。由此，研究者不再受限于时间和空间，网络游记逐渐成为可塑性较强的旅游研究素材。

（二）旅游行为的相关研究

1.旅游行为的概念研究

国外最早关于旅游行为的研究是 1899 年学者 Bodio 发表的《外国游客在意大利旅游的移动规律和旅游花费》和随后 Niceforo 发表的《外国人在意大利移动》。而旅游行为研究主要从旅游者的动机、旅游决策、旅游需求、满意度以及空间行为方面来进行，如 1981 年，Dann 在总结和归纳前人研究的基础上，给出了旅游动机的描述性定义[25]；国内关于旅游者行为的研究始于 20 世纪 80 年代中后期，1998 年，周世强指出旅游行为的定义，旅游行为是一种用户选择和用户体验：从用户选择角度来看，是指用户对旅游的时间、地点、出行方式及出行目的的考虑；从用户体验角度来看，是指基于选择而产生的，实际体验过程中的各种精神效应与物质需求[26]。2007 年，林岚认为旅游行为有宏观和微观之分，宏观上的旅游行为是指旅游者在旅游目的地产生的旅游动机行为、决策选择行为、旅行行为及体验行为，而微观上的旅游行为是旅游者在既定的旅游目的地内的娱乐和游玩活动[27]。

2.旅游行为决策影响分析

随着我国旅游业的持续发展，从 20 世纪 90 年代起，相关研究日渐丰富起来，学者从多元角度切入来研究旅游者行为。2004 年，张宏梅等对皖江地区城镇居民的人口统计学特征与居民出游目的之间的联系开展了探索，得出了六个关键的出游目的[28]；张安（2004）、白凯（2006、2007）、马耀峰等（2008）均从不同的角度研究了旅游决策影响因素[29-30]。对于空间上的研究也较为多样，2009 年，黄潇婷以游客时空行为研究切入点，将时间地理学研究模式迁移到游客时空行为探究中，以此来探索在时空方面的途径聚类要素[31]；2013年，吕丽等运用 SNA 对上海世博会（EXPO 2010）旅游者空间扩散网络进行了分析[21]；2014 年，陆林等探索了广州珠三角地区城市区域发展相对稳定的游客空间行为路径模型及旅游目的地的主要类别[32]；2016 年，李渊等考虑旅游者的旅行时间限制和空间行为特征，对最优旅游线路的设计进行了探讨[33]。

综上来看我们发现，旅游行为的影响因素中对时间因素的研究少，时间因素长期以来被严重忽视，因此导致研究内容缺乏。而近年来，随着旅游业的迅速发展，对时间因素的关注度也大幅度提升，再加上信息技术发展并大范围应用，研究数据的收集不再受到地域和时间上的限制，时空行为研究成为旅游界学者研究的一大热点话题。

综上所述，相比较而言，欧美发达国家自驾游发展模式相对较为成熟，理论研究成果也比较丰富，而国内自驾游发展相对而言比较慢，其对时空行为方面的理论研究等起步得也较晚，研究内容的深度也相对较浅，而在研究方法方面也缺少相关理论的支撑，需要进一步丰富完善，而且大都从多科学角度来研究，时空方面的研究稍显不足。从研究方法上看，随着信息技术的进步，我们不再受到传统方法如问卷调查、实地考察等在时间、空间上的限制，现在我们可以通过各种技术如 GIS 来获得旅游者出游情况，并进行可视化分析，使研究结果更加科学性和准确性。再通过网络游记文本的内容来采集到访张家界的自驾游客出游行为相关信息及其感知上的满意程度，并对自驾游时空行为进行深入的研究和分析，以期获得自驾游客在时空行为上的时间以及空间分布特征。

在全域旅游的背景下，张家界作为一个旅游大市，要符合全域旅游的发展趋势或打造成"国际张"，我们有必要对其发展现状进行研究讨论。而现在，面对日益壮大的自驾游市场，针对张家界市景区在空间上的分布结构、景区内交通设施完备性和通达性、自驾游情况等都要有一个深入研究，为到访张家界的自驾游旅游公共服务设施、景区空间结构优化和相关自驾游旅游产品开发提供建设性意见和可靠性依据。

第三节　研究方法及数据处理

一、研究方法

1. 文献研究法

通过对图书馆、中国知网以及其他学术资源，对关键词"自驾游""网络文本""旅游者行为"等进行查询，收集自驾游在时空行为研究方面的文献资料作为参考，并对文献资料进行梳理整合，从而全面了解和掌握研究现状，为自驾游研究提供一定理论支撑。

2. 数理统计法

数理统计法是对研究及实验数据进行整理分类、统计分析的一种方法。本研究主要是对携程、马蜂窝的自驾游记通过八爪鱼采集器 V7.6.0 版进行爬虫收集，列成 Excel 2016 数据文本，并以出游时间、客源地、逗留时间以及游览线路为主要列表内容，研究所需数据并进行收集、分类整理、归纳总结，最后进行分析，从中找出自驾游客在时间、空间上的行为规律，进一步进行分析、讨论和研究。

3. GIS 空间分析法

GIS（地理信息系统）是用于数据的采集、存储、处理、管理、检索、分析及呈现地理空间上数据可视化的一种综合信息应用系统。本节通过 Coredraw X 6 软件绘制旅游目的地的资源分布情况，通过 Acrgis 10.2 软件绘制自驾游客客源地密度集中程度情况，通过 Gephi 软件绘制旅游目的地节点与节点之间的活动节点热点图和旅游流网络轨迹分布图，将分析转为可视化并易于直观理解的图示语言，使得分析更加深入。

4. 核密度分析法

本节内容主要应用于自驾游客源地分析，在核密度分析中，建立两个值，分别是省份和客源地到访张家界频率（%），再用颜色深浅来表现各省份到访张家界频率程度，来表示各省份的不同权重。核密度分析法的基本思路是在颜色深度大的区域的客源需求大，在颜色色度浅的区域客源需求小。

二、数据收集与处理

研究数据的收集方法受到时间因素、空间因素、方便程度、使用成本和数据及时性和敏感性等方面的限制，因此利用成本相对较低、可操作性强、相对客观准确的网络日志来进行数据的收集和整理。通过收集旅游者公开的实际经历（博客、网络日志、游记文本等），以记录其时空行为的移动过程，并将此作为研究数据来推测其自驾行为及其规律。

1. 数据收集

本研究选择携程、马蜂窝作为网络日志提取的平台，将其涉及的张家界自驾游游记作为搜索条件，利用八爪鱼收集器，收集旅游者文字中表述的出发地、出游时间、逗留天数以及满意程度等信息，利用照片印记、文字描述的真实性和合理性判断有效文本。

在2018年12月期间采集网络日志，打开旅游网站，输入"张家界自驾游"关键词，得到携程网络日志1051篇，马蜂窝318篇，共计1369篇，其中最早的一篇写于2001年4月13日，最晚的一篇写于2018年12月23日，其间年份全部收集。以游记内容详尽为筛选标准，即作者所述游记包含出发地、出发时间、逗留天数、到访景点以及满意程度等（不含往返交通时间），统计出符合研究标准的游记携程有846篇，马蜂窝有248篇，共计1094篇。这些游记在一定程度上能较为详尽地反映张家界自驾游客的实际出游情况。

2. 数据处理

（1）Excel 2016：对爬取出来的自驾游记数据进行列表统计，并按升序顺序排列，以游客的出发地、出游时间、停留天数、旅游线路以及满意程度为输入值，进行分类整理，形成数据提取库。

（2）Coreldraw X6：根据张家界市地图以及收集到的张家界景区名单列表，绘制张家界旅游资源分布图，进行旅游资源可视化分析；再针对张家界交通资源（包括高速公路以及市内公路、省道）进行梳理整合，绘制成清晰明了的全国通往张家界高速公路分布图以及张家界市内公路分布图。

（3）Acrgis 10.2：以各省份和到访张家界的频率（%）为主要值，得到全国客源情况分布，再以颜色程度划分为5个部分，以此表示各省份客源需求程度，并进行需求分析。

第四节　张家界旅游者自驾游的时空行为特征分析

一、自驾游时间特征分析

旅游活动本身就是一项极具时间特征的经济活动，由于受到气候因素、旅游资源本身特征、地理距离以及交通可达性等的影响，不同旅游资源呈现出不同的时间分布特征。本章探讨张家界自驾游客出游时间、逗留天数的时间行为分布特征，并进一步分析造成这些分布差异的原因。

1. 年度旅游时间分布

根据收集的 2001 年到 2018 年的游记，形成到访张家界自驾游的旅游时间分布（见图 5-2），其横轴表示自驾游客出游的年份，纵轴表示游记的数量。从图 5-2 中我们可以看到，在 2001—2013 年，游记的篇数普遍较少，尤其是 2002 年和 2003 年（受到"非典"的影响）一篇都没有，而到了 2014 年，游记篇幅大幅度增加，逐渐能在一定程度上较为详尽地反映张家界自驾游客的实际出游情况。

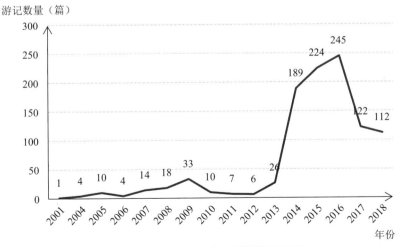

图 5-2　2001—2018 年自驾游游记数量

通过对自驾游网络文本的内容整理得出，到访张家界自驾游游客出游时间分布（见图5-3），其纵轴表示自驾游网络文本的数量，横轴表示自驾游客出发的月份。从图5-3中可以发现，张家界自驾旅游从3月开始到10月出游量都较为均匀，最为凸显的是4月和8月，相对较低的就是春节和寒假期间，由此可知自驾游客出游的旺季在春季和夏季，淡季为秋冬季节。而张家界四季分明，时常云海日出，青峰叠翠，各个季节都有其独特的美景，同时，国家法定假期集中的4月（清明节）、5月（劳动节）以及10月（国庆、中秋），都为自驾游客提供了充足的旅游时间，并且搭配大数据旅游平台，形成一系列的综合服务体系，如导航、查询、建议等，使旅游线路和行程计划更为方便，自驾游更为便捷。

网络文本数量（篇）

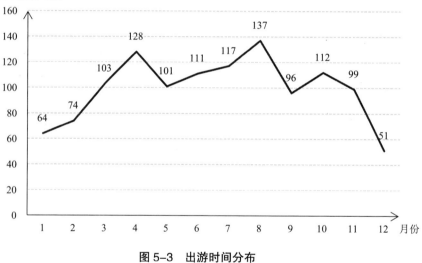

图5-3　出游时间分布

2.游客停留天数

根据对数据样本的统计，得到停留天数分布（见图5-4），其纵轴表示自驾游客数量，横轴表示在目的地停留的天数。从图5-4分析得出，来张家界自驾旅游的游客逗留时间长短不一，其中停留3天的人数最多，共占全部比重的23.08%，并与来张自驾游客平均逗留3.419天相符合，这表示来张家界的自驾游客主要是以短期旅游为主，停留天数不长，符合核心景区的合适游览天数。

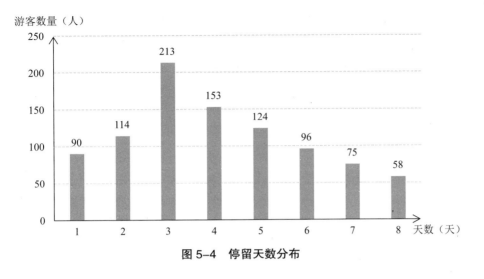

图 5-4　停留天数分布

3. 节假日旅游行为分布

拥有闲暇时间是实现旅游活动的首要条件，节假制度主要包括法定节假日和带薪休假两大部分，国务院发布的《全国年节及纪念日放假办法》中规定，全年节假日和双休日共计约 120 天，这给予自驾游坚实的时间支撑。自驾游客由于年龄、职业等方面的不同，由此会产生一定的季节性偏好。节假日旅游行为分布如表 5-2 所示。

表 5-2　节假日旅游行为分布

节假日	带薪休假	双休日	黄金周假日	其他
频率（%）	40	31	13	16

在收集的网络日志中，大约有 40% 的旅游者选择在带薪假期进行旅游，逗留时间为 3~4 天，旅游者多为上班族，错开高峰段，缓解压力，放松心情；31% 的人选择在双休日旅游，逗留时间为 1~2 天，旅游者多为临近地区或是突发想法的自驾游客；13% 的人选择在"黄金节假日"和另外 16% 的人选择在其他时间游玩的逗留时间不等，如和家人自驾游一般选择天气好、时间充足的暑假。同时，各个节假日都有明确的时长，由此限制了自驾游出游活动半径、逗留时间以及访问的旅游节点数量，导致自驾游形成固定的节律模式。

从收集的游记总体来看，来张家界自驾游呈现出明显季节性特征：3月、4月天气回暖，并伴有清明和"五一"小长假，自驾游客数达到高峰；暑假自驾游客时间充足，但会避开团队高峰，在暑假末尾的8月游客量再次达到高峰；而对于"十一"黄金周以后，随着气温的降低自驾游客量逐渐减少。

二、自驾游空间特征分析

自驾游客空间行为受到道路交通、个人旅游习惯爱好、景区空间距离、景区基础设施分布等因素的影响，形成某种在空间上的行为分布规律。通过对游客空间行为规律、目的地偏好的研究可以，为张家界空间优化管理提供建设性意见使张家界旅游景区规划更加科学合理，更好地方便自驾游游客的出行。

1. 景区节点热点分析

据数据统计，张家界自驾游客访问次数较高的有武陵源景区（张家界国家森林公园、杨家界景区、天子山自然保护区以及索溪峪自然保护区）、天门山国家森林公园、大峡谷风景区、黄龙洞及宝峰湖，数据统计结果表明上述节点是张家界自驾游游览的主要景点，长期受到自驾游客的喜爱。张家界自驾游客主要以自然景观为主，从图5-5来看，张家界国家森林公园的访问热点最高，占20%，天门山国家森林公园也不甘落后达到了19%，从游记中也可以看出，自驾游客对其满意度也较高，为别的自驾游客游览以及重游奠定了坚实的基础。而杨家界、黄龙洞、宝峰湖游览就相对较少，原因有：杨家界中景点零星散布，两个景点的距离相隔较远；而宝峰湖和黄龙洞的停车位较少，并且许多游客表示其宣传和实际落差大，导致游客满意度低。综上所述，景区访问热度的高低主要是由其广告宣传力度的大小决定的。将景区打造成明星景点，在电视、自媒体、旅游网络平台全面覆盖，以此吸引自驾游客，并且要保证宣传不夸大，与实际情况相符，即可降低期望值来提高满意率。

2. 自驾游线路特征分析

自驾游的空间行为表现出自主选择策划线路、行程安排自由的特征。根据麻学锋教授对张家界旅游产品生命周期（出现期1982—1998年、生成期1999—2007年、发展期2008年至今）进行分阶段分析[26]，并结合最早的自驾游记写于 2001 年的数据可知，张家界自驾游在 2001 年生成期才开始兴起，并用游记记录。因此，将生成期和发展期自驾游线路进行对比分析。如图 5-6 与图 5-7 所示。

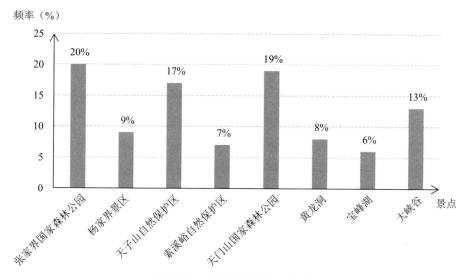

图 5-5　自驾游访问节点热点

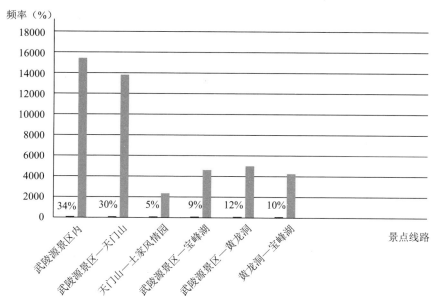

图 5-6　生成期（1999—2007 年）自驾游线路热点分析

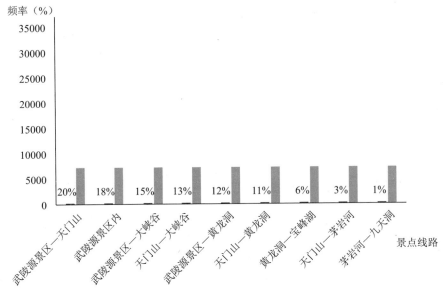

图 5-7 发展期（2008 年至今）自驾游线路热点分析

根据数据收集，最早的一篇游记写于 2001 年，意味着在生成期自驾游就开始流行，并用游记记录。从图 5-6 与图 5-7 中我们可以发现，在无论在哪个期间，以武陵源、天门山为主的核心游览景区是不变的，而随着景点的增多，旅游线路也随之丰富。在生成期，景区宣传力度加大，使得武陵源景区内、武陵源景区—天门山两条线路占主流，并带动周边黄龙洞、宝峰湖以及土家风情园景区的发展；到发展期，起点景区增加了张家界大峡谷、茅岩河以及九天洞，而去土家风情园景区的自驾游客逐渐减少，游记中鲜少出现，表示来张家界自驾游的主要目的是观赏自然景观，在人文景观方面更偏向于游览凤凰以及芙蓉镇。从图 5-7 中可以直观发现，旅游节点之间流量相对较大的有武陵源风景区—天门山、武陵源景区内、武陵源景区—大峡谷风景区、天门山国家森林公园—大峡谷风景区，说明这 4 条线路是张家界自驾游客自主组织线路的网络结构核心路径，并且 S306 贯穿武陵源风景名胜区、宝峰湖、黄龙洞以及大峡谷，并与永定区衔接，为自驾游客提供了强大的路径支撑。

综上所述，从生成期到发展期，起点节点由原来的 5 个发展到 7 个，增加了张家界大峡谷、茅岩河以及九天洞三个景区，而土家风情园逐渐淡化，以致后面鲜少提及；主要游览线路由原来的 6 条发展到 9 条，但武陵源景区、武陵源景区—天门山两条主要游览线路不变，依然占全部游览线路的较大比例。而在发展期兴起的大峡谷景区成为第三个主要游览点，形成三足鼎立格局。

3.规模及网络密度分析

依据收集的网络文本建立数据库，运用 Gephi 软件形成了到访张家界市自驾游空间流量连接网络分析图，对于自驾游客的客源地和旅游过程中访问的旅游节点，通过统计实际访问量计数标识，对出发地和各中间节点的访问流量进行关联，说明哪些旅游路径是到访张家界自驾游网络中的核心游览线路，是自驾游游客自主组织的主要的游览线路。

图 5-8 以发展期数据作为画图基础，并结合各旅游节点之间的流量连接，来凸显旅游线路的热点度，用线条粗细、颜色深浅度来表示数量。

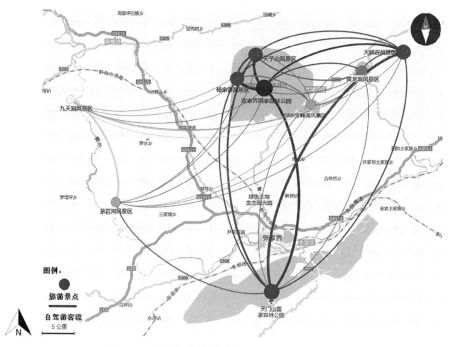

图 5-8　发展期自驾游空间流量连接网络分析

旅游流网络规模是指旅游流网络中旅游节点的数量，若旅游流网络中有 n 个旅游节点，则该旅游流网络规模为 n；旅游流网络密度是旅游流网络中实际存在联系的数量与理论上最多可能存在联系的数量之比值，可以反映各旅游节点之间联络的整体紧密程度。计算公式为：

$$P = \frac{A}{n(n-1)} \tag{5-1}$$

式中：P 为旅游流网络密度，反映主要游客线路以及各节点之间的紧密程度；

A 为旅游流网络中实际存在联系的数量，各节点与节点之间的连线数量；

n 为旅游节点数量，$n(n-1)$ 为理论上最多可能存在联系的数量。

P 的值介于 0~1，P 的值越高，说明各旅游节点之间的联系越紧密。

本节共有 9 个旅游节点。

武陵源区：张家界国家森林公园、天子山自然保护区、杨家界风景区、张家界大峡谷、黄龙洞旅游区、宝峰湖旅游区；

永定区：天门山国家森林公园、茅岩河景区；

桑植县：九天洞景区。

由此建立了旅游流联系，计算结果如下：

理论上最多可能存在联系的数量：$n(n-1)=9\times(9-1)=72$，

但实际存在联系的数量仅为 37 个（所有不重复线路数），则旅游流网络密度为 $P=37/72=0.5139$。

结论：说明来张家界的自驾游客到访的旅游节点之间联系较为紧密。

4. 客源地空间分布特征分析

通过统计发现，来张家界自驾游游客的客源地来源十分广泛，全国各地都有，如表 5-3 所示。

表 5-3　自驾游客客源地分布比例

省份	访问数	访问频率（%）	省份	访问数	访问频率（%）
广东省	168	15.36	湖北省	156	14.26
湖南省	128	11.70	四川省	81	7.40
重庆市	75	6.86	河南省	61	5.58
江苏省	57	5.21	浙江省	51	4.66

续表

省份	访问数	访问频率（%）	省份	访问数	访问频率（%）
广西壮族自治区	43	3.93	云南省	37	3.38
山东省	33	3.02	北京市	31	2.83
江西省	29	2.65	陕西省	24	2.19
山西省	19	1.74	河北省	19	1.74
黑龙江省	18	1.65	辽宁省	17	1.55
吉林省	14	1.28	福建省	11	1.01
海南省	8	0.73	安徽省	6	0.55
贵州省	5	0.46	青海省	3	0.26
合计		1094		100（%）	

据数据统计结果，将客源地到访频率分为三个阶段，＞10% 为到访张家界自驾游高频率省份；5%~10% 为一般频率省份；＜5% 为低频率省份。由此可知，广东省、湖北省以及湖南省为到访张家界自驾游的高频客源输出地，四川省、重庆市、河南省、江苏省为一般热点省份，其他省份为低频率省份。

以张家界为圆心，以 300 千米为半径作为最小圈，以 800 千米为半径作为第二个圈，其他区域省份＞800 千米，以此来表示各省份与张家界直线距离。可以发现最小圈内的区域都是密集程度较高的，是到访张家界自驾游的主要客源地；而在 300~800 千米的范围内，以广东省最多，其距离和经济水平都有较高优势。

第五节　张家界旅游者自驾游的时空行为形成因素分析

张家界因其独具特色的地貌、"天然氧吧"、独具特色的少数民族民俗文化吸引着大量的自驾游客。随着张家界自驾游的发展，其对张家界自驾游体系的完善程度的需求度也大幅度提高。

一、客源地需求

1. 居民收入影响客源地热点省份

从前面数据分析可得，来张家界自驾的旅游者最主要的客源地是经济发达省份，大都以经济发达城市为主，其收入水平高，为自驾游提供了基础保障。排名第一的广东省，据《2018 年广东国民经济和社会发展统计公报》可知，2018 年，广东人均地区生产总值达到 86412 元，按年平均汇率可折算为 13058 美元。由此可知，经济是自驾旅游者的首要条件，是产生旅游需求的强大动力。

2. 距离因素影响自驾旅游者出行

自驾旅游者来源地多为广东省和湖北省，占了总数量的 29.62%；省内的自驾旅游者占了 11.70%，主要以长株潭为主；其他省份的自驾旅游者以沿海地区的人数最多，东北地区其次，西北地区最少。根据旅游者的消费需求，自驾一天时间及以内到达目的地为最佳自驾距离。而综上所述，到访张家界的自驾旅游者以邻近省份以及湖南省内为主要客源地，其距离较近（＜800 千米），符合自驾游客旅游习惯，经济收入水平较高；而沿海和东北地区（＞800 千米）的经济水平也比较高，但距离是其最大影响因素。

随着可支配收入的提高，人们的消费观念逐渐改变，旅游需求也随之提高。结合前面对客源地的数据分析，面对全国的客源需求，经济收入水平是出游动机主要影响因素，但作为同样经济发达地区，距离远的地区要比距离近的地区旅游需求要低很多。因此，对于客源地的旅游需求，是在消费水平高的基础上，根据距离长短来进行旅游决策的。

二、服务需求

游记数据中提到的关于自驾游服务的项目有：（1）自驾游咨询服务，能够及时给予帮助，并且服务态度热情友善；（2）自驾游标识服务，需要明确的路标，以指明方向和距离，标识要清晰易懂；（3）旅游住宿服务，交通便利，线上线下一体化，卫生方便，并要有一定的停车位；（4）自驾游安全保证制度，包括社会治安、安全检视等，并配有报警、医疗救助电话，保证自驾游客的人身以及财产安全。

综上所述，对于自驾游服务体系的需求层面，首先安全为本，其次对交通（道路通达性、安全性和舒服性）、标识牌的需求也比较依赖，最后是对食、住、游、购、娱方面都有自己的偏好程度和体验需求。具体来说，餐食方面追求当地特色美食、土特产；住宿方面倾向于有停车位、方便卫生的快捷酒店，如汽车旅馆、民居等；游和娱就需要根据自身需要和时间安排。

自驾游的迅速发展，需要当地政府、旅游企业以及当地居民等的支持，为自驾游构建完整的服务体系，满足自驾游客的消费需求。

张家界发展为国际化旅游城市，就已经具备了一定规模和较齐全的产业体系，加上当地政府的大力支持与不断建设，通信信息网络已全面覆盖，旅游基础设施和交通设施配套发展，已经能够满足旅游者的各种需求。但对于自驾游客需求的满意程度，还得从各方面来考虑分析，提供建议。

三、旅游产品供给

麻学锋教授针对张家界旅游业从萌芽到发展的整个生成过程史实，将其生命周期划分为三个阶段——出现期、生成期、发展期[26]。

1. 出现期（1982—1998 年）

这一时期张家界的旅游产业初步形成，以武陵源景区为核心，其空间布局呈现单核极化的发展模式。（1）张家界国家森林公园：1982 年在张家界设立中国第一个国家森林公园为现代旅游发展开端，通过持续加紧投资建设，逐渐形成包含黄石寨和金鞭溪的黄金旅游线路。而根据游客的需要相继完善旅游交通基础设施，为后续发展创造了良好的条件，并带动周边景区景点的开发。（2）索溪峪景区：旅游乡村振兴的首例。索溪峪景区是武陵源景区的东大门，且位于金鞭溪的下游，地理位置条件良好但经济水平相对落后。在列入湖南省重点保护区后，带动了宝峰湖、军地坪、百丈峡、黄龙洞等景区景点的开发，同时在主要景区形成的交通路线上相应地发展了一些接待设施，如 1986 年的专家村宾馆，形成旅游带动经济发展模式。（3）天子山景区：地处高台，"养在深闺"。在 1995 年的天子山索道和 1999 年百龙观光电梯建立后，上下山的沟通方便了，而且天子山具有红色旅游与自然景观完美结合的优势，奠定了武陵源景区三分格局的雏形（见图 5-9）。

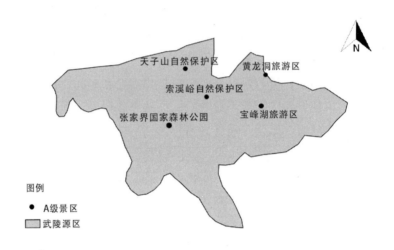

图 5-9　出现期（1982—1998 年）张家界旅游产品空间布局

2. 生成期（1999—2007 年）

（1）完善空间布局，城镇化发展。清理一些违章建筑，优化空间结构；缩小城乡差异，提高居民经济水平。（2）大力提高交通水平。航空客运方面，1999 年张家界机场开始向国际化发展，开通了通往中国香港和中国澳门的航线，进一步拓展了市场。铁路交通方面，1998 年石长铁路的开通运营缩短了湖南省会长沙与张家界的通行时间；2008 年张家界火车新站开通运营，由此以张家界为始发的车次增加，为增加国内客源带来了极大的积极影响。公路建设方面，建有张家界市内通武陵源区的张清公路，张家界市通吉首市的张罗公路等，而张家界与外界的公路交通建设也被纳入国家和湖南省重点公路建设计划。（3）天门山景区的投资建设。1999 年的"穿越天门"飞行特级表演享誉世界，打响了天门山景区对外宣传的第一炮，使天门山赢得了国内外的空前关注，成为继武陵源景区后的又一 5A 级核心景区，并带动了市内土家风情园、大庸府城等人文景观的发展。在生成期，张家界旅游产品的空间布局进一步完善了（见图5-10）。

图5-10　生成期（1998—2007年）张家界旅游产品空间布局

3. 发展期（2008年至今）

由于形成的两区核心格局，旅游产品多集中在武陵源区和永定区。而面对游客量的不断增加，需求的不断提高，张家界旅游产品的开发也逐渐向多元化发展，向周边城镇扩散。慈利县形成以江垭镇温泉旅游和张家界大峡谷为依托，向万福温泉、龙王洞、五雷山风景区等景区景点辐射的旅游格局；桑植县以红色旅游贺龙元帅纪念馆、大八公山探险旅游为主要旅游产品。在这个时期里，旅游产业不再单一化，而形成"旅游＋"模式。如"旅游＋民俗"，开发民俗旅游演艺产品，代表产品有魅力湘西、梦幻张家界、烟雨张家界、天门狐仙等，进一步丰富了旅游产品体系。发展期（2008年至今）张家界旅游产品空间布局如图5-11所示。

图 5-11　发展期（2008 年至今）张家界旅游产品空间布局

综上所述，从出现、生成到发展，张家界旅游产品随着空间布局的不断发展扩大，衍生出的旅游产品也日益多样化，从单一的以游览观光为主向休闲度假、民俗风情、文化艺术等方向扩展，增加了大峡谷的刺激冒险类产品、江娅万福的养生类产品以及红色旅游类产品，满足自驾旅游者多样化的需求。

四、交通设施供给

1. 全国各地通张家界的交通现状分析

交通是自驾游动机的决定因素，起决定性影响的是交通可达性与交通设施的完备程度。张家界市景区的交通可达性较为显著。来张家界高速公路主要是长张高速，长张高速由长常段（长沙至益阳段 1998 年 7 月建成通车，益阳至常德段于 1999 年 12 月建成通车）和常张段（2005 年 12 月 26 日建成通车）组成，于 2005 年 12 月 25 日通车，相当于在生成期来张家界自驾游的道路就已经通车，交通便捷，自驾旅游者也逐渐增多。并且全国通长沙的高速公路有很多，由此形成一张交通网络网，自驾旅游者来张家界十分便捷，并且还可以沿路游览凤凰古城、芙蓉镇等其他景点。

2. 张家界市公路交通现状分析

根据 2017 年 3 月 2 日张家界市公路局公布的《张家界公路概况》统计：截至 2010 年年末，公路通车总里程达到 8502.536 千米，占全省公路总里程的 3.729%；路网密度达到 89.34 千米 / 百平方千米，是全省平均水平的 84.44%。其中高速公路 87 千米，一级公路 4.74 千米，二级公路 190.245 千米，三级公路 265.65 千米，四级公路 3392.4 千米，等级公路占全市公路通车总里程的 45.31%。张家界市公路局管理省道 6 条 530 千米，四个区县公路局管理县道 26 条 534.196 千米。

张家界市内各景点都有道路连接，成一条线游览，从图 5-12 可以看出，武陵源景区、宝峰湖、黄龙洞、大峡谷被 S306 连接，并且也是武陵源区通往永定区的交通要道，S228 连接天门山国家森林公园。各种旅游线路都有道路支撑，为自驾旅游者自主规划线路提供了保障，节省了大量的时间。

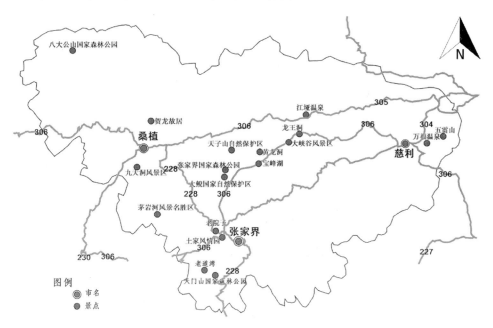

图 5-12　张家界市内公路分布

五、服务体系供给

1. 信息服务体系

自驾游最主要的是自主安排旅游线路，由此旅游者对目的地的信息供给十分重视。为此，张家界政府旅游部门与景区提供了多种保障措施。（1）张家界政府旅游网上提供了在线咨询服务，并配有可提供咨询服务的热线电话、QQ、微信等，这种咨询具有一定的可信度，自驾旅游者还可自主联系景区，询问情况或预订门票，为游客提前制定线路和预订酒店提供帮助。（2）张家界景区内都配有小型的游客中心，提供咨询服务。（3）道路上的交通指示标识服务发展得较为成熟。在张家界市的高速公路、市内公路上都设有明显的景区指示牌以及方向距离指引牌；在景区也都有详细的旅游线路图，并附有二维码，供游客在线查询。（4）在核心景区的高地、洼地等信号不畅的地方加强信息基础建设，如在天门山景区的天门洞、张家界森林公园的黄石寨等高地增添 5G 基站，加强无线网络的覆盖。

2. 旅游六要素服务体系

（1）食。张家界饮食具有当地民族特色和风味习俗。据数据调查，土家特色餐厅有三百多家，最出名的菜式当属土家三下锅。如富正毅三下锅、土家酒楼等；快餐店有肯德基、麦当劳、必胜客等，还有地方特色小吃如庸城十八子，蛋糕店、饮品店数不胜数。大部分餐厅的就餐环境都安静舒适，但停车位缺乏，尤其是在节假日高峰时期，自驾游客很难找到停车位。

（2）住。张家界的住宿分为三大部分，景区外主要以星级酒店和宾馆为主，其能保障停车位，但对于游览景区后又要返回酒店的情况来说使游览时间变得匆忙；景区周边的住客以土家特色民宿为主，而张家界也正大力发展民宿业，但大部分民宿位置都较偏僻，交通不通达，停车不便捷；最后就是景区内的农家住宿，是自驾游的首选，交通方便而且还可感受到自然风光，不足之处就是其住宿条件有限，满足不了旅游者的高要求。因此，自驾游选择住宿环境取决于交通的通达程度以及停车便捷程度。

（3）行和游。张家界的交通发展建设日趋成熟，景区交通也日渐完善。而张家界作为旅游大市拥有 19 家 A 级旅游景区，其中 5A 级有 2 家，4A 级有 9

家，3A 级有 10 家，多以自然景观观光游览为主。并且大型景区都配备有停车场，并专门安排景区工作人员进行组织和安排，以有序停车，为客人上下山提供便利与安全保障。

（4）购和娱。张家界旅游购物商场有很多，囊括了旅游纪念品、民族服饰、民族饰品、土特产等，这些产品都具有当地民族文化特色，品种丰富，但独特性不强，与其他少数民族特色产品大同小异。并且在景区内出现强卖叫卖、喊高价现象，其销售产品的价格与实际价格差距较大。娱乐项目多种多样，有文化艺术类的实景音乐剧《天门狐仙》《魅力湘西》《梦里张家界》；休闲散步类的景点有大庸桥公园和紫舞公园；另外，还有溪布街、KTV、电影院、健身俱乐部、美容美发等休闲旅游项目，完全可以丰富自驾旅游者的夜生活。

3. 自驾游保障服务体系

自驾游的安全方面包括社会治安保障、安全警示牌设置、车辆安全检查等，目前，张家界设立的公共派出所有 22 处，给予安全巡逻、救助等帮助。在学校、人群集中处、道路危险处等都设置了安全警示牌，在高峰时期有交警值班指挥交通，保障道路交通安全。而车辆检查服务暂时缺乏。

综上所述，张家界自驾游服务体系还存在许多不足，如网络信号差、车辆安全检查缺失、救援服务体系不配套、旅游产品单一、汽车营地不足、高价销售等。随着张家界自驾游市场的快速发展，自驾游服务的供需矛盾日渐凸显，亟待解决。

第六节 本章结论与讨论

一、本章结论

本章以携程、马蜂窝旅游网中张家界自驾旅游者发布的游记文本和照片为数据来源，运用 Arcgis 10.2 和 Coredraw X6 等方法对所获信息进行统计分析，探究张家界自驾旅游者的时空行为以及旅游流网络特征，得出张家界自驾游客时空行为特征，具体如下。

（1）通过对自驾旅游者出游时间的排序以及数量统计，从3月到10月自驾游客出游量都较为均匀，为自驾游旺季，最为集中的是4月和8月；12月到2月游客量少，为自驾游淡季，最为明显的是12月和1月。由于4月气候开始回温，又是花开季节，为旅游资源本身增加了吸引力，并伴有节假日，为出游提供了有利条件；8月暑假期间，旅游者的时间充裕；12月到次年2月，由于温度低，道路结冰不利于出行，增加了出行风险，因此出游受到限制，游客量少。由此可见，气候条件以及节假制度是影响自驾游客出游时间的主要因素。

（2）自驾旅游者具体停留时间最多为3天和4天，约占全部比重的45%，并计算出平均停留时间为3.14天，因此，可以判定自驾旅游者主要以短期游览观光旅游模式为主。

（3）来张家界的自驾旅游者到访的景点资源类型主要以自然旅游资源为主，并以核心景区为主要观赏点，再呈放射状向四周扩展。

张家界自驾游旅游流网络节点空间分布较为密集，各个节点之间都有联系。访问节点以武陵源风景区、天门山、张家界大峡谷为主，由于其宣传得当，旅游资源独特，具有明显的结构优势，与其他景点形成集聚和辐射模式，大部分自驾旅游者自主组合的线路都包含这些景点。旅游节点访问热度高、旅游流量较大的自驾游线路有武陵源风景区—天门山、武陵源景区内、武陵源景区—大峡谷风景区、天门山国家森林公园—大峡谷风景区。

（4）客源地方面的特征是临近地域集中分布，以经济发达地区为主，其居民的消费水平以及路程距离是自驾游最大影响因素。同时在访问热点空间方面，主要集中在武陵源区一条线，大都以欣赏自然景观的休闲观光为主。由于现代生活节奏的加快，人们面临着生活和工作上的双重压力，迫切想找寻一个能够放松的方式，但又受到时间和收入方面的限制。因此，自驾游大都选择周边城市，而张家界本身有着十分丰富的旅游资源，交通通达性完善程度较好，并且宣传力度强大，便成为旅游者首选目的地。但针对自驾游市场化程度偏低，目的地自驾游系统不健全。

二、讨论

（1）在需求方面，通过对客源地的分析，得出邻近省份是张家界自驾旅游者的主要客源输出地，并且以经济发达地区为主力。在收入水平逐渐提高、闲暇时间不断增多、消费观念开始转变的条件下，自驾游需求也随之增加。而自驾游服务项目是每个旅游城市都必备的，它包括自驾游咨询服务、自驾游标识牌、旅游住宿以及安全保障等。

（2）在供给方面，一是从旅游产品方面来看：经历的三个阶段使旅游产品日渐成熟，从刚开始的萌芽，张家界国家森林公园、索溪峪景区以及天子山景区奠定武陵源的三分格局；到后来的开发，天门山景区大力进行广告宣传，带动土家风情园、大庸府城等人文景观的发展；最后扩展到两县，旅游产品开始向探险、休闲等方向努力发展。总之就是在空间的扩展和丰富化、产品由单一化向多样化转变发展，使其能满足自驾旅游者的需求。二是从交通体系方面来看：日益完善的交通网络遍及广泛，为自驾游提供了支撑。各地客源以长沙为汇聚点，以长张高速为主要高速要道；市内则有S306省道贯穿各景区，并连接两区两县，使得游览线路清晰明了，为规划线路提供保障。三是从服务体系来看：张家界政府旅游网提供在线咨询，各条道路都设有标识牌，各景区都配有游客服务中心，并在火车站、学校、人群集中处设立公共派出所保障游客安全。而在旅游的六要素方面，张家界市内其产业类型丰富，产品服务全面，使自驾旅游者既能感受到当地的民俗风情，又能领略到张家界特色文化。

参考文献

［1］PRIDEAUX B，WEI S，RUGS H.The senior drive tour market in Australia［J］. Jovrrzal of Vacation Marketing，2001，7（3）：209-219.

［2］OLSEN M. Keep Track of the Self Drive Market［A］.Drive Tourism，2002-11-14.

［3］TAPLIN，MC GINLEY.A linear program to model daily car touring choices［J］.Annals of Tourism Research，2000，27（2）：451-467.

［4］OLSEN M.Keepin track of the self drive market［A］.In Carson D，Waller L，Scott D.Drive Tourism：Up the wall and Around the Ben［C］.Melbourne：Common Ground Publishing，2002，11.

［5］龙斌.驾车自助游初探［J］.桂林旅游高等专科学校学报，2004（4）：35-39.

［6］宋伟，郑向敏.自驾车旅游研究［J］.云南地理环境研究，2005（5）：66-72.

［7］张晓燕.我国自驾车旅游及其发展研究［D］.济南：山东师范大学，2006.

［8］李勇.旅行社的自驾游业务发展策略［J］.商场现代化，2007（6）：34-35.

［9］刘欢.国内自驾游研究进展［J］.经济研究导刊，2011（18）：168-170.

［10］崔美玲，朱斌.浅谈中国自驾游的开展［J］.经济研究导刊，2013（27）：270-271.

［11］马聪玲.自驾游及相关产业发展：热点与问题［J］.中国经贸导刊，2014（32）：38-39.

［12］TAPLIN J.Car trip attraction and route choice in Australia［J］.Annals of Tourism Research，1997，24（3）：624-637.

［13］ANU HARDY，JOVAN SIMIC.Asscssing drivc tourists' preferences and motivations：a case study of bella coola［J］.British Columbia Final Report of Findings，2006.

［14］胡敬民.旅游市场新热点——自驾车旅游［J］.贵州民族学院学报（哲学社会科学版），2003（2）：99-101.

［15］赖斌，杜通平，黄萍.从旅行社的视角看自驾车游产品化［J］.企业经济，2006（3）：3.

［16］陆军.广西自驾车旅游营地发展研究［J］.旅游学刊，2007，127（3）：35-39.

［17］STONE，GREGORY P.City shoppers and urban identification：observations on the social psychology of city life［J］.American Journal of Sociology，

1954，60（1）：36-45.

[18] 解杼，张捷，刘泽华，等.旅游者入游感知距离与旅游空间行为研究——以江西省龙虎山为例［J］.安徽师范大学学报（自然科学版），2003（4）：396-400.

[19] 陈乾康.自驾车旅游市场开发研究［J］.旅游学刊，2004（3）：66-71.

[20] 郭亚军，张红芳.旅游者决策行为研究［J］.旅游科学，2002（4）：24-27.

[21] 郭亚军，曹卓，杜跃平.国外旅游者行为研究述评［J］.旅游科学，2009（2）：52-58.

[22] 吕丽，陆林，凌善金.上海世博会旅游者空间扩散网络分析［J］.旅游学刊，2013，28（6）：111-119.

[23] 葛学峰，武春友.乡村旅游偏好差异测量研究：基于离散选择模型［J］.旅游学刊，2010，25（1）：48-52.

[24] 张文，顿雪霏.探讨大陆游客对台湾旅游目的地形象的感知——基于网上游记的内容分析［J］.北京第二外国语学院学报，2010，32（11）：75-83.

[25] 朱翠兰，侯志强.区域旅游集散地选址优化的GIS分析方法运用研究——以厦漳泉地区为例［J］.北京第二外国语学院学报，2013，35（9）：61-69.

[26] DANN G M S.Tourist motivation：An appraisal［J］.Annals of Tourism Research，1981，8（2）：187-219.

[27] 周世强.生态旅游与自然保护、社区发展相协调的旅游行为途径［J］.旅游学刊，1998（4）：33-35+63.

[28] 林岚，许志晖，丁登山.旅游者空间行为及其国内外研究综述［J］.地理科学，2007（3）：434-439.

[29] 张宏梅，陆林.皖江城市居民旅游动机及其与人口统计特征的关系［J］.旅游科学，2004（4）：22-27.

[30] 张安，万绪才.南京国内旅游客流人口学特征及旅游决策行为探析［J］.东南大学学报：哲学社会科学版，2004，6（1）：6.

［31］白凯，马耀峰，李天顺.信息刺激对旅华游客决策影响度研究——以西安为例［J］.干旱区资源与环境，2007（6）：5.

［32］黄潇婷.基于时间地理学的景区旅游者时空行为模式研究——以北京颐和园为例［J］.旅游学刊，2009，24（6）：82-87.

［33］陈浩，陆林，郑嬗婷.港、澳、珠三角旅游互动合作及机制的演化研究［J］.安徽农业大学学报（社会科学版），2014，23（5）：41-47.

［34］李渊，丁燕杰，王德.旅游者时间约束和空间行为特征的景区旅游线路设计方法研究［J］.旅游学刊，2016，31（9）：50-60.

第三篇
提质升级的供给篇

第六章
张家界全域旅游发展现状分析

2016 年 7 月，习近平总书记在宁夏考察时指出，"发展全域旅游，路子是对的，要坚持走下去"[1]，2018 年的政府工作报告中明确指示"创建全域旅游示范区"，党的十九大提出要深化供给侧结构性改革，传统旅游供给模式已经不适用于人民群众日益增长的美好生活需要和不平衡不充分的发展之间的矛盾。全域旅游以旅游业为优势产业，将一定区域作为完整的旅游目的地，通过区域内资源的有机整合、产业融合发展以及社会共建共享，带动和促进区域经济社会的协调发展，回应了人民对美好生活的向往[2]。全域旅游为当前社会主要矛盾提供了解决思路，成为党中央治国理政 100 个新名词之一。全域旅游作为我国新时期旅游业转型升级与健康发展的重要战略，契合了党的十九大提出的"创新、协调、绿色、开放、共享"的新发展理念，是当前旅游发展的战略新定位，为新时期旅游产业发展注入了新活力[3]。张家界因旅游建市，拥有中国首批世界自然遗产、中国第一个国家森林公园、国家首批 5A 级旅游景区等多块"金字招牌"，已经入选"2019 年全域旅游发展年度优秀案例"，发展成效良好。但是，全域旅游作为社会共办的大旅游现象，对旅游空间布局、旅游产业融合、旅游产品结构、旅游服务体系、旅游开发模式提出了新标准、新要求。随着全域旅游的深入推行，如何彻底打破传统旅游业以景区为核心的空间局限，进一步优化旅游产业布局，成为张家界当前亟待解决的问题。

第一节　张家界全域旅游发展回顾

一、张家界全域旅游发展现状

全域旅游并不否定传统景点旅游，2019 年 9 月 20 日文化和旅游部公布的首批国家全域旅游示范区，半数皆为传统旅游景区、景点所属的区域，如河北秦皇岛北戴河区、山西晋中平遥县、福建南平武夷山市、湖南张家界武陵源区[4]。实际上，全域旅游离不开经典旅游景区这个核心，重要的是"全域化空间布局、全体验产品体系、全链条产业集聚、全覆盖服务体系、全媒体营销网络"[5]等发展体系的创新构建。在全域旅游发展之初，如何继承和充分利用传统旅游景区的资源、声望和吸引力，是全域旅游谋划布局的首要任务。

在旅游产品开发方面，张家界经过 30 多年开发，逐渐形成了多类旅游产品体系。其中，生态观光游以世界自然遗产为核心，辐射两区两县，开发了 300 多处景点、200 多条旅游线路、6 条精品旅游线路，已经形成了带动周边、影响省内、对接邻省的生态观光旅游产品格局；休闲度假游以城市休闲度假旅游项目为依托，建设了城市沿河景观带、溪布街、张家界大鲵科技馆、大湘西记忆博物馆、张家界千古情、江垭温泉等特色文化旅游产品；乡村游以美丽乡村、农业旅游示范基地、特色产业园为基础，形成了包括杨家坪、和田居、琵琶洲、石堰坪、黄莲村、红岩岭等在内的多类型乡村游产品体系；红色游以洪家关贺龙纪念馆为核心，建成了中国工农红军第二方面军长征出发地纪念馆，推出"长征也从这里出发"红色旅游线路，同时打造刘家坪红二方面军长征出发地—洪家关贺龙纪念馆、湘鄂川黔苏维埃政府纪念馆—金鞭溪红军路—天子山—贺龙公园、红岩岭—红军树—棉花山等多条红色旅游精品线路，并列入旅行社对外销售。

在旅游宣传营销方面，张家界采取了多方位组合宣传方式，宣传营销策略可以分为传统营销和创新营销。传统营销主要是以电视和杂志为载体的广告营销。张家界与主流媒体保持合作，在央视进行旅游专题报道，联系"地理中国"栏目、上海外语频道、湖南金鹰卡通频道拍摄了相关专题片，在京深高铁上投放形象宣传广告；编印《张家界核心景区武陵源手绘图》，面向游客免费发放。为了将张家界建设成为国内外知名的旅游胜地，张家界采取了组合式创新营销。从张家界国际森林保护节到张家界民俗文化活动月，从国际乡村音乐周到"黄龙音乐季"，从法国"蜘蛛侠"攀爬百龙天梯，到峰林自行车赛、航拍大赛及教师节等系列促销活动，张家界的知名度不断扩大。张家界充分利用《西游记》《阿凡达》《捉妖记》《钟馗伏魔》《大圣归来》《心花路放》《九天半》等电影取景张家界的机会，开展电影营销，进一步提高张家界品牌美誉度；借势《阿凡达》，将客源市场从国内扩展到东南亚、欧美等 109 个国家和地区，接待了英国、法国、美国等多家电视媒体拍摄，扩大了张家界在欧美国家的知名度。

在旅游接待规模和客源市场方面，张家界旅游业依托得天独厚的资源优势，取得了举世瞩目的成绩，旅游业逐步成长为张家界的支柱产业，接待规模快速增长。由 1989 年的 56.4 万人次，增长到 2007 年的 1878 万人次，客流增长带来了旅游收入的增长，2006 年旅游收入是 1989 年的 318 倍，2003 年、2008 年出现了两个低谷，在经受"非典"疫情和汶川地震以后，张家界的旅游接待规模增速减缓，进入平稳增长期。2009 年至 2018 年十年间，除了 2013 年受禽流感、经济危机影响出现了发展滞缓以外，旅游接待总量、旅游总收入均保持约 20% 的增速，2018 年旅游接待总量逼近 8000 万人次，适应了经济发展的新常态。张家界入境游除了 2008 年、2013 年受旅游大事件的影响以外，还受到产品类型、国际环境、海外旅游宣传的影响。2015 年，张家界开展境外市场旅游推介，先后与法国、日本、德国、美国等多个国家的新闻媒体和重点旅行商开展合作，主打"阿凡达太远，张家界很近"品牌，成效显著。2014 年、2015 年、2016 年分别接待入境游客 260.17 万人次、334.2 万人次、447.0 万人次，保持高速增长，2018 年入境游客接待量达到 562.15 万人次，增长 57.96%，创历史新高。

二、张家界全域旅游发展的主要成就

1. 确定了全域旅游发展新方向

2017年，张家界市委、市政府制定出台了《在"锦绣潇湘"全域旅游基地建设中发挥龙头作用的意见》，科学实施"对标提质、旅游强市"战略，确定点面结合、错位发展、梯次打造的全域旅游发展的总体方向，着力在旅游产品供给、国际精品城市建设、旅游跨界融合、旅游管理体制创新、旅游国际化、旅游惠民富民、旅游辐射带动七个方面发挥龙头示范作用。完善的《张家界市全域旅游示范区创建行动方案》《张家界市"旅游+"（2016—2020）》《乡村旅游暨旅游扶贫专项治理》《张家界全域旅游规划（2019—2025）》等指导性规划与意见，为张家界市全域旅游发展奠定了理论基础和行动方案。两区两县依据张家界市委、市政府的总体规划，制定了符合本地实情的全域旅游发展方案。慈利县通过重新归类组团全县旅游资源，推进差异化发展，逐步形成了"一中心一龙头两走廊四板块"的全域旅游发展格局。桑植县以原生态村落、原生态森林、原生态民族、原生态生活为基础，制定了"一心引领、三廊承接、五组团融合、多点发展"的全域旅游发展规划，武陵源区依托优越的资源禀赋，以"精品景区、特色城镇、美丽乡村"三位一体打造全域旅游的特色和亮点。永定区主动承担张家界全域旅游主战场的责任，拟定了《关于加快发展全域旅游的实施意见》，确定了"一核心两翼四带，三产融合发展"的总体战略布局。

2. 老牌景区实现了提质升级

全域旅游倡导产业无边界、资源无定型、消费无止境、社会全参与，把全区、全域作为一个大景区来规划和建设，但是全域旅游并不排斥景区、景点旅游开发，相反，充分利用景点旅游时代创造的品牌效应、旅游口碑，可以为全域旅游带来事半功倍的产业效应[6]。永定区"十年磨一剑，三十一芳华"，致力于国际旅游城市公共服务配套设施建设，建立健全全域旅游供应体系，形成了"精品景区＋精品服务"格局，促进了全域旅游经济的成倍增长。慈利县充分发挥景区"溢出效应"，把景区周边村落作为景区休闲、观光和民俗文化体验承接区，通过"资金变股金、资源变股权、农民变股民"的"三变"发展模式，强化全域旅游发展格局中老牌景区的辐射和带动作用[7]。武陵源区通过生态旅游资源保护彰显世界遗产品牌新优势，践行习近平总书记"绿水青山就是金山银山"发展理念，"共抓大保护、不搞大开发"，坚持生态优先、绿色发展，中央生态环境保护督察"回头看"期间实现环境问题"零投诉"，成功创建了国家卫生城镇、国家森林城市、国家生态文明建设示范区、国家环境空气质量达标城市，为张家界市全域旅游积累了人气，树立了良好形象。

3. 旅游交通条件得到了改善

实施全域旅游战略以来，张家界市加快了高速公路、高铁、公路、航空旅游交通基础设施网络建设，旅游交通条件得到了极大改善。截至2019年年底，张家界市公路通车里程9014千米，其中高速公路通车里程168千米，铁路营业里程117千米，铁路电气化率100%，公路旅客周转量2.9亿人千米，水运旅客周转量0.02亿人千米，已经实现"每个县市区30分钟"上高速的目标。规划及在建的高速公路有安乡至慈利、炉红山（湘鄂界）至慈利、桑植至龙山、张家界至官庄的高速公路，已成为武陵山片区承东启西、贯通南北、辐射周边的旅游交通枢纽。2019年12月26日，黔张常动车开通，结束了张家界没有高速列车的历史，另有2021年12月开通的张吉怀高铁，以及预计2027年建成的石张高铁，张家界市成为成渝城市群与长江中游城市群、珠三角城市群、关中城市群等多个城市群客流货运往来的重要节点，与长沙、武汉、重庆、广州等省会城市的互通时间将大大缩减。在航空交通方面，张家界已开通国内航线42条、国际航线12条，成为武陵山区连接世界的窗口。从总体上看，张家界已逐步构建了"全域覆盖、主客共享、自游自助、快行慢游"的旅游交通体系。

第二节　张家界全域旅游发展存在的问题

一、全域旅游各类资源有待整合

张家界旅游资源得天独厚，自然环境、人文景观、乡村景观极为丰富，归口所属区县独立开发，各自为主。张家界东线归属慈利县，拥有五雷山、万福温泉、江垭温泉、兴国寺、溇水风景名胜区等景区，资源开发立足道家文化、温泉资源、土家风情，对靠近武陵源核心景区的阳和、许家坊、江垭等乡镇进行重点开发。西线归属桑植县，拥有九天洞、贺龙故居、大鲵国家级自然保护区、八大公山国家级自然保护区等，以红色旅游、生态观光为主。南线归属永久区，以天门山国家森林公园为核心，中线即为武陵源核心景区。在长达三十多年的旅游开发过程中，受划块开发政策的影响，张家界对现有旅游资源缺乏统一规划和深度整合，两区两县的旅游业各自为政，虽然竞争与合作同在，但是竞争是常态，合作相对有限。而且，旅游资源的产品结构、开发模式已经定型，很难在短时间内进行有效整合，资源转化率相对偏低，难以适应全域旅游产业无边界、产品无定型、资源可重塑的产业要求。

二、全域旅游产品缺乏创新

武陵源世界自然遗产属于绝版资源，举世仅有，导致张家界旅游产业对其严重依赖，使张家界旅游资源开发相对集中，旅游产品格局单一，旅游配套结构失衡。张家界形成了以世界自然遗产为核心的观光旅游产品体系，旅游淡旺季明显，旅游旺季人满为患，景区不堪负荷，短途观光游客居多，客源消耗严重，旅游淡季资源闲置，缺乏具有对等吸引力的异类产品。业态类型单一，八大公山自然保护区、天门山国家森林公园都以观光游览为主，不同空间区域的同质化严重。另外，张家界缺乏高端休闲度假和复合型旅游产品，现有旅游产品的内涵不足，游客参与性、互动性差，很难获得直击灵魂的文化体验，产品外延空间的拓展不够，只能够"白天上山观景，饭后看场表演，晚上宾馆睡觉"，虽说已经形成了多类旅游产品共存的产品格局，但是依然无法满足全域旅游产品无定型、服务无标准、体验无极限的产业特征，亟待产品形式和产品结构的创新。

三、全域旅游产业联动差强人意

张家界以旅游立市，旅游业起步较早，以旅游业为主的第三产业占绝对优势，但是由于区域狭窄，相关产业的层次不高，导致旅游产业链相对较短，延展性差。从旅游业与相关产业的融合程度上来看，基本处于初始阶段。旅游与农业的产业融合较为普遍，以农家乐、果园采摘、花海为主要表现形式，游客在游览观光之余做短暂的休闲，和传统观光旅游没有实质性的差别。旅游与商业产业融合的案例主要有大庸古城和溪布街，大庸古城已经启动多年，但是受限于地域狭窄，古城与周边社区难以融合，整个街区游踪难觅；溪布街集民俗购物、休闲客栈、创意工坊于一体，是武陵源不可替代的文化旅游商业步行街，但它针对性太强，专为游客量身打造，淡旺季境况形成鲜明对比，缺乏服务全民的理念和根基。旅游与体育、节事、文化、饮食、渔业等产业的联动发展也没有得到深入挖掘，体育赛事、文化创意、特色小镇等产业融合的文化附加值不高，旅游效应的发挥尚需时日，资源的潜能没有得到充分挖掘，未能实现产业的优势互补，产业联动的内容、方式有待探索。

参考文献

［1］李伟.新疆全域旅游发展优势及对策［J］.新疆社科论坛，2019（3）：20-22.

［2］黄细嘉，李凉.全域旅游背景下的文明旅游路径依赖［J］.旅游学刊，2016，31（8）：3.

［3］禹玉环，杨洋.遵义市全域旅游发展研究［J］.遵义师范学院学报，2019，21（2）：44-48.

［4］王雅宁，李瑞雪.生态为景 文化为媒——秦皇岛市北戴河区"旅游+"绘就美丽城乡生态图景［J］.共产党员（河北），2017（5）：2.

［5］刘定惠.全域旅游背景下乡村旅游产品体系构建——以黄石市沼山村为例［J］.特区经济，2023（1）：4.

［6］花群，李伟.高质量发展全域旅游［J］.唯实，2018（11）：74-77.

［7］马韶光.乡村旅游与大扶贫融合发展研究［J］.理论与当代，2016（10）：2.

| 第七章 |
张家界红色旅游开发现状

红色旅游是党的事业，是国家战略，是加强爱国主义和革命传统教育的重要载体，是促进革命老区经济社会发展的重要途径[1]。党的十九大报告指出，要"继承革命文化"。"十四五"期间，红色旅游将进入高速优质发展的新时期。通过红色旅游构筑中国精神、中国价值、中国力量，为国家发展进步提供强大的价值引导力、文化凝聚力、精神推动力，将是"十四五"期间我国红色旅游发展的重要使命。张家界是贺龙元帅故里，是著名的革命老区，是湘鄂川黔革命根据地的重要组成部分，红色旅游发展潜力大，后劲足，将有助于张家界成为国家旅游高质量发展示范区、武陵山片区开放门户、湖南全域旅游的龙头。

第一节　张家界"十三五"红色旅游发展回顾

"十三五"期间，张家界围绕贯彻《2016—2020年全国红色旅游发展规划纲要》《2016—2020年湖南省红色旅游发展规划》，大力推进红色旅游，努力提升红色旅游发展的质量和水平，红色旅游呈现出稳步推进、健康发展的良好态势，在红色旅游产品开发、红色旅游品牌树立、红色旅游区域合作及红色旅游带动脱贫等多个方面均取得了较大成就。

一、开展了红色旅游资源普查

为了摸清底子，张家界全市开展了红色旅游资源普查。通过调查摸底全市现有各级红色革命类文物保护单位56处，其中全国重点文物保护单位3处（永定区1处、桑植县2处）；省级文物保护单位9处（永定区1处、武陵源区1处、桑植县5处、慈利县2处）；县级文物保护单位44处（永定区11处、武陵源区0处、桑植县32处、慈利县1处）。省级爱国主义教育基地5处：贺龙纪念馆、刘家坪红二方面军长征出发地、贺龙公园、湘鄂川黔苏维埃政府纪念馆、廖汉生故居；国家级爱国主义教育基地2处：贺龙纪念馆、湘鄂川黔苏维埃政府纪念馆。其中贺龙纪念馆与红二方面军长征出发地纪念馆是全国百个经典红色旅游经典景区之一，桑植还被列入全国30条红色旅游精品线路之一[2]。

二、扩大了红色旅游产业规模

张家界是湘鄂西、湘鄂边、湘鄂川黔革命根据地的策源地和中心区域，现在两区两县均为国家一级革命老区。为弘扬老区精神，张家界先后建立了桑植刘家坪红二方面军长征出发地、桑植洪家关贺龙纪念馆、金鞭溪红军长征路、天子山贺龙公园等红色旅游项目。2018年命名了张家界市博物馆在内的14个第一批张家界市爱国主义教育基地，2019年评审通过了"张家界市永定区革命老区发展史"项目。

红色旅游接待人数和旅游收入分别得到了大幅提升。2015年张家界红色旅游共接待游客466万人次。2018年全市共接待游客8521.70万人次，同比增长16.17%，其中过夜游客4181.69万人次，同比增长20.53%，实现旅游收入756.80亿元，同比增长21.33%，桑植县仅洪家关旅游区就接待游客340.39万人次，同比增长22.07%。2018年上半年，桑植红色旅游景区共接待游客119.2万人次，实现旅游收入5.38亿元。红色旅游在张家界旅游产业和地方经济发展中的占比越来越大。

三、树立了红色文化旅游品牌

以贺龙元帅诞辰 120 周年纪念、2016 年中国工农红军长征胜利 80 周年、"两学一做"学习教育、2019 年"不忘初心、牢记使命"主题教育、建党 98 周年、新中国成立 70 周年等重要事件为契机，张家界积极对接重大红色纪念活动，加大红色旅游宣传力度，强化红色文化推广。通过中央、省市媒体宣传报道，以贺龙纪念馆与红二方面军长征出发地纪念馆为核心的红色旅游产品在市场上引起较大反响，扩大了张家界红色文化影响力。桑植县被评为 2019 年度中国国家旅游最佳红色旅游目的地，贺龙故居和纪念馆以及刘家坪红二方面军长征出发地被列入湖南省红色经典景区名录。

四、加强了红色文化旅游宣传

张家界联合主流媒体，利用新媒体平台，充分展示红色旅游创新发展的良好形象。在张家界全市旅游宣传片中，突出红色旅游精品线路的宣传。开展了红色旅游进校园、进社区、进景区活动，制定了《张家界市红色旅游进景区活动实施方案》；基本完成了湘鄂川黔革命根据地斗争史讲解词的修订。慈利县策划举办了"2017 年健康中国（湖南）行，走红军走过的路，穿越大湘西（慈利站）"系列活动。2018 年 12 月，桑植县第二届白族文化节暨刘家坪旅游风情镇红色文化节在中国工农红军第二方面军长征出发地纪念馆广场举行，充分展示桑植红色文化和非物质文化遗产的魅力。

五、丰富了红色旅游产品体系

近年来，张家界市针对旅游市场需求的发展趋势，丰富和提升红色旅游产品体系，推动红色旅游展示、体验、教育、培训等产品的深化开发。

开发了一批红色旅游精品线路。2018 年 11 月 19 日，中国工农红军第二方面军长征出发地纪念馆在桑植县刘家坪白族乡落成，同时推出了"长征也从这里出发"红色旅游产品线路，重点是刘家坪红二方面军长征出发地—洪家关贺龙纪念馆、湘鄂川黔苏维埃政府纪念馆—金鞭溪红军路—天子山—贺龙公园、红岩岭—红军树—棉花山等多条红色旅游精品线路，并将这些线路列为旅行社对外推销的产品线路。

积极推动红色文化与其他产业融合。"2018 年走红军走过的路全国系列活动"在张家界启动，吸引了全国各地的千余名户外爱好者参与，进一步促进了张家界市的体育、红色文化、旅游有机融合。2019 年 11 月湖南红色旅游文化节在桑植开幕，红色文化与非遗产业共显魅力。

红色研学为西线旅游增色，湖南首家红色革命传统教育基地——桑植红色教育基地完成建设，茅岩河景区还推出了以"我们的长征路""不忘初心、牢记使命""缅怀永垂不朽的革命英雄"为主题的三条党建线路，以及以"少年励志，我是小红军暨走进西线，探索地质生态""传承长征精神，重走红军路""走进湘西，体验乡土民俗"为主题的三条研学线路。

第二节　存在的主要问题

一、红色文化内涵呈现不足

张家界的红色景区景点多为孤岛式开发，与外界在文化、产品、环境、体验等方面的联动性不足，对红色文化内涵没有深入挖掘，导致文化呈现度不足，旅游体验性较差，红色文化潜在价值没有得到充分体现。目前在旅游宣传、策划、营销等方面还是各自为政，全市一盘棋的红色大旅游格局没有形成，需要进一步加强统筹协调。

二、可进入性需进一步改善

目前虽然有多条不同等级的道路通往各个红色旅游点，但大多数道路较窄，只能通过中小型车辆，不适合较大的车辆通行。因尚未从旅游的角度进行交通路网规划，使道路的通行方向纵横不定，不便游客顺畅到达。

三、旅游服务配套设施不完善

红色旅游景区大多停车场地狭小，旅游团队的车辆不便停放，不利于红色旅游产品做大做强。红色旅游景区食宿条件较差，大多数红色旅游者为了体验当地的民俗风情，很想在旅游目的地住农家屋、吃农家饭。目前开展的农家乐服务项目还比较单一粗放，满足不了游客的需求。公共服务设施还比较滞后，旅游厕所、景区信息化等还需继续完善。

四、红色旅游资源保护和利用不够

因为资金有限，现有的保护方式不能完全适应新形势发展要求等原因，张家界全市的红色革命历史遗址遗迹中，多数尚待修复。现阶段红色旅游点还处于维护状态，革命历史文化资源的挖掘、利用不够，缺乏吸引力和感染力。

五、红色旅游区域合作不多

作为湘鄂川黔革命根据地的重要组成部分，张家界就红色旅游与相关的景区合作还不是很多，如与永顺塔党性教育基地没有形成红色旅游共同体，与其他长征历史文化地区以及湘赣边红色旅游区等也没有太多合作。作为革命老区，也没有积极融入革命老区建设队伍。2015 年中俄红色旅游合作中，毛泽东和列宁两个伟人故里的红色旅游资源合作开发模式大获成功，而张家界红色旅游在国际范围内的合作尚未开启。

参考文献

［1］郑旗锋，贾雷，于宾，等.金融服务区域发展战略的路径探索——以中

国农业发展银行福建省分行实践为例［J］.福建金融，2021，430（2）：66-72.

［2］阿木.红色旅游"红"遍大江南北［J］.时代潮，2005（8）：16-19.

| 第八章 |
张家界城郊农家乐开发情况

第一节　张家界城郊农家乐开发现状分析

一、城郊农家乐资源优势明显

1. 自然资源优势

张家界市地处湖南省西北部，位于东经 109°40′ 至 111°20′、北纬 28°52′ 至 29°48′ 之间，属武陵山脉腹地。张家界的林业用地面积为 1012 亩，占 71%，森林覆盖率高达 70.99%，居湖南省首位，荣获"2019 绿色发展优秀城市"称号。因此位于张家界城郊的乡村旅游景点的空气质量高，负氧离子含量丰富，部分区域的负氧离子含量高达 10 万个 / 立方厘米。张家界山林资源丰富，山地面积占总面积的 76%，张家界城郊的乡村旅游景点大多伴有山林景观，暂无大规模的开发，保留着森林景观最原始的自然美。与那些被过度开发的山林景观相比，更有神秘色彩，对旅游者来说是不一样的体验。

张家界是澧水发源地，澧水贯穿全境，最大支流为溇江，张家界版图横跨沅澧两大水系，地下水资源富足。有流域面积 10 平方千米、长度 5000 米以上的河流 212 条，共计 3131 千米。因此在城郊乡村旅游景点周围多有清澈、蜿蜒的小溪流从山上流下，与山林景观相互呼应，形成美丽的山水景观。

张家界全市有 4 个国家级和 1 个省级森林公园、2 个国家级自然保护区和

3个省级自然保护区，整个自然保护区面积达 106.65 万亩，占全市总面积的 10%。张家界市共有张家界地貌、喀斯特地貌、丹霞地貌三种地貌特征，不同的地貌特征形成风格各异的美景，导致该市风景类型多样，对旅游者有更独特的吸引力。

2.人文资源优势

张家界是少数民族聚集区，有土家族、白族、苗族等 46 个少数民族。在全市总人口中，汉族人口为 34.14 万人，占 22.86%，各少数民族人口为 115.18 万人，占 77.14%。这里有独特的少数民族建筑、食物、节日、习俗等民族文化，有糍粑、土家腊肉、安化黑茶等少数民族食物，有哭嫁、划龙舟、摆手舞等少数民族习俗，有赶年夜少数民族节庆等。这些多种多样的少数民族文化习俗，为张家界市带来浓厚的民族文化氛围。

二、城郊农家乐周边交通发展迅速

张家界各个景区之间的距离近，景城之间、景区之间的车程均不超过 1 个小时。武陵源核心景区各景点之间有高档次的环保客运车运行，有些位于城郊地区的景区也有专车直达，方便旅游者到达城郊的部分乡村旅游景点。张家界的地层复杂多样，主要有山地、岩溶、丘陵、岗地和平原等，这限制了张家界交通运输业的发展。但随着近几年的发展，张家界初步形成了快捷便利的现代化交通网络。全市公路里程达到 9014 千米，市域内公路网络已实现 1 小时交通圈，并建成张常、张花两条高速公路。"十三五"期间将形成"六向六射"高速路网和"3456"小时交通圈，连通长株潭、武汉、桂林、成渝五大城市圈。张家界的列车已可直达北上广深等 100 多个城市，直飞航线由通航时的 4 条发展到目前的 42 条，交通运输业的发展为国内外游客进入张家界和张家界城郊乡村旅游的发展带来了更大的可能性。

三、城郊农家乐主要类型与模式

通过在地图上对有代表性的张家界城郊的乡村旅游景点的调查了解，将张家界城郊乡村旅游景点分为以下几个类型（如表8-1所示）。

表8-1　张家界城郊乡村旅游景点类型

资源类型	主要特征	代表景点
传统农家乐型	这类乡村旅游景点以提供农事采摘和农家饭菜为主，个别景区辅以户外拓展活动	山沟沟农家乐 乡村农家乐 千岛农家乐 迷魂台农家乐 张家界老九之家农家乐
农家乐+民宿型	这类乡村景点以提供极具当地特色的住宿建筑为主，重视住宿环境的营造和地点的选择	五号山谷 张家界梓山漫居 张家界涧外峡谷魅影民宿 镜立方山居 久栖·张家界约定民宿
农家乐+体验项目型	这类乡村景点以提供一些游玩体验型的项目为主，如漂流、攀岩、采茶等活动	槟榔谷攀岩基地 茅岩河漂流风景区 张家界隆成实弹射击场 张家界猛洞河漂流
农家乐+休闲度假型	这类乡村景点提供的服务项目相对于前几种类型的乡村旅游景点而言更加全面，能提供住宿、餐饮、会议室、农事采摘、户外运动、茶酒室、KTV等娱乐项目，所涉及的服务范围广，选址大多在风景优美、远离人群的地方，让游客能够更好地放松	柳杨溪度假村 张家界万福温泉国际度假村 慈利千岛海岸度假村 远方的家休闲山庄 双门岛休闲山庄

　　通过前文对城郊乡村旅游景点类型的分析，我们可以发现，张家界市城郊乡村旅游景点的主要发展模式是"乡村旅游景区+村庄+农户"，具体体现是通过乡村旅游景区的发展和能力的增强，能够带动村庄农产品、手工制作业、种植业、畜牧业等相关产业的发展，也能够为村民提供就业岗位。在政府的扶持和鼓励下也有许多的龙头企业、旅游风情镇、旅游风情园等产业代替乡村旅游景区，同样能够借助自身的影响力带动景区产业的发展，为村民们提供就业岗位。

　　随着张家界市乡村旅游景点网络通信基础设施建设的完善，越来越多的景点加入"物联网"中，实现"农产品+旅游景点+生产基地+电子商务+农户"的模式，这种模式在乡村旅游景点的带领下能够将村民们的力量聚集起来，形成生产基地，提高农产品的产量，再通过互联网销售，让农产品面向的市场更广，从而提高村民的收入。这种模式对村民的带动作用较为明显，且方便快捷。

由于张家界是少数民族土家族聚集区，因此乡村旅游景点还有一个独特的模式——"民俗风情＋民俗产品＋旅游购物"模式。这种模式下的乡村旅游景点为旅游者介绍土家族文化，展现土家族的民俗风情，将土家族文化融合到旅游产品中，形成特色旅游产品，刺激旅游者购物消费。

第二节　张家界城郊农家乐存在的问题

一、交通相对落后

张家界作为长线旅游城市，交通必须足够发达，以满足游客的需求。随着张家界市旅游业的快速发展，目前的交通水平还不能够满足较偏远地方的旅游需求。公路虽然能够满足市区到各大景点的需求，但市内交通网正处于提质阶段，导致部分路段释放，道路受阻，还有许多市中心的道路非常拥挤狭窄。张家界荷花机场航线航班少，目前航线仅有42条，很多国内城市没有直飞张家界的航线，国际航线也只是集中在韩国、泰国。张家界通往国际城市及国内一线二线城市的航班过少，交通的便捷性还有待完善。

二、旅游国际吸引力弱

虽然2018年张家界市入境游客总数就达到562.15万人次，但60%以上客源主要都来自韩国，国际客源结构单一，受"萨德事件"影响韩国客源锐减，国际旅游市场深受打击。虽然张家界市持证导游人员非常多，但是外语持证导游很少，入境旅游者旅游的独立性较强，对导游的需求不大。张家界城市基础设施、公共服务体系、礼物接待设施、服务意识、服务水平国际化程度不高，民族文化挖掘宣传不够，对国际旅游者吸引力不大。

三、智慧旅游建设落后

在张家界的大核心旅游景区内，智慧旅游的建设还有待完善。线上导游、线上地图、人流监控、无线网络等智慧旅游项目的建设与投放使用不够。景区数智服务设计严重缺失，智能导服、机器人服务尚未完全普及，以数智技术加持的文旅产品及沉浸式文旅项目不多，部分景区的开发与运营思维陈旧，智慧化的产品设计及服务有待大幅创新、升级。

四、旅游开发形式单一

张家界市的旅游以游览山水欣赏自然风光为主，虽然张家界的自然风光优美，山水美景让人震撼，但欣赏次数多了旅游者就会对此产生审美疲劳，而且自然美景的观赏过程比较枯燥乏味且十分辛苦劳累，不被广大年轻游客所喜欢。一种由人工搭建出来的乐园式的旅游景点可以让旅游者看到人工搭建的各种各样的奇特建筑，还可以提供惊险刺激的游戏，广州长隆乐园更是将观赏野生动物也结合进来，这类景点给游客的趣味体验感较强，适合年轻人打卡拍照，所以深受年轻人喜爱。张家界的旅游产品多是当地特色的一些食物，如腊肉、糍粑、霉豆腐等，形式单一且重复率太高。许多旅游产品销售场所建造得过于简朴，种种现象让张家界市城郊乡村旅游景点的旅游产品缺乏对游客的吸引力。

五、乡村旅游人才缺失

大多城郊乡村旅游地的负责人和管理人员为当地村民，他们通过吸纳亲戚、村民入伙等方式组建乡村旅游地运营的全套班子。由于他们文化水平不高、专业知识薄弱，乡村旅游的营销、布局规划、新媒体应用、团队管理等方面处于初级阶段，景区发展全靠市场内在的刚需。规划布局、设计体验产品、营销推广的人才非常欠缺，严重制约了乡村旅游的转型升级发展。

六、乡村营销滞后

据观察，大多城郊乡村旅游景点没有运营微信公众号和建立官方网址，更少有景区利用微博、抖音等现代社交软件对景区进行宣传和活动推广。城郊乡村旅游景点的宣传仅仅是游客之间的口口相传、旅游报纸和旅游软件的推广，这些宣传营销的手段效果甚微。这种情况造成许多自然资源丰富、风景优美的城郊乡村旅游景点由于没有进行好的营销宣传，无法推广到游客，景区因吸引不到游客前来观光体验无法盈利而倒闭。同时，因为营销宣传意识的薄弱造成景区与游客之间没有建立联系渠道，景区的推销活动不能发挥作用，刺激游客数量增长。而且城郊乡村旅游景点的位置较为偏远，较少被游客熟知。

第三节　张家界城郊农家乐开发案例分析——远方的家

一、案例地简介

远方的家是一家集土家建筑、民俗文化、农事体验、土家餐饮、休闲娱乐、户外运动、生态观光于一体的休闲山庄，2012 年正式对外营业，注册资金 3500 万元人民币，现有总资产 1.2 亿元人民币，2017 年接待游客流量为 10 万人次，2018 年接待游客流量为 12 万人次。远方的家每年接待游客 10 万人次以上，上缴税收 25 万元左右。自建成运营以来，远方的家先后被评为"湖南省五星级乡村旅游区（点）""湖南省五星级休闲农业庄园""农村一二三产业融合试点""湖南省休闲农业示范点""全国休闲农业与乡村旅游五星级示范企业"，2017 荣获张家界首家"国家五星级休闲农业庄园"称号，并于 2018 年 3 月正式授牌。

1. 地理位置

远方的家景区位于湖南省张家界市区永定区尹家溪镇瓦窑岗村瞿家峪，占地面积 2100 亩，位于北纬 28°52′~29°48′、东经 109°40′~111°20′，地势宽旷，周围仅与窑岗村、均钱屋场、包公山村相邻。

2. 交通区位

远方的家位于国道 G5515 和省道 S306、S228 周围，处于张家界旅游圈的核心位置。距张家界国家森林公园（武陵源景区）20 千米，距天门山国家森林公园 15 千米，距东线旅游景区（张家界大峡谷）60 千米，距西线旅游景区（贺龙故居、九天洞）35 千米，与各景区、景点的距离都很近。距离张家界市区中心只需 20 分钟的路程，并且有直达景区山下的班车。由于远方的家位于山顶，从山下到山上景区的道路曲折复杂，游客在交通方面多有不便。目前沿途正在新建 1 条、改建 2 条山丘二级公路，提高游客进入景区的交通条件。

3. 自然景观现状

远方的家地处山地丘陵地带，属亚热带气候，光热充足，雨量充沛，年均气温 18.5℃，无霜期 272 天，适合人们游玩居住。山庄拥有得天独厚的自然生态环境，两面环山，清泉长年不断，植被茂盛，山清水秀，景观别致，地域空间开阔，空气清新自然，环境洁净优美，建筑在山顶依山势而建，更是增添了景区磅礴的气势，让人不由心生感叹。山庄在夏季呈现出一片山清水秀、怪石林立的美景；到了冬天则呈现出云雾缭绕、烟雨朦胧的景象，变幻莫测，让人流连忘返。景区内有生态蔬菜基地 100 亩、桃园基地 400 亩、柑橘基地 200 亩等大面积的人造景观。

二、远方的家开发现状

（1）场地设施方面。远方的家共分为烧烤区、茅草屋、棋牌室、木屋、多媒体会议室、茶酒吧、农事体验、户外拓展、五星别墅、民宿、一号院子、党建室、乡村学堂、长龙宴等十多个功能分区，这些功能分区的建筑都非常美观大方、舒适。民宿、乡村学堂、长龙宴的建筑很大程度地保留了当地少数民族的建筑风格。五星别墅的装修采用的是实木镶嵌式的装修风格。景区的协调性很好，基础设施的建设与景区景观相协调，生态环境与乡村景观也十分融洽。景区内网络通信良好，无乱堆乱放的现象。

（2）安全与卫生方面。景区内消防设施配备齐全。景区边缘、溪水边、施工场所等危险地带均设置护栏以及安全警示标志，户外拓展活动中的一些具有危险性的项目配备安全措施，并且定期检查维护。

（3）服务功能方面。餐厅明亮、宽敞，游客住宿房间内家具、电器配备齐全，客房内床上用品干净柔软，一客一换。有各种功能的会议室（活动室），面积均大于 300 平方米。景区内销售的特色产品，质量过关，明码标价，纯手工制作，无欺骗消费者行为。景区内有农业采摘园，能够提供有机农产品，有打糍粑等具有民俗性的娱乐活动，景区设置有茶酒吧、棋牌室、农事体验、户外拓展等休闲娱乐场所，总计休闲娱乐活动大于 20 项。

（4）管理方面。远方的家有专业的管理人员，公布有投诉电话，接受社会大众的监督并且能够对投诉意见和相关的建议做出回复，服务人员仪容仪表整洁、大方，有统一的员工装，佩戴工牌，对待游客热情友好微笑服务，虽地处少数民族地区，但所有员工都能够做到用普通话与旅游者进行沟通交流，有80% 以上的从业人员参加过相关培训。

三、远方的家旅游开发的经验

1. 具有得天独厚的区位优势

远方的家景区处于张家界旅游圈的核心位置，距张家界国家森林公园（武陵源景区）20 千米，距天门山国家森林公园 15 千米，距东线旅游景区（张家界大峡谷）60 千米，距西线旅游景区（贺龙故居、九天洞）35 千米，与各景区、景点的距离都很近。距离张家界市区中心也只需要二十几分钟的路程。远方的家位于国道 G5515，省道 306、228 周围，从市区到景区山下入口有直达的班车，交通优势十分明显。

2. 具有优美的自然环境

远方的家位于瓦窑岗村内，依山而建，地势较高，空气质量好。由于位于城郊乡村内，远离城市的喧嚣，使得景区具有静谧美好的氛围。远方的家景区山下有村落，游客能够更加直观地感受到当地村民的风俗文化和建筑文化，这是景区的一道亮丽的风景线。远方的家景区自然美景丰富。站在景区从上往下看，山下村落错落有致，周围是茂密的树林，加上村民们种植的农作物为山林美景增添色彩，不让景色显得那么单调，村庄、农作物、山林的布局十分和谐优美。景区别墅区建在高山脚下，在房内就可以看见茂密的树林与潺潺的溪水构成的山林深处的美景。景区的后方不远处有一座大山，不仅可以看到最原始的山林美景，更是为景区增添了威武神圣的气氛。这些优美的自然景色，在景区建造过程中也得到了很好的保护，景区的布局规划也很合理，每一处景色都得到很好的利用。

3. 营造了浓厚的土家民族文化氛围

远方的家景区位于少数民族土家族的聚集区，所以景区内有着非常浓烈的土家族民族氛围，有吊脚楼、火炕屋、八仙桌和土家祠堂等，展示匠心独具的土家族建筑文化。有土家十大碗、土家三下锅、土家杀猪饭、土家蒸酒、土家团年饭等具有代表性的土家餐饮文化。景区再现碓马舂米、磨子推豆腐、风车车谷、土灶熬糖、小锅蒸酒、旱碾碾米等传统生产方式，让游客更加深入地体会土家族农耕文化。同时景区在户外拓展的场地上也设置了许多土家族游戏，这些非常新鲜的玩法，让人眼前一亮，使旅游者在玩游戏的同时体验到当地民俗文化。在山庄的包厢内和走廊内也设置有土家族当地民族风俗介绍的展板，景区内将土家文化体现得淋漓尽致，吸引游客前来体验当地的本土文化。

4. 充分利用乡村振兴政策

国家大力提倡绿色发展理念和生态文明建设，各省、市出台了一系列政策，大力推进全域旅游、乡村旅游和美丽乡村建设。张家界在"锦绣潇湘"全域旅游基地建设中发挥龙头作用，积极发展乡村旅游，促进"旅游+现代农业"深度融合。远方的家景区位于永定区，永定区制定的《张家界市永定区乡村旅游发展总体规划（2016—2030）》对辖区的王家坪、教字垭等14个乡镇，永定、崇文等10个街道办事处，从旅游发展现状评估与前景研判、旅游资源分析与评价、发展战略和目标、旅游市场营销与形象塑造、空间布局规划等方面进行总体规划，着力打造"一心、双核、三廊道、四组团"的总体空间布局。这些政策都推动着张家界乡村旅游景点进一步发展。

5. 注重乡村旅游人力资源的开发与利用

远方的家景区对员工有着统一的行为规范管理，员工都接受过岗前培训，能够做到统一工装、佩戴工牌、微笑服务。为了提高员工整体素质，定期开展学习交流活动，远方的家成立了一支专业能力强、凝聚力高、便于管理员工的队伍。这支管理团队能够根据景区的实际情况制订发展计划，合理地开发景区功能，不浪费景区资源，制定好的宣传营销方案，带动周围村民发展经济。

6. 市场环境良好

随着我国乡村旅游业的发展，越来越多的人从事乡村旅游行业，越来越多的乡村旅游景点景区建成，也有越来越多的旅游者选择乡村旅游景点。因此乡村旅游景点的发展前景还是非常乐观的，但是行业竞争非常严重。远方的家有地理位置优越、空气环境好、服务项目全的优点，能够在乡村旅游景点发展的浪潮中，提高自身的竞争力。从周围市场竞争方面来讲，远方的家周围同类型的景点只有三家：张家界常来常往农家乐、川渝农家乐和草根农家乐，这些乡村旅游景点的主要类型是农家乐，远方的家作为休闲山庄，比农家乐涵盖的范围更广，为游客提供的服务更多，比农家乐的竞争优势大。

7. 兼顾村民利益，履行旅游扶贫的社会责任

与当地村民关系也会影响到远方的家的发展。远方的家景区自开业以来积极为周围村民考虑，为村民提供就业岗位，每年吸纳周边农村劳动力200余人，吸纳的当地农村劳动力占职工总人数的60%以上，带动周边30%以上的农户增收，发放农民工工资总额近两年同比连续递增10%以上。远方的家积极支持响应国家精准扶贫政策，通过提供就业岗位、定向收购农副产品、为村内贫困户提供保障等措施促进村民经济发展。

四、远方的家旅游开发存在的不足之处

1. 交通、网络服务等基础设施建设不够完全

从张桑公路主干道至山庄的道路全长约3.2千米，虽已建成，但未硬化，游客和村民出行不便，而且道路狭窄，仅容纳一辆车勉强通过，不方便通行，对景区的发展有着很大的制约作用。道路问题是远方的家当前要解决的最大问

题。基础设施建设方面，山庄还有网络服务不够完善的问题，不能够提供官网微信公众号等网络服务的问题。通过百度软件搜索"远方的家"，可以得到一个官网的网址链接，但是无法进入，没有相关内容。通过微信搜索"远方的家"，只有数篇关于远方的家的文章，未见公众号。网络服务缺乏，没有充分利用现代网络传播速度快、范围广的优势，没有很好的网络宣传、营销环境等均是远方的家的不足之处。

2. 资源没有得到充分利用、产品销售渠道不多

山庄包厢内和走廊旁边会张贴一些关于当地习俗的介绍文字，但游客看到了感触不深，无讲解、无宣传致使山庄承载的民俗文化无法传递给旅游者，旅游者无文化与场景体验。景区内种植大量的农产品和果树、养殖家禽，但仅局限于种植和采摘食用，无后续资源开发。山庄内有一个非物质文化遗产展示展演台，目前闲置，没有人员展演。山庄网络服务建设不完全，生产的绿色农产品、有机农产品、当地特色产品，没有通过在线营销方式进行推广。

3. 景区指示牌 标识牌位置不醒目、部分场所布置过于简陋

远方的家位于山顶，从山下到山顶山路蜿蜒，也有很多岔路口，从山下到远方的家景区沿途没有明显的指示牌，山下的公路上也没有明显的入口指示，导致自驾旅游者花费太多时间成本，寻找进入路径。景区内无景区全景图和路线导览图限制了更多的休闲消费需求。景区内的购物场景的布置过于简陋，不易获得消费者的信任。

4. 旅游产品形式单一，缺少特色与创新

在实地考察中发现远方的家旅游产品数量少，且类型单一，都是景区制作的糍粑、剁辣椒土家族特产美食，这些旅游产品市场能见率高，没有独特性，可以考虑开发出其他形式的旅游产品，如土家陈酿酒、土家织锦、手工艺品等。旅游产品也可以结合景区特色进行大胆创新，以此来提高景区旅游产品的竞争力，满足游客需求。

|第九章|
张家界文博旅游产品的开发分析

第一节 文博旅游研究现状

一、研究背景和意义

文博旅游以各类博物馆和文化遗址、各类博览会和展览会等会展为主要旅游资源和旅游目的地或成链式旅游线路，承载了比较深厚的历史文化底蕴、丰富的地域文化和文博知识，让游览者在文博旅游过程中感受各类传统文化或历史文化（况红玲，李茂莎，2020）[1]。文博旅游是以博物馆、陈列馆为载体，组织接待团体和个人旅游者对其蕴含的地域文化、历史源流等进行文化考察、参观游览等行为的旅游活动（周睿，2013）[2]。文博旅游是以文化为核心，以博物馆为载体，充分展示地域文化的一种新兴的旅游方式（汪士琦，邓喜洪，2018）[3]。这一类的旅游尤其重视旅游者在游览过程中的体验度和参与度。当前，文博旅游已经成为当今社会旅游业重要的发展模式之一，并与文创行业、会展行业等相互交叉，集旅游博览、休闲观光、参观学习、文化考察和对外交流等于一体，正在形成一个相当具有发展潜力的旅游产业（管祥灵，2016）[4]。文博旅游业最初提供的是基础的核心服务，大多由高校和研究所推动发展。近年来，由于国家政策和资本的双重推动，文博旅游行业先后经历了政策赋予阶段和资本赞助阶段。在政策赋予阶段，以博物馆为主的文博旅游产业在服务和产品的基础上，提供了良好的基础服务和完善的基础设施。在资本赞助阶段，由于资本的大量涌入，针对资本企业的需求，文博旅游开始逐渐变得成熟，现在产业创新型文博旅游正成为行业发展的核心探索模式。从国内博物馆整体的盈利情况、运营稳定性和品牌影响力来看，整体行业仍然处于初步发展阶段，因此仍需探索构建稳定的博物馆商业模式。当前从文化和旅游部、华经产业研究院整理的数据（见图 9-1、图 9-2）可知，我国在 2015—2019 年间的博物馆数量逐年递增，截至 2019 年，我国登记备案的博物馆数量已有 5132 家。

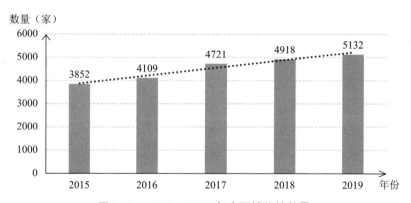

图 9-1　2015—2019 年全国博物馆数量

（数据来源：文化和旅游部、华经产业研究院整理）

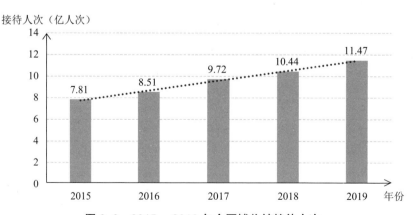

图 9-2　2015—2019 年全国博物馆接待人次

（数据来源：文化和旅游部、华经产业研究院整理）

近年来，博物馆接待人次上升，文博资源和旅游业也不断融合向前发展，是推动地方文化旅游产业的突破点和增长点。张家界坐落于湘西地区，原名大庸市，是中国著名的旅游城市之一，自然资源、人文旅游资源丰富。张家界市发展文博旅游，能够将张家界悠久的历史文化、丰富的民俗文化、独特的文博资源充分展现出来，使旅游者在游览中充分感受到张家界传统文化的独特和丰富，以自然、历史和文化相融合发展旅游，为张家界旅游业发展增添特色。张家界市拥有三座博物馆和一个风情园，分别是张家界市博物馆、大湘西记忆博览馆、张家界国聪民俗博物馆和土家风情园。以张家界市博物馆为例，自2016年开馆以来，市博物馆年接待人数已达45万人次，平均每天接待10余个团队[5]，但与国内一些地区的文博旅游业发展相比，张家界市文博旅游发展还相对于滞后。运用RMP分析模式对张家界文博旅游进行分析，即分析张家界市文博资源开发情况，梳理出开发存在的问题，以问题为导向，提出符合张家界市特点的文博旅游产品开发策略，RMP（昂谱）分析旨在对旅游开发地资源、市场和产品三个方面进行论证分析，因此基于RMP分析的张家界市文博旅游开发与对策建议既能体现地方特色又符合市场需求。

二、文博旅游相关研究综述

（一）文博旅游产品相关研究

文博旅游产品作为博物馆的衍生和创新，文博旅游产品的开发是发展地方文化产业的主要推动手段。近年来，文博企业单位不断加强对文博旅游产品的开发力度。了解文化旅游市场的需求和国内外文化旅游产业的发展方向，结合当地文博旅游资源的实际情况，充分开发文博旅游资源，以实现文化旅游产业和文博旅游产业融合开发（王友文，2018）[6]，打造满足旅游者需求的文博旅游特色产品，将文博资源中的文化旅游吸引优势转化为文化旅游产业的经济优势（金青梅，2016）[7]。博物馆是保存人类发展和人类环境变迁的见证场所，为研究、教育和欣赏目的举办各种陈列展览，进行文化教育，为社会大众提供服务，是面向大众免费开发的场所（王友文，2018）[6]。文博旅游是旅游业发展的必然趋势，旅游的文化性对游客具有极大的吸引力，有利于文化遗产重新走进大众视野（Mattew Haigh，2006）[8]。文博产品是文化的交流，地域文化品牌形象能够反映优秀的传统民俗文化，也可以从侧面折射出当代人对精神消费的需求。因此，促进博物馆与旅游文化的结合，已成为当前城市建设的重要发展途径，旅游建设发展依托于博物馆的历史文化知识，实现文博旅游文化的不断发展。文博旅游是近几年来国内比较火热的一种新型旅游方式，同时文博旅游资源的产业化是文化旅游产业发展的重要依托（高志颖，2019）[9]，文博业的发展是推动区域文化旅游创新发展的强大动力和重要增长点，对促进文化旅游产业的多元化和旅游业的可持续化发展有着重要意义。注重推动文博旅游产业现代化，促进文博旅游产品市场化、产业化，不仅能够为我国经济发展提供巨大的推动力，也能够服务地方，满足人民群众的精神需要。

（二）张家界市文博旅游相关研究

鲁明勇（2019）指出张家界文博旅游有很大的发展潜力，特别是张家界文博旅游资源、文博旅游产业、文博旅游市场及文旅融合研究还十分欠缺，还需更加深入；文博旅游研究的校地交流与合作极有必要。我们将瞄准张家界文旅融合、服务创建设二级博物馆目标，与市博物馆、市民盟、大湘西博览馆等各方展开项目合作、提案合作、人才合作、研发合作、营销合作。张家界市已经被国务院评定为国家级非物质文化遗产的项目有张家界阳戏、桑植民歌、仗鼓舞，被省政府评定为省级非物质文化遗产的项目有土家花灯戏、高煌灯、泼水龙等9项。在民俗文化方面，张家界文博旅游有很大的竞争优势可以进一步开发利用。张家界在发展旅游业的二十多年期间，旅游业取得较大发展，但在发展过程中忽略了文化旅游的发展，缺乏对旅游资源文化内涵的深入挖掘和规范（欧林，2012），没有做出能够代表张家界文化精魂所在的歌曲或者其他文化节目，将文化与自然相结合，才能更好发展出文博旅游吸引力[10]。

综上所述，张家界文博旅游资源较为丰富，但在旅游发展过程中没有过多注重文化旅游，今后张家界文博旅游在发展过程中应该注重结合民俗文化，发展好文化体验项目，抓住发展机遇，努力提升张家界文博旅游体验度与知名度。

第二节　研究方法

1. 文献研究法

利用中国期刊知网查找相关文博旅游和文博产品的文献和资料，对其进行研究。通过阅读和研究大量文献，利用现有的理论及成果为本节研究提供大量的理论基础和理论支持，了解如何入手撰写研究报告。

2. 问卷调查法

在张家界市博物馆对参观的游客进行实地调查，一共发放 200 份调查问卷，收回 200 份，回收率达到 100%。其中有 11 份属于没有认真回答或回答不完整的无效问卷，最后得到有效问卷 189 份，有效率为 94.5%。通过问卷了解游客对张家界文博旅游的意见，为分析提供可靠的数据来源。

3. RMP 分析法

RMP 分析法是资源分析、市场分析、产品分析的总称，这是一种以产品为核心的旅游研究方法，指在旅游开发中以旅游产品为中心，在对其进行 R（资源）性分析和 M（市场）性分析后，以此为基础进行 P（产品）性分析，并且提出了以旅游产品为中心的规划方案（何喜刚，2006）[11]。该分析方法由吴必虎教授于 1999 年提出，最早主要用于区域旅游开发。RMP 分析模型如图 9-3 所示。

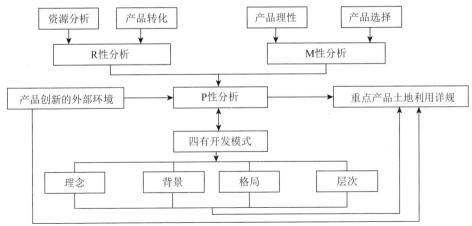

图 9-3　RMP 分析模型

第三节 张家界文博旅游产品的 RMP 分析

一、资源分析（Resource）

1. 张家界文博旅游资源项目及分类

张家界市文博旅游资源共拥有三座博物馆和一个风情园，分别是张家界市博物馆、大湘西记忆博览馆、张家界国聪民俗博物馆、土家风情园。按照旅游资源内容分类，张家界市文博旅游资源分别有以文物古迹、博物展览等为主的知识型旅游资源，以民风民俗、节庆活动、风味饮食等为主的体验型旅游资源两大类型的旅游资源。为了进一步掌握张家界文博旅游资源的状况，对张家界文博旅游资源进行了汇总，如表 9-1 所示。

表 9-1 张家界市文博旅游资源一览

	张家界市博物馆	大湘西记忆博览馆	土家风情园	国聪民俗博物馆
类型	公益性博物馆	单位文化产业（营利性）	综合性旅游服务产业	民办综合性博物馆
项目	张家界市博物馆成立于 2016 年，是国家二级博物馆。博物馆占地面积 46.36 亩，建筑面积 15395 平方米。一楼地质馆由地球厅、地貌厅、珍稀动物展区组成。二楼是历史馆，由张家界故事、守望精神家园、百年记忆三大展厅组成。三楼为城市规划馆	博览馆成立于 2017 年，占地面积 12000 平方米。大湘西记忆博览馆是目前国内首家将传统展览与现代多媒体演绎相结合的新型文旅项目，馆内以藏品保护、展示、历史为主	土家风情园 2004 年被选入国家 4A 级旅游景区，占地面积 809 余亩，主要项目有土司城和毕兹卡圣火堂。土司城原为一座古老的土家山寨，园内主要由土家建筑群落、民风民俗展示、文艺表演、餐饮、大型狩猎场、珍稀植物园、根雕基地等功能区构成	博物馆成立于 2018 年，博物馆的装修和藏品投资约 1.8 亿元。占地面积有 30 多亩，展馆面积约 15000 多平方米。馆内有如歌岁月、烽火湘西、生活器具、绣里藏珍、土家桃花、民间瓷器、土家木艺等 14 个展区

续表

	张家界市博物馆	大湘西记忆博览馆	土家风情园	国聪民俗博物馆
资源	馆内藏品数万余件，馆内藏品有：三管佩刀跽坐铜俑、虎钮錞于、楚氏兵器明鎏金铜菩萨像等珍贵文物	展出数万件民间藏品，依据馆内特色《大湘西记忆》，运用魔幻剧场、4D天幕、VR轨道车全息舞台、特效设备等多种多媒体技术，用现代科技演绎历史让游客亲身感受湘西文化的魅力，例如：触手可及的土家婚礼、湘西古墓、万年古国的神秘公主等	包括10余座土司城堡建筑、摆手堂、土家山寨、垦王等。民俗展示有土家婚俗、头饰服饰、蜡染、织锦、银匠技艺等，还有整台原汁原味的土家文艺节目，如表现土家原始劳作与生活情形的茅古斯舞、摆手舞等	馆内有百万余件从民间收集和收藏的古旧藏品。分别有土家生活器具、老木扁、土家农耕器具、土家刺绣、玻璃艺术品、湘西民间瓷器、滴水牙床、土家石雕等

数据来源：百度百科资料。

通过表9-1可知，张家界文博旅游资源主要以文物展览、节目表演资源居多，基于旅游体验角度，结合张家界实际状况，文物展览、节目表演等文博旅游资源较为容易开发，具有较高的湘西地方特色文化，张家界在文博旅游产品开发方面具有一定的发展潜力。

2. 资源分析评价

目前国内规划界广泛使用的旅游资源评价方法主要有6种方法，其中"三三六"评价法是指用三个价值、三个效益、六个条件去评价旅游资源，该评价方法较其他方法简单易行、对数据资料要求低，但存在推理误差。本节运用卢云亭的"三三六"评价法对张家界市文博旅游资源进行分析评价，"三三六"评价法的指标如表9-2所示。

表9-2 "三三六"评价法指标

评价方法	主要指标	优点	缺点
"三三六"评价法	历史文化价值、艺术观赏价值、科学考察价值；经济效益、环境效益、社会效益；旅游资源所在地的地理位置、交通条件、景象地域组合条件、旅游客源市场、投资能力、施工难易程度	简单易行 对数据资料要求低	存在推理误差

（1）三大价值高。

第一，历史文化价值高：张家界发展历史悠久，自然人文旅游资源丰富，又是少数民族聚居区，其中以土家族、白族、苗族为主，具有丰富的少数民族文化资源，例如列为国家级非物质文化遗产的桑植民歌、土家族撒叶儿嗬、仗鼓舞、张家界阳戏。土家风情园以 1：1 复原张家界土家族的建筑、文化、民俗生活，园内土家建筑多为木石结构，表演有摆手舞等特色土家文化节目。大湘西记忆博物馆展示了民间故事《大湘西记忆》，以及战国早期、商代中期等不同历史时期的百余件反映张家界及周边地区历史文化的艺术珍品。张家界市博物馆展示全市历年来考古发掘、征集和接受捐赠的具有重要历史、艺术、科学价值的历史文物、革命文物等。

第二，艺术观赏价值高：张家界文化遗产旅游资源丰富，以表演类、传统手工技艺类为主，具有很高的艺术观赏价值和审美价值（王艳，2009）[12]，游客可以从中体验到湘西特色文化，陶冶情操。例如张家界阳戏，阳戏唱词多以方言为主，特点平仄音分明，儿化韵较多，十八调有着鲜明的地域特点，体现了湘西文化风土人情、习俗爱好。

第三，科学考察价值高：张家界的科学研究涉及领域也较多，尤其是民俗节庆类、民间表演艺术类及传统手工技艺类文化旅游资源，可作为文学、民俗学、考古学、艺术学等学科的研究对象，例如，摆手舞、桑植民歌、张家界阳戏、仗鼓舞等。另外民风民俗主要有土家婚俗、头饰服饰、蜡染、织锦、银匠等，都具有鲜明的地域特点，具有极高的文化研究价值。

（2）三大效益显著。

经济效益指文博旅游资源带来的一定的收益。张家界国聪民俗博物馆、大湘西记忆博览馆、土家风情园属于收费景点，开发利用好当地的文博资源就会带动周围产业链兴起，既给当地政府增加可观的税收，又能提供相关的工作岗位。社会效益指对人的智力开发、知识储备、思想教育等方面的功能。发展张家界市文博旅游，不仅能够为游客带来视觉上的享受，还能让游客了解湘西特色文化，从了解民俗节庆类、民间表演艺术类及传统手工技艺类文化旅游资源方面进行自我熏陶，不断提高游客的思想文化素质。环境效益指开发旅游资源是否会带来环境破坏或资源浪费等。开发文博旅游资源，不仅能够利用好湘西文化资源，而且能让自然资源和文化资源相互融合发展（刘海涛，2014）[13]，改善低级阶段化旅游模式，让旅游环境变得更加规范文明。

（3）六项开发条件基础好。

张家界市旅游资源所在地的地理位置和交通条件优越，张家界位于湖南西北部地区澧水中上游，属武陵山区，是全国重要的旅游城市之一，另外张家界的通有公路、城际动车、航运，交通便利、通达性好、旅游环境承载力大。张家界景象地域组合条件良好，旅游资源丰富、游览价值高，文博旅游地域组合条件良好。张家界距离湖北、重庆等客源市场近，又是具有一定知名度的旅游城市，因此可知张家界市旅游市场发展前景广阔。张家界市文博旅游市场处于待开发阶段，投资市场前景广阔。张家界处于自然旅游胜地，施工条件难度小。

综上所述，可以看出张家界市文博旅游资源满足六项开发条件，具有较高的艺术观赏价值、历史文化价值、科学考察价值，能够带来可观的经济效益、社会效益、环境效益。由而可见，张家界市文博旅游具有开发潜力。

二、市场分析（Market）

1.张家界文博旅游市场调查

（1）客源市场情况。

为了能够深入了解张家界市文博旅游产品的市场前景，进一步完善文博旅游市场细分，准确定位文博旅游市场，特设计"张家界文博旅游市场调查问卷"，以问卷星和实地发放给游客两种形式作为数据收集来源，利用 Excel 针对问卷进行统计分析。从表 9-3 中可以看出，张家界市文博旅游的游客，男性略多于女性，有 115 人，占 57.5%；年龄以 18~24 岁者为主，有 71 人，占 35.5%；在客源市场方面，张家界旅游者以省外居多，有 110 人，占 55%，而省外旅游者又以邻近省份、发达地区的游客为主，大多是来自湖北、广东、浙江、上海等地的游客。教育程度以大专或本科占比较大，有 125 人，占比 62.5%；职业以学生居多，有 64 人，占 32%。

表 9-3 旅游者基本信息统计

基本资料	组别	人数	百分比（%）
性别	男	115	57.5
	女	85	42.5
客源地	省外	110	55
	省内	90	45
年龄	18~24 岁	71	35.5
	25~44 岁	69	34.5
	45~55 岁	31	15.5
	55~65 岁	24	12
	65 岁以上	5	2.5
教育程度	初中	13	6.5
	高中	49	24.5
	本科 / 大专	125	62.5
	研究生及以上	13	6.5
月可支配收入	1000 元及以下	10	5
	1001~3000 元	104	52
	3001~5000 元	50	25
	5001~10000 元	27	13.5
	10000 元以上	9	4.5
职业	工人	6	3
	事业单位人员	31	15.5
	军人	3	1.5
	学生	64	32
	企业员工	51	25.5
	个体户	8	4
	离退休人员	2	1
	自由职业者	23	11.5
	其他	12	6

（2）旅游者价格感知分析。

通过调查显示，能够接受文博旅游花费的价格区间是 1000~2000 元的旅游者占大多数，有 86 人，占比 43%。详情见表 9-4。

表 9-4　旅游者价格感知统计

项目	组别	人数（人）	百分比（%）
价格感知	100~1000 元	42	21
	1001~2000 元	86	43
	2001~3000 元	55	27.5
	3000 元以上	17	8.5

（3）旅游者游览动机分析。

调查结果显示（见表 9-5），来张家界的博物馆游览的主要目的以日常放松、休闲为主，有 81 人，占比 40.5%。值得说明的一点是，现在旅游者已经倾向将博物馆作为日常放松、休闲的地方，另外对博物馆文化也会感兴趣，那么旅游者在游览过程中伴随着游憩与寻乐，有着明显的学习和娱乐的并存性。

表 9-5　旅游者游览动机统计

项目	组别	人数（人）	百分比（%）
游览动机	对馆内文化感兴趣	56	28
	日常放松、休闲	81	40.5
	增长自己见识	27	13.5
	导游推荐	15	7.5
	其他	21	10.5

（4）行为意向分析。

调查结果显示（见表 9-6），游览张家界后愿意重游的游客人数为 57 人，占比 28.5%，但旅游者选"一般"的有 54 人，占比 27%，选择"不愿意"和"非常不愿意"的总共有 78 人，占比 39%。愿意推荐别人来博物馆游览的游客以"愿意"的居多，人数为 64 人，占比 32%，旅游者选"不愿意"的有 45人，占比 22.5%，这表明张家界文博旅游市场仍有不完善的地方，仍需进一步发展完善。

表 9-6　旅游者行为意向统计

项目	意愿	人数（人）	百分比（%）
是否愿意重游	非常不愿意	38	19
	不愿意	40	20
	一般	54	27
	愿意	57	28.5
	非常愿意	11	5.5
推荐他人游览的意愿	非常不愿意	41	20.5
	不愿意	45	22.5
	一般	42	21
	愿意	64	32
	非常愿意	8	4

2. 市场分析评价

根据张家界市文化旅游广电体育局、张家界市统计局的统计数据，2014—2019 年张家界旅游总收入如图 9-4 所示，2014—2019 年旅游接待人数如图 9-5 所示。

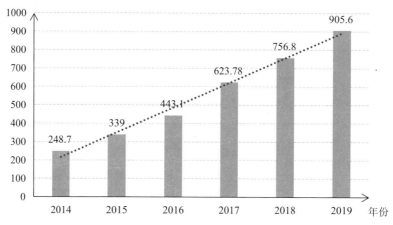

图 9-4　2014—2019 年张家界市旅游总收入统计

（数据来源：张家界市文化旅游广电体育局、张家界市统计局）

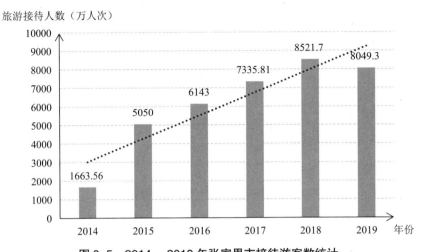

旅游接待人数（万人次）

图 9-5 2014—2019 年张家界市接待游客数统计
（数据来源：张家界市文化旅游广电体育局、张家界市统计局）

通过图 9-4 可知张家界市旅游总收入呈现快速增长趋势，可见张家界市旅游产业具有一定的竞争力，旅游市场发展仍有很大的发展空间。据红网获悉，2021 年 5 月 1 日，全市旅游总人数 15.9 万人次，旅游总收入 8508.3 万元，但文博旅游市场的发展不容乐观，以土家风情园、张家界市博物馆为例，土家风情园"五一"当天接待 3884 人、张家界市博物馆接待旅游者仅百余人，这表明张家界市文博旅游发展知名度不够，文博旅游市场仍有待进一步开发挖掘。

根据张家界文博旅游市场发展情况，将张家界文博旅游市场进行细分，可分为三大客源目标市场。一是大众旅游市场，首先这部分旅游者的游览目的不是张家界文博旅游，但通过旅游了解了湘西文化，会在较短时间内对文博旅游产生较大兴趣，会特意到土家风情园、大湘西记忆博览馆、张家界市博物馆、国聪民俗博物馆进行文博旅游，体验当地独特民俗文化，了解湘西文化历史。二是学生市场，文博旅游业将潜在消费群体定位为在校学生或毕业后的学生。在校学生通过研学方式前往博物馆、展览馆等进行文博旅游，又或者通过网络了解到这些地方，周末时间与同学结伴或者陪同家人进行文博旅游，通过文博旅游了解土家文化、湘西文化，了解张家界特色景区，了解湘西建筑文化等。三是科研市场，张家界的文博科研力量薄弱，但民俗文化底蕴深远，例如桑植民歌、土家族撒叶儿嗬、仗鼓舞、张家界阳戏被列为国家级非物质文化遗产。民俗类、民间传统手工艺类等文化遗产，可作为文学、民俗学、艺术学等学科的研究对象，将文博旅游市场对准科研工作者，不仅可以吸引专业人才进行研究，还能为张家界文博旅游市场可持续发展提供强有力的支撑。

三、产品分析（Product）

张家界文博旅游的 P 性分析是 RMP 分析的终端，换言之，将旅游资源根据市场要求转化为旅游者满意的旅游产品是文博旅游开发面临的重要问题，RMP 分析的关键在于将优势资源和市场最终转化为优势产品。因此，在开发张家界文博旅游资源时必须充分考虑产品质量、市场推广、产品类型等因素，打造具有特色性、新颖性的文博旅游产品。

1. 产品质量

旅游者评价问卷显示（见表 9-7），认为馆内文物藏品丰富，选"一般"的居多，人数为 72 人，占比 36%。认为馆内的历史陈列品令您印象深刻，选"一般"的居多，人数为 57 人，占比 28.5%。游览结束后的满意度，选"一般"的居多，人数为 57 人，占比 28.5%，选"满意"的，人数有 55 人，占比27.5%，选择"非常满意"的较少，并且还有选择"不满意"的，人数有 40人，占比 20%。这表明张家界文博旅游让旅游者满意的地方不多，张家界文博旅游还需进一步发展。

表 9-7　旅游者意向统计

对文博旅游的评价	意愿	人数（人）	百分比（%）
馆内文物藏品丰富	非常不同意	11	5.5
	不同意	40	20
	一般	72	36
	同意	57	28.5
	非常同意	20	10

续表

对文博旅游的评价	意愿	人数（人）	百分比（%）
场馆的基础设施完善	非常不同意	45	22.5
	不同意	41	20.5
	一般	42	21
	同意	60	30
	非常同意	12	6
场馆整体环境良好	非常不同意	38	19
	不同意	40	20
	一般	57	28.5
	同意	55	27.5
	非常同意	10	5
馆内的历史陈列品令您印象深刻	非常不同意	38	19
	不同意	55	27.5
	一般	57	28.5
	同意	40	20
	非常同意	10	5
游览结束后的满意度	非常不满意	38	19
	不满意	40	20
	一般	57	28.5
	满意	55	27.5
	非常满意	10	5
游览结束后的评价	**意愿**	**人数**	**百分比（%）**
馆内人员展示了良好的服务态度	非常不同意	38	19
	不同意	40	20
	一般	55	27.5
	同意	57	28.5
	非常同意	10	5

续表

游览结束后的评价	意愿	人数（人）	百分比（%）
浏览过程使您沉浸其中	非常不同意	40	20
	不同意	38	19
	一般	60	30
	同意	52	26
	非常同意	10	5
游览过程感到身心愉悦	非常不同意	10	5
	不同意	20	10
	一般	53	26.5
	同意	67	33.5
	非常同意	50	25
馆内讲解让我了解当地历史文化	非常不同意	11	5.5
	不同意	42	21
	一般	70	35
	同意	57	28.5
	非常同意	20	10

根据旅游者评价，张家界市文博旅游产品质量还有待提高，从满足旅游者需要和旅游体验角度出发，张家界市文博旅游体验质量仍待提高。其中，具有民俗文化、历史文化、体验价值高的文博旅游产品对游客的吸引力最大。因此，要提高张家界市文博旅游产品质量，就要注重旅游者体验，让旅游者不局限于实体文物，可以构建场景再现式的各种体验活动，另外通过融合民俗文化、历史文化打造独一无二的张家界市文博旅游产品。

2. 产品推广

由于文博旅游产品自身的吸引力度有限，往往需要和市场营销捆绑在一起扩大文博旅游自身的知名度。根据表9-8可知，游客信息来源主要以微信、微博、网站为主，人数为81人，占比40.5%。这表明在互联网时代，移动平台依旧是主要信息来源，这要求旅游部门一定要重视利用"信息获取主要渠道"

来推广张家界文博旅游信息，扩大张家界市文博旅游知名度。例如大湘西记忆博览馆借助科技打造体验性博览馆，利用文化元素，以科技为载体向大众讲述湘西故事。文博旅游借助网络科技，不仅可以提升自身的体验质量，还可以借助网络宣传自身的知名度，另外文博旅游要加强和高校的合作与宣传，共建研究，培养专门研究型人才和文化创意、设计、传播的实战型人才。

表 9-8　旅游者信息来源统计

项目	组别	人数（人）	百分比（%）
信息来源（多选）	电视、广告、广播	59	29.5
	微信、微博、网站	81	40.5
	导游推荐	72	36
	景区内宣传	63	31.5
	朋友亲人推荐	67	33.5
	其他	72	36

3. 产品类型

张家界市文博旅游发展起步晚，尚存在一些短板，例如停留在观光旅游阶段、同质化现象普遍等。无论是产品内容单一还是缺乏特色，同质化现象出现，都反映了文博旅游创新性不足，对于旅游市场而言，产品缺乏特色没有吸引力，导致客源流失。拓宽产品创意思路，注重藏品和湘西文化元素相结合。张家界民俗文化丰富，可以吸收借鉴开发出一系列具有地方特色文化的文博旅游产品。根据产品生命周期理论，文博旅游产品进入市场要经历形成、成长、成熟和衰退这样的周期[14]，从产品供给角度看，可将文博旅游产品分为三大类型。一是特色型文博旅游产品。特色型文博旅游产品是针对大众市场开发的一种特色型的初级旅游产品形态，这类产品多为实物，以静态展示、观赏为主，以独一无二的旅游产品吸引眼球，满足旅游者新鲜感，提高满意度以实现旅游者重游意愿。二是互动体验型文博旅游产品。互动体验型文博旅游产品是在观赏的基础上，利用互联网、大数据等高科技开发的一种双向互动参与的方式，满足时代的发展趋势，也满足了旅游者多元化体验需求。此类文博旅游产品富有趣味性，易于吸引旅游者前往，更能够提高旅游者的体验程度。三是科研考察型文博旅游产品。科研考察型文博旅游是针对小众市场开发的一种高级旅游体验形态，主要是更进一步开发文博旅游资源。科研考察型文博旅游要求旅游者具有一定的文化水平程度，大多针对研学型、学术研究型或者考古专业型的文化需求，客源市场有一定限制，但此类产品具有较高的文化、历史、艺术价值，是文博旅游产品不断可持续发展的高级状态。

第四节　本章结论与讨论

一、本章结论

1. 文博旅游产品知名度低，缺乏文博形象

张家界博物馆存在知名程度低，缺乏博物馆独有的文博品牌形象。2019年张家界市接待国内游客数量达 7912.3 万人次，接待境外游客达 137.04 万人次，但大多游客来张家界旅游是为了自然资源，进行张家界文博旅游的游客大多是顺带文博旅游。以张家界市博物馆为例，通过博物馆公众号文章浏览量均低于 200 人次可知张家界博物馆的知名度低，而故宫博物院的公众号浏览量均在 10 万人次。在网络数据时代，消费群体大多数通过网络媒体了解信息，张家界文博旅游之所以不够火爆，是因为网络媒体宣传方面较为薄弱，这说明张家界文博旅游行业需要加大网络宣传力度。

2. 产品种类单一，体验过程单调

通过上文对张家界文博旅游产品的分析，可以看出张家界博物馆、国聪民俗博物馆、土家风情园主要是以展览活动为主，文博旅游的体验性活动发展相对滞后。张家界市博物馆以地质馆、历史文化馆和城建规划馆三大馆为主，主要向旅游者展示张家界的场馆陈列品，没有建设发展游客互动体验性场馆，缺少与旅游者之间的互动体验。大湘西记忆博物馆用现代科技手段演绎历史故事与民间传说，为游客创造"全浸入式体验"，让旅游者亲身感受湘西文化魅力

的形式值得借鉴，但缺少对文化创意产品的开发。国聪民俗博物馆应结合体验旅游，将文博旅游产品由低附加值向高附加值转变。土家风情园以土家建筑群落、民风民俗展示、文艺表演为主，但文艺表演集中于节假日，日常时间没有活动表演，此外土家风情园缺少对文化创意产品的开发，仅限于旅游者短暂性体验，应当加强文化创意产品开发优势，通过多种渠道提升游客的旅游体验度。

3. 文博旅游同质化，缺乏新颖性

旅游发展同质化现象严重，张家界文博游览以传统游览活动为主，旅游者到哪里都是看到相似的产品，文博旅游过程缺少了新颖性。以张家界市博物馆、国聪民俗博物馆为例，馆内藏品丰富但仅限游客隔着玻璃观望，在游览过程中游客难免走马观花，体验度降低。显然，如今的文博旅游发展不能够趋向同质化，没有自己的文博特色，没有发掘出新的文博旅游形式。游客来自五湖四海，只有当地特有的文博旅游产品才能够满足游客来体验异地文化的需求。

4. 产品创意性少，缺乏科技含量

通过张家界文博旅游资源分析可知张家界市博物馆、土家风情园的文博旅游产品科技含量还较低，旅游者在游览时以传统游览活动为主，缺少科技活动的参与。以张家界市博物馆为例，二楼的历史馆由张家界故事、守望精神家园、百年记忆三大馆厅组成，展示历年来考古发掘、征集和接受捐赠的历史文物、革命文物等，但展馆内仅以展览为主，表现形式单一，缺乏科技注入创新。土家风情园以单一参观游览、表演节目为主，没有科技产品的融入，缺乏产品的创意性与吸引年轻群体目光的趣味性。

二、讨论

文博旅游产品是人们幸福消费的重要旅游产品之一，也是旅游目的地高质量发展的重要开发产品之一。张家界是土家族、苗族、白族、瑶族等多个少数民族聚集地，它不仅拥有武陵源世界自然遗产资源，还有老祖宗传承下来的多民族绚丽多彩的少数民族文化，还有丰富的红色文化资源和深厚的红色基因。民族文化、红色文化、绿色文化、古色文化等为张家界文博旅游开发提供了天

然的优质条件，为张家界旅游消费升级提质打下良好的基础。

近年来，文博元素在张家界市旅游供给市场上的呈现，让张家界文化旅游要素变得越发鲜活。这不仅重新激发了人们对张家界博物馆和历史文化的兴趣，也让张家界文博游开始受到关注。为进一步做活文博旅游，让张家界文博旅游成为来张旅游者的"刚需"，一方面需要加强张家界博物馆高质量的创意节目、亮眼的文创产品、沉浸式的多媒体互动和场景体验的打造，另一方面需要加强讲解人员的专业培训，以专业人员的高水平讲解提升旅游者的服务体验，让游客在吸纳文博知识的同时有体验感、参与感和收获感。最后，以研学、亲子游等为抓手，逐渐培育像风景观光旅游一样的大众旅游市场。

参考文献

［1］李茂莎，况红玲.基于 RMP 分析的成都市文博旅游发展研究［J］.四川旅游学院学报，2020（6）：1-2.

［2］周睿，费凌峰，黄霞，李亚飞.以成都地区博物馆为例的文博旅游发展研究［J］.包装工程，2013（8）：116-117.

［3］汪士琦，邓喜洪.文博旅游背景下的文展陈设计发展初探［J］.福建质量管理，2018（7）：1-24.

［4］管祥灵.张家界旅游公共服务存在的问题及对策研究［D］.南京：南京理工大学，2016.

［5］宁奎.张家界，加速向世界一流旅游目的地进发［N］.湖南日报，2021-12-31（7）.

［6］王友文，赖玉萍."一带一路"视域下文博业与旅游业融合发展方略研究——以伊犁哈萨克自治州为例［J］.南昌师范学院学报，2018（6）：83-87.

［7］金青梅，张鑫.博物馆文创产品开发研究［J］.西安建筑科技大学学报，2016（7）：1-2.

［8］MATTEW HAIGH. Cultural tourism policy in developing regions：The case of sarawak Malaysia［J］.The Academy of Management Review.2020，16（1）：88.

［9］高志颖，探析新《政府会计制度》中的预算会计核算模式［J］.魅力中国，

2019（50）：114-115.

［10］欧林．张家界生态旅游文化旅游资源的开发与评价［D］.长沙：湖南师
　　　范大学，2012.

［11］王艳．旅游者民族文化真实性感知研究——以大湘西土家族为例［D］.
　　　湘潭：湘潭大学，2009.

［12］刘海涛．海螺沟国家冰川森林公园生态旅游资源评价与研究［D］.雅安：
　　　四川农业大学，2014.

［13］何喜刚，高亚芳．甘肃段丝绸之路旅游产品生命周期成长研究［J］.开
　　　发研究，2006（6）：24-29.

|第十章|
玻璃桥旅游产品开发情况

第一节　玻璃桥旅游产品开发现状

在体验经济浪潮的推动下，玻璃桥类旅游产品成为近些年来突然兴起的一种新型旅游体验产品。最早的玻璃桥类旅游产品于 2007 年在美国科罗拉多大峡谷诞生，即声名远扬的 "U" 字形观景台。2011 年以来，玻璃桥类旅游产品犹如雨后春笋般出现于全国各大景区。根据不完全统计，全国先后有 40 多座玻璃桥或者玻璃栈道建造完成。然而争相模仿、无序开发、盲目开发造成了旅游业内审美疲劳与体验疲劳，众多玻璃桥产品昙花一现，或者成为噱头。玻璃桥这种户外探险类设施对建筑技术要求较高，前期投资成本大，回收时间长，景区承载着极大的经营风险和投资风险。如何盘活同类产品，提高体验度，提高产品质量？从消费者旅游体验角度出发，关注旅游者的体验，尤其是从旅游消费预期、消费体验过程以及后期评论等全链条环节打造体验氛围是提升这类产品吸引力与市场竞争力的有效路径。本部分以张家界大峡谷为案例地，以网络文本内容为研究对象，用质性的研究方法，对张家界大峡谷景区的玻璃桥旅游产品旅游者体验感知情况进行分析，运用场域理论与扎根理论，构建玻璃桥旅游产品体验质量评价模型并进行实证检验，以期为此类玻璃桥类旅游产品培育市场竞争力提供有益参考。

旅游体验是旅游者通过一系列旅游活动，与旅游目的地进行身体和心理上的互动，产生感性认识的过程〔谢彦君（2000）[1]、李一平（2000）[2]、黄鹏（2004）[3]、苏勤（2004）[4]］。旅游体验的实质是主客生活场、情境场、旅游场的交互行为（姜海涛（2008）[5]）。在旅游体验研究领域，旅游场已经日益成为一个重要的范畴，谢彦君（2005）教授指出旅游场理论是用来解读游客在旅游过程中与环境和情境进行多维互动，并产生心理认知过程的理论[6]。旅游场研究由早期的概念性思辨走向知识细化方向上的科学实证研究已经是趋势，针对旅游体验的内容、机制和规律的深入研究依然还有很多学术上的空白或薄弱之处，尤其鲜有涉及玻璃桥这类旅游产品的实证研究成果。另外关于旅游体验质量计量研究，Olive（1980）较早提出消费者的期望差异理论，认为消费者在消费前后的差距过大就会产生失望情绪[7]。Stewart W P（1998）基于收益论，编制了旅游体验测评量表[8]。国内学者谢彦君（2000）从游客期望和实际感受出发，建立了旅游体验质量交互模型，用两级指标测试旅游体验满意度[9]。束盈（2006）、王群（2008）在顾客满意度测评模型基础上，采用多维评价法对游客体验质量进行评价[10-11]。王昕等人（2012）运用层次分析法对游客体验的满意度进行评价[12]。赵良成（2014）运用 ISA 分析法对成都东区音乐公园进行体验质量分析[13]。罗云艳等人（2015）运用访谈法对丹东游客体验进行分析[14]。近年来，随着信息传播的高效性，网络文本分析法成为热门的研究方法，李爽（2015）、丛丽（2014）、何丹（2017）、刘小英（2017）、陈宇（2018）[15-19]运用网络文本分析法分别对不同的景区进行了游客体验质量研究。旅游业作为信息密集型行业，与互联网的融合已是不可阻挡的时代潮流。微博、微信、旅游官网、各大旅游电商网站在为游客提供旅游资讯服务的同时，也为全国各地游客提供了交流旅游经历、发表游后感受的平台。这一特殊的阵地包含大量旅游者的网络评论文本，记载着游客行程前后相关信息，具有丰富的研究价值。并且网站上文本的收集相对于线下渠道具有更加真实、便捷等特性。因此，研究者纷纷将目光转移到游客网络文本上，并开展旅游者旅游行为特征及其规律的研究。

综上所述，当前旅游体验的研究成果丰富，多集中在旅游体验的概念界定、体验类型的争议和影响因素的探索上，但运用旅游场域理论针对玻璃桥这类热门旅游产品进行研究尚未见重大成果。在研究方法上，多以传统调查问卷进行满意度测评统计，而从旅游者心理感知角度出发，以旅游者自发网络评论文字为依据采用 ASEB 栅格分析进行质性研究的成果较少。在研究对象上，大都集中于区域、城市等宏观的区域，缺乏典型个案实证研究。本部分拟采用网络文本分析法以场域理论与扎根理论为指导，将质性研究与计量研究相结合，对张家界大峡谷玻璃桥旅游体验质量进行分析，为同类玻璃桥旅游产品体验质量提升研究进行有益探索。

第二节　研究方案

一、研究思路与方法

本部分借鉴旅游场域理论与扎根理论，利用爬虫软件收集携程、马蜂窝、去哪儿、飞猪等旅游网站中旅游者网络评论文本，借助 ROST Content Mining 6.0 软件，通过网络文本内容分析法，挖掘张家界大峡谷旅游特征的高频词中游客体验感知要素，提炼出大峡谷玻璃桥旅游场模型，获取旅游者对张家界大峡谷景区相关的感性认知。并借助相关统计软件进行数据的提取与分离，计量测算出张家界大峡谷玻璃桥游客体验感知质量。

（1）利用网络文本内容分析玻璃桥旅游体验感知。对网络评论文本进行筛选后另存为纯文本文档，保证其扩展名为 .txt。使用 ROST 软件的分词功能将文本分割成独立的词语，比如"大峡谷""玻璃桥""门票""游船""瀑布""刺激""惊险"等具有单独意义的词。根据分词结果，对错误的分词进行调整，并将未归入用户词表的词源加进去。同时将相同意义的词进行合并，比如将"玻璃桥"合并为"张家界玻璃桥"。确保分词完毕后，添加过滤词表，过滤掉"我们""他们""上午""下去""跟着"等这类与旅游体验感知无关的词汇；点击"词频分析"功能，并设置输出选项，导出由高到低排序的高频词表，获取旅游体验感知的具体信息。

（2）构建玻璃桥旅游体验质量测评模型。根据文本分析测度出玻璃桥旅游体验感知的具体因素，再进行开放性编码、主轴性编码和理论性编码对主观句赋值，建立模型，进行实证检验测算。这种方法是文本挖掘实现网络评论文本中数据分离的有效方式，与传统的现场调查问卷的研究方法比较而言，网络评论的内容更加接近于真实情感，更能还原客观情况。旅游体验质量测评模型构建过程如图 10-1 所示。

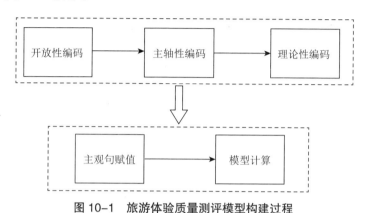

图 10-1　旅游体验质量测评模型构建过程

二、案例地——张家界大峡谷玻璃桥

张家界大峡谷景区位于湖南省张家界市三官寺乡，属于张家界旅游版图中的重要东线项目，毗邻著名世界地质公园、世界自然遗产武陵源核心景区。大峡谷景区于 2011 年成为国家 4A 级旅游景区，2016 年凭借推出玻璃桥的营销策略跻身张家界市第三大景区，同年入围湖南省十二条精品旅游线之一，并在 2018 年成为张家界首个国家级服务业标准化示范区。玻璃桥是张家界大峡谷景区中最吸引人的景点。它位于大峡谷景区西南方，横跨峡谷两侧，桥面距峡谷底的距离约为 400 米，整座桥面长约 370 米，桥身采用特殊材质的钢化玻璃，并且采用全透明设计。该产品在全世界玻璃桥同类旅游产品中具有四个之最：一是高度为世界第一；二是长度为世界第一；三是率先使用新型建材；四是被美国有线电视新闻网（CNN）列入世界 11 座最壮观的桥之一，2018 年获得阿瑟·海登奖。张家界大峡谷玻璃桥多次创造世界之最，目前在国内是玻璃桥类旅游产品的纪念碑式产品。因此，本节将国内最热门的张家界大峡谷玻璃桥作为研究对象，具有一定代表性和典型性。

三、数据采集

本章的网络文本数据来源是通过火车头软件抽取的携程、马蜂窝、飞猪、去哪儿四个旅游类网站 2017 年 1 月 1 日至 2018 年 11 月 30 日关于张家界大峡谷的游客评论数据。本章收集的文本评论数据 4578 条，共计 219553 字，其中，携程网抽取到有效评论 2945 条，马蜂窝抽取到有效评论 539 条，飞猪旅行抽取到有效评论 966 条，去哪儿网抽取有效评论 128 条，各网站数据分布情况如图 10-2 所示。

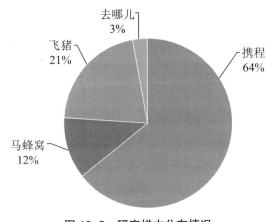

图 10-2　研究样本分布情况

第三节　张家界大峡谷玻璃桥旅游产品体验感知分析

一、"玻璃桥""大峡谷"是高频词，"刺激"是主要体验感知内容

本节利用 ROST Content Mining 6 软件对网络文本进行词频统计，高频特

征词如表 10-1 所示。可以看出，"玻璃桥"是被旅游者提及最多的词，共计出现 2027 次。位列第二的是"大峡谷"，作为此次旅游的目的地，被提到 1275 次。排在第三位和第四位的分别是"景区"和"张家界"，大峡谷景区位于张家界慈利县，张家界作为大峡谷景区的品牌支撑，出现了 581 次。排在第五位的是"刺激"，大峡谷景区玻璃桥以惊险著称，旅游者前来游玩就是为了体验世界上最高最长悬空玻璃桥，寻求刺激的感受。

表 10-1　高频特征词

次序	高频词	频次	次序	高频词	频次	次序	高频词	频次
1	玻璃桥	2027	21	地方	224	41	害怕	121
2	大峡谷	1275	22	天门山	202	42	朋友	118
3	景区	631	23	网上	201	43	寄存	116
4	张家界	581	24	建议	192	44	恐怖	115
5	刺激	568	25	提前	191	45	出票	114
6	风景	483	26	体验	188	46	漂亮	112
7	玻璃	449	27	惊险	187	47	态度	112
8	很好	404	28	游客	183	48	栈道	110
9	景点	400	29	游玩	178	49	后悔	109
10	景色	388	30	分钟	166	50	下次	109
11	时间	380	31	进去	165	51	天气	109
12	峡谷	354	32	身份证	159	52	导游	106
13	门票	354	33	不值	149	53	开心	105
14	排队	345	34	玻璃栈道	147	54	蹦极	105
15	方便	321	35	壮观	145	55	电梯	102
16	小时	307	36	旅游	138	56	吓人	98
17	值得	242	37	武陵源	136	57	透明	96
18	好玩	239	38	失望	133	58	公园	96
19	值得一游	235	39	开放	123	59	森林	94
20	服务	225	40	拍照	121	60	一路	94

次序	高频词	频次	次序	高频词	频次	次序	高频词	频次
61	遗憾	93	87	优美	57	113	滑道	42
62	人多	92	88	不推荐	56	114	交通	41
63	震撼	91	89	满意	56	115	环境	41
64	行程	91	90	不吓人	55	116	传说	41
65	套票	91	91	市区	55	117	小孩	41
66	宣传	88	92	好评	54	118	不恐怖	40
67	大桥	88	93	便宜	53	119	汽车站	40
68	下雨	88	94	楼梯	52	120	很棒	40
69	相机	87	95	浪费	51	121	司机	40
70	全程	85	96	管理	51	122	鞋套	39
71	瀑布	82	97	坐车	51	123	唯一	38
72	安检	75	98	广告	50	124	最好	38
73	桥面	73	99	耐心	49	125	热情	38
74	停车场	70	100	第一次	48	126	愉快	37
75	票价	70	101	购票	47	127	清楚	37
76	山上	67	102	路程	47	128	设施	37
77	酒店	64	103	游船	47	129	没意思	37
78	空气	63	104	游览	46	130	清新	36
79	谷底	62	105	线路	46	131	感谢	36
80	坐船	61	106	老人	46	132	挑战	36
81	可惜	60	107	好看	44	133	速度	35
82	很快	58	108	风光	44	134	最高	35
83	摆渡	58	109	时间段	43	135	台阶	35
84	免费	58	110	走路	43	136	麻烦	35
85	可怕	57	111	特色	42	137	孩子	35
86	期待	57	112	零食	42	138	索道	34

次序	高频词	频次	次序	高频词	频次	次序	高频词	频次
139	不敢	34	143	手机	34	147	好好	32
140	旺季	34	144	优惠	33	148	快捷	32
141	晚上	34	145	预约	33	149	没啥	32
142	不怕	34	146	美丽	33	150	安全	32

高频特征词既包括名词、动词，又包括形容词和副词，其中名词主要体现景点、设施、管理、服务等环境因素，形容词主要反映游客对景点及环境的感知态度及评价。

通过 ROST 软件的内容可视化功能，将前文获得的高频特征词导入到标签云图生成程式中，即可生成基于网络评论的张家界大峡谷玻璃桥旅游者体验感的标签云图，该功能可以使旅游者的体验感知更加直观化。如图 10-3 所示，显示最突出的高频词有"玻璃桥""大峡谷""景区""张家界""刺激"等，由此可见旅游者比较关注的是旅游吸引物和对整体环境的认知。

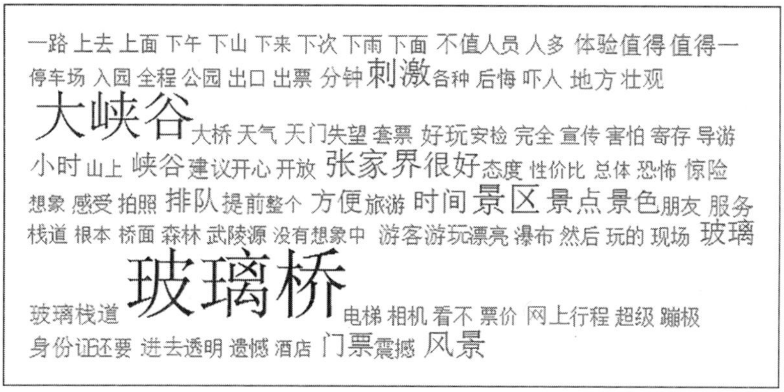

图 10-3　标签云图

将网络文本输入 ROST 软件中，通过语义网络分析工具生成网络文本的语义网络图，如图 10-4 所示。语义网络图的结果能够为大峡谷玻璃桥旅游体验的分析提供整体而直观的要素关系，为进一步研究大峡谷玻璃桥旅游的框架理论提供思路。根据生成原理，与中心节点关联度越高，词与词之间所生成的线条就会越粗短。因此，从图 10-4 可以看出，"玻璃桥""大峡谷""张家界""刺激""惊险""景区""风景""门票"是样本数据中出现频率较高的关键性节点，其中"大峡谷""玻璃桥"为一级核心高频特征词；目的地要素中以"大峡谷"为核心词，"张家界""峡谷""玻璃""景点"等为高频特征词；旅游者行为要素主要有"游玩""拍照""排队"；以"玻璃桥"为核心词，"刺激""惊险"等描述游客心理特征的词为高频特征词；以"景区"为核心词，"门票""时间""排队"等围绕景区管理服务的相关词汇为高频特征词。

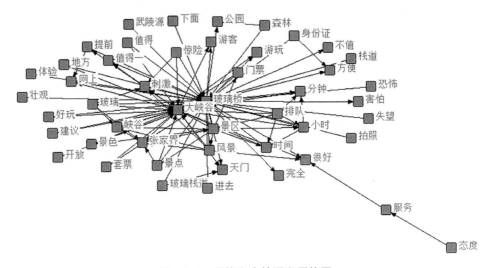

图 10-4　网络文本的语义网络图

从评论中抓取出"刺激""惊险""震撼""吓人""挑战""恐怖""害怕"等词语共计 1452 次，这些词语都是表达心理紧张感的代表性词语。旅游过程中被提及最多的形容词就是"怕""刺激""震撼""惊险"。高频形容词如表 10-2 所示。

表 10-2　高频形容词

词	词频	词	词频	词	词频	词	词频	词	词频	词	词频
刺激	568	失望	133	人多	92	满意	56	不恐怖	40	最高	35
很好	404	害怕	121	震撼	91	不吓人	55	很棒	40	麻烦	35

续表

词	词频	词	词频	词	词频	词	词频	词	词频	词	词频
方便	321	恐怖	115	可惜	60	好评	54	唯一	38	不敢	34
值得	242	漂亮	112	很快	58	便宜	53	最好	38	不怕	34
好玩	239	后悔	109	免费	58	浪费	51	热情	38	优惠	33
值得一游	235	开心	105	可怕	57	耐心	49	愉快	37	美丽	33
惊险	187	吓人	98	期待	57	第一次	48	清楚	37	好好	32
不值	149	透明	96	优美	57	好看	44	没意思	37	快捷	32
壮观	145	遗憾	93	不推荐	56	特色	42	清新	36	安全	32

二、"刺激""惊险""震撼""怕"是体验特色，但"刺激"在场体验与预期存在差异性

将分词后的文本导入 ROST 软件的情感态度分析功能中，进而得到游客关于旅游地体验感知的情绪与态度，包括积极情绪、中性情绪、消极情绪三类。分析结果如表 10-3 所示，总体来看，能被软件识别的表达态度的词语总频次为 452 次；旅游者对张家界大峡谷玻璃桥的态度以积极情感为主，占总情感比重为 62.83%，频次为 284 次，其中高度积极情绪词占 21.02%，比如"很不错""满意""好玩""开心"等词汇，表达出旅游者对张家界大峡谷景区玻璃桥景观和峡谷风光的满意程度；中性情绪占比 13.94%，出现频次为 63 次；消极情绪占比 23.23%，出现频次为 105 次。虽然积极情绪较高，但旅游者传达出来的中性情绪和消极情绪所占的百分比超过了积极情绪的一半，占比达 37.17%。另外在高频词统计中，景点"玻璃桥"被提及 2027 次，理应与其相匹配的"刺激""惊险""震撼"类强感知词语被提及频率相差无几。但"刺激""惊险""震撼"类强感知词语词频仅为 1452 次，且游客提及"失望""不吓人""不恐怖"等负面词语出现频次分别为 133 次、55 次、40 次，这说明"刺激"体验与游客的预期还存在一定差异。说明玻璃桥旅游者的在场旅游体验与旅游供给方设计并建构出的预期体验意象没有实现高度的一致性和显著的匹配

度。从而得出进一步的结论，即张家界大峡谷玻璃桥旅游体验的低满意度主要取决于玻璃桥旅游者的在场体验与其预期体验意象的不吻合，旅游者有大量的消极情绪，满意度不高。

表 10-3　情感态度构成分析

情感类型	出现频次	占比（%）	分段统计结果	出现频次	占比（%）
积极情绪	284	62.83	一般（0~10）	93	20.58
			中度（11~20）	96	21.24
			高度（20 以上）	95	21.02
中性情绪	63	13.94			
消极情绪	105	23.23	一般（-10~0）	71	15.71
			中度（-20~-10）	28	6.19
			高度（-20 以下）	6	0.44

三、玻璃桥是影响体验的核心吸引物，景区整体环境也是重要影响因素

根据图 10-4 可知，"玻璃桥""大峡谷""张家界""刺激""惊险""景区""风景""门票"是样本数据中出现频率较高的关键性节点，其中"大峡谷""玻璃桥"为一级核心高频词；目的地要素中以"大峡谷"为核心词，"张家界""峡谷""玻璃""景点"等为高频特征词；旅游者行为要素主要有"游玩""拍照""排队"；以"玻璃桥"为核心词，"刺激""惊险"等描述旅游者心理特征的词汇为高频特征词；以"景区"为核心词，"门票""时间""排队"等围绕景区管理服务的相关词汇为高频特征词。可以发现，旅游者对张家界大峡谷旅游体验的描述中关注的主要为景点和目的地环境两个部分。

另外根据词频统计，最终结果显示排在第六位至第十位的分别是"风景""玻璃""很好""景点""景色"，分别出现 483 次、449 次、404 次、400 次、388 次，这些高频词体现了旅游者对景区本身的关注。在排名十一至二十的特

征词中,"时间"和"小时"共出现687次,"峡谷"和"门票"共出现708次,"排队"和"服务"共出现570次,"方便""值得""好玩""值得一游"共出现1037次。另外"服务""游玩"等词语出现频次比较高,一共为571次,表明旅游者的体验与景区的管理服务以及活动互动有很大的联系。在大峡谷玻璃桥上旅游者与景点进行"拍照"互动并产生态度。除此之外,旅游者还会关注"天气""安全"等旅游环境要素。

第四节 张家界大峡谷玻璃桥旅游产品体验质量测评

通过对网络文本内容的分析,从图10-3、图10-4可以看出,用于分析张家界大峡谷旅游特征的高频词中,主要体现为3个核心关注点:目的地(环境、交通、设施、管理、服务)、景点(玻璃桥、刺激、时间)以及旅游者(动机、行为、满意度)。其中,景点玻璃桥是被提到最多的节点,游客围绕玻璃桥展开的行为主要有"拍照""游玩"。大峡谷作为旅游目的地是被提及的次节点,"景区""服务""设施"等目的地管理与服务是旅游者与之互动的要素。这些词汇集中反映了张家界大峡谷旅游的特征:人和景点在目的地的交互影响。综合以上分析,再结合谢彦君提出的旅游场理论,可以建立旅游场模型,如图10-5所示,为旅游体验质量模型构建提供理论参考。

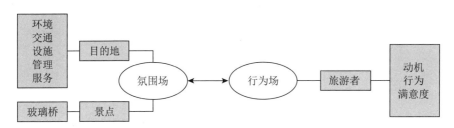

图10-5 张家界大峡谷玻璃桥景区旅游场模型

一、一级编码

根据旅游场理论，旅游体验就是旅游者与旅游地环境不断进行互动交流的过程，景区的景点、设施、管理、服务等要素构成了氛围场，旅游者的出游动机、旅行活动及满意度构成了行为场，只有当氛围场与行为场达到一种相对平衡的状态，旅游者的体验质量才能实现最优化。因此，研究旅游者体验质量要从旅游场中影响体验感知的要素入手。前文通过对网络文本进行初步分析得到了旅游者体验感知的基础情况，但是仅停留在描述性分析。为了进一步对旅游者旅游体验进行量化测度，本章节将在前文研究基础上运用扎根理论建立旅游者体验质量评价理论模型，并对旅游者在张家界大峡谷玻璃桥的体验质量进行评价。模型如图 10-6 所示。

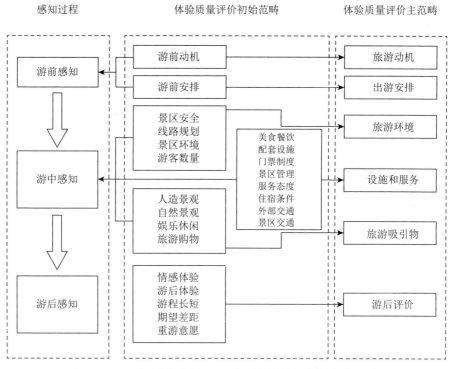

图 10-6 张家界大峡谷玻璃桥旅游体验质量评价理论模型

　　张家界大峡谷玻璃桥旅游体验质量评价理论模型的构建可以为后续旅游体验量化测评提供理论依据。张家界大峡谷游客体验质量为该模型的目标层，六大主范畴是该模型的一级指标，二十三个初始范畴为该模型的二级指标。再次运用内容分析法，对张家界大峡谷玻璃桥旅游体验质量进行量化测度。

　　主观句赋值的过程是一个较为复杂的过程，即对游客评论中的主观态度进行逐一评分，赋值的依据就是评价中含有褒贬态度的形容词或者动词。例如："很差""差""一般""好""很好""非常""极其""略微""特别"等表达程度的形容词或者副词。采用李克特的五分法对游客评论进行打分，根据主观句所表达态度的程度独立对每个主观句进行打分，从较浅程度到最深程度分别记1分、2分、3分、4分、5分。

　　例如，"很热门的景点，震撼刺激！"这条评论有10个字，其字面意思就是玻璃桥刺激。

　　例如，"慈利县山区，忠告：①个人游不要去，交通不方便，从武陵源去只有小巴到，下午5：30以后没车了；②时间赶不要去，路上都是山路，容易堵车。从进门到上桥要排4次队，淡季40分钟起步，旺季2小时起步；③午后不要去，等排队进去已经下午5点了，太阳落山，光线昏暗，玻璃反光，都是阴影，拍照效果差；④摄影爱好者不要去，单反相机进不去，要寄存，只能用手机拍；⑤预订门票超时不要去，要找景区领导和订票的旅行社，提供订单源码……重新改签，顺利的话至少半小时。如有以上情况者，奉劝不要去。风景和惊喜程度不足的，这还不谈141元的桥票费（官网价格）是否偏高。如果要看桥，以后不会去景区了，都是广告吹的。我们的东海大桥、杭州湾大桥、广珠澳大桥才是现代中国伟大工程成就。"本条评论总共涉及"往返车次少""山路容易堵""排队久""改签麻烦""风景一般""惊喜一般""不会再去"等关键字。

　　通过对主观句的提取与赋值，总共从4578条评论中获得13852个数据，再结合前文对旅游体验感知要素的整理，运用Excel对数据进行分离，共分离出23个变量，再根据词性对文本数据进行提取，最终得到主观句的关键词提取情况，如表10-4所示。

表 10-4　主观句关键词提取

初始范畴	关键词
游前动机	慕名而来、名气很大、广告、宣传
游前安排	专门过来、顺便来、旅游团加点
景区安全	很放心、有点危险、很陡、很滑
线路规划	线路混乱、返回麻烦、线路不合理
景区环境	水质不好、水脏、空气清新
游客数量	人多、人山人海、很挤、排队久
人造景观	玻璃桥、壮观、震撼、惊险、模糊
自然景观	峡谷、瀑布、小溪、优美、清新、一般
娱乐休闲	蹦极、划船、无聊、无趣
旅游购物	购物店、没啥
美食餐饮	摊贩、好吃、分量足、种类少、难吃
配套设施	安检、鞋套、陈旧、方便
门票制度	不值票价、方便、出票快、退票麻烦
景区管理	管理混乱、黑车泛滥、乱收费、没标示
服务态度	服务态度好、热情、态度差、一般
住宿条件	住市区、很远、往返麻烦
外部交通	车子少、不好停车、堵车
景区交通	方便、拥堵、堵车、
情感体验	开心、刺激、激动、震撼
游后体验	满意、一般、不好、很差
游程长短	游览时间短、三十分钟走完、几分钟
期望差距	失望、有差距、都是噱头
重游意愿	推荐、还会再来、会来、下次再来

　　然后根据五分制评分规则，对主观句中的极性词的程度进行主观句赋分，得到如表 10-5 所示的主观句赋值情况。

表 10-5　主观句赋值情况

初始范畴	1分	2分	3分	4分	5分	主观句总量
游前动机	5	9	6	14	325	359
游前安排	7	2	1	20	171	201
景区安全	25	21	0	42	240	328
线路规划	85	102	68	65	188	508
景区环境	38	40	2	46	121	247
游客数量	244	224	21	24	89	602
人造景观	407	343	46	391	837	2024
自然景观	113	136	89	204	838	1380
娱乐休闲	44	60	41	51	546	742
旅游购物	14	32	24	27	33	130
美食餐饮	43	66	35	87	108	339
配套设施	74	36	48	220	367	745
门票制度	140	368	34	428	53	1023
景区管理	87	40	13	456	99	695
服务态度	12	37	30	26	134	239
住宿条件	28	23	9	69	14	143
外部交通	39	68	6	84	99	296
景区交通	45	114	0	300	214	673
情感体验	43	50	68	101	366	628
游后体验	34	131	12	248	420	845
游程长短	26	41	8	360	150	585
期望差距	88	34	2	98	421	643
重游意愿	68	41	24	106	243	482

二、计算初始范畴得分

初始范畴的计算采用加权平均法，将初始范畴的得分命名为 S_{jx}，S_{ix} 表示第 i 个初始范畴中的第 x 个评论的得分，n_i 表示第 i 个初始范畴中所包含的评论总量。初始范畴的得分计算公式如下：

$$S_{jx} = \frac{\sum_{i=1}^{n} S_{ix}}{n_i} \qquad (10-1)$$

将初始范畴的权重命名为 N_{ji}，N_{ji} 表示第 j 个主范畴中第 i 个初始范畴的权重，n_i 表示第 i 个初始范畴中评论总数量，n_j 表示第 j 个主范畴的评论总数量。初始范畴的权重计算公式为：

$$N_{ji} = \frac{n_i}{n_j} \times 100\% \qquad (10-2)$$

根据主观句的得分分布情况，结合公式进行计算，得出初始范畴权重及得分，如表 10-6 所示。

表 10-6　张家界大峡谷玻璃桥游客体验质量评价理论模型初始范畴权重及得分

主范畴	初始范畴	权重 N_{ji}	得分 S_{jx}
旅游动机	游前动机	1	4.88
出游安排	游前安排	1	4.72
旅游环境	景区安全	0.19	4.38
	线路规划	0.3	3.33
	景区环境	0.15	3.7
	游客数量	0.36	2.15
旅游吸引物	人造景观	0.47	3.44
	自然景观	0.32	4.1
	娱乐休闲	0.17	4.34
	旅游购物	0.03	3.25

	美食餐饮	0.08	3.46
	配套设施	0.18	4.03
	门票制度	0.25	2.89
设施与服务	景区管理	0.17	3.63
	服务态度	0.06	3.97
	住宿条件	0.03	3.12
	外部交通	0.07	3.46
	景区交通	0.16	3.78
	情感体验	0.2	4.1
	游后体验	0.27	4.04
游后评价	游程长短	0.18	3.97
	期望差距	0.2	4.14
	重游意愿	0.15	3.86

三、计算主范畴得分

主范畴的得分是基于初始范畴的得分与权重，此处也是采用加权平均法。将主范畴的得分命名为 T_j，每个主范畴得分就是与之相对应的初始范畴得分与权重的加权平均计算结果，因此，每个主范畴的得分计算公式如下：

$$T_j = \sum_{i=1}^{n} S_{ji} \times N_{ji} \qquad （10-3）$$

将主范畴的权重命名为 N_j，n_j 为第 j 个主范畴的主观句数量，而 n 则是总体样本的主观句数量。同理得到主范畴在总体样本中的权重，公式如下：

$$N_j = \frac{n_i}{n} \times 100\% \qquad （10-4）$$

将总的游客体验质量得分命名为 T，T_j 为第 j 个范畴的得分，N_j 表示第 j 个主范畴的总体权重，由此引申出游客体验质量的计算公式。

$$T = \sum_{j=1}^{n} T_j \times N_j \qquad （10-5）$$

继而通过公式计算得到主范畴的权重与得分，如表 10-7 所示。

表 10-7 张家界大峡谷玻璃桥旅游者体验质量得分

主范畴	权重 N_j	主范畴得分 T_j
旅游动机	0.025	4.88
出游安排	0.015	4.87
旅游环境	0.123	3.16
旅游吸引物	0.309	3.76
设施与服务	0.300	3.52
游后评价	0.230	4.03

第五节　本章结论与讨论

一、本章结论

1. "刺激""惊险""害怕"是玻璃桥旅游者在场体验的主要感知内容

根据高频词分析、网络语义分析、感知要素总结,从评论中抓取出"刺激""惊险""震撼""吓人""挑战""恐怖""害怕"等词语共计 1452 次,可以看出,张家界大峡谷景区旅游者的旅游体验感知以"刺激"为主。这与张家界大峡谷景区在产品推介与市场营销宣传定位目标相一致。

2. "刺激"在场体验与预期没有实现高度一致和显著匹配度

通过在四大主流旅游网站收集和分析旅游者评论,发现旅游者对张家界大峡谷玻璃桥景点的"刺激"感知尚未达到预期值。景点"玻璃桥"被提及 2027 次,但"刺激""惊险""震撼"类强感知词语被提及 1452 次,与"玻璃桥"出现总频次不匹配。并且旅游者多次提及"失望""不吓人""不恐怖"等负面词语,出现频次分别为 133 次、55 次、40 次。旅游体验与旅游动机不平衡。

3.玻璃桥旅游体验满意度和重游意愿不高

据测度，张家界大峡谷玻璃桥旅游者体验质量值 T 为3.76，游后评价得分为4.03，"重游意愿"得分仅为3.86。在旅游者情感态度分析中游客游览的积极情绪占62.83%，略微高于及格线，而消极情绪占23.23%，超过总情绪样本的五分之一。旅游者的出游期望与实际体验结果未能达到高度一致。刺激感知的激发作用没有达到预期效果。"失望""不值""不推荐"等负面词语出现总频次为704次。

4."气氛场"与"行为场"的不匹配与不协同严重影响旅游体验质量

根据场域理论来看，旅游者对玻璃桥的"刺激"感知并不明显，其原因并不是玻璃桥本身吸引力不够，而是景区营造的"气氛场"（旅游环境、旅游吸引物、设施与服务）与旅游者的"行为场"（旅游动机、出游安排、游后评价）之间没有达到完美的契合。根据旅游者出游动机可以看出，去大峡谷景区都是玻璃桥宣传营销的结果，并且大部分旅游者体验之后还是认为玻璃桥比较惊险刺激。然而由于娱乐互动较少，到达景点后能够开展的旅游活动较为单一，旅游者的新鲜感很快就会降低，再加之设施老化、雨雪天气、管理服务不善等其他负面因素，整体满意度就不会很高。

5."出游动机"等六因素不同程度地影响游客体验质量

根据扎根理论法提炼出的影响旅游体验质量的因素为：旅游动机、出游安排、旅游环境、旅游吸引物、设施与服务和游后评价六大因素。重要性排序依次为旅游吸引物（0.309）>设施与服务（0.300）>游后评价（0.230）>旅游环境（0.123）>旅游动机（0.025）>出游安排（0.015）。但通过实证分析，其满意度排名依次是旅游动机（4.88）>出游安排（4.87）>游后评价（4.03）>旅游吸引物（3.76）>设施与服务（3.52）>旅游环境（3.16）。通过内容分析发现，旅游者在旅游体验过程中的活动内容单调，活动方式单一，主要为"拍照""游玩"，与玻璃桥配套的可玩性设施较少，旅游者未能有更加丰富的感官体验；景区内设施和服务不尽如人意，如玻璃模糊、排队太久、态度不好、交通混乱等。另外，桥面磨损、雾天能见度低等原因导致核心景点所发出的刺激类信号不足，导致部分旅游者存在"失望""遗憾""不值"等情绪。

二、讨论

经过实证分析，来张家界大峡谷玻璃桥的旅游者整体满意度不高。根据旅游场理论，在资源开发中或旅游产品创造时应从游客体验感知角度出发，通过针对性地改造措施，力求使旅游地氛围场与游客行为场处于相对平衡状态，即可以大幅度提升旅游者体验质量。因此，可通过改造景区设施服务来优化氛围场的环境，或者是通过开发新景点、新游玩项目来提升旅游者行为场的力量，从而达到旅游场整体的平衡，提升体验的满意度。

本章节运用网络文本分析和扎根理论研究方法，分析旅游者对张家界大峡谷旅游体验过程的感知，研究结论有利于改善游客旅游体验，对于提高张家界大峡谷景区竞争力有着实际指导意义和可操作性。本章的网络文本数据主要来自游客的网络评论，还有更多图片、视频等评论信息因技术原因未能抓取全面，此外，在三级编码过程中，指标的完备性和科学性还值得进一步考证与完善。

参考文献

［1］谢彦君，吴凯．期望与感受：旅游体验质量的交互模型［J］.旅游科学，2000（2）：1-4.

［2］YIPING LI.Geographical consciousness and tourism experience［J］. Annals of Tourism Research，2000，27（4）：863－883.

［3］黄鹂．旅游体验与景区开发模式［J］.兰州大学学报（社会科学版），2004，32（6）：104-108.

［4］苏勤．旅游者类型及其体验质量研究——以周庄为例［J］.地理科学，2004，4（4）：507-511.

［5］姜海涛．旅游场：旅游体验研究的新视角［J］.桂林旅游高等专科学校学报，2008，19（1）：321-325.

［6］谢彦君．旅游体验研究：一种现象学的视角［M］.天津：南开大学出版社，2005.

［7］OLIVER R L. A Cognitive Model of the Antecedents and Consequences of Satisfaction Decisions［J］.Journal of Marketing Research，1980，17（4）：460-469.

［8］STEWART W P.Leisure as Multiphase Experiences：Challenging Traditions［J］.Journal of Leisure Research，1998，30（4）：391-400.

［9］谢彦君，吴凯.期望与感受：旅游体验质量的交互模型［J］.旅游科学，2000（2）：1-4.

［10］束盈.旅游景区游客满意度研究［D］.北京：北京邮电大学，2006.

［11］王群，丁祖荣，章锦河，等.旅游环境游客满意度的指数测评模型——以黄山风景区为例［J］.地理研究，2006，25（1）：171-181.

［12］王昕，李继刚，罗兹柏.基于旅游体验的游客满意度评价实证研究［J］.重庆师范大学学报（自然科学版），2012，29（6）：87-92.

［13］赵良成，肖晓，欧阳艳梅.基于ISA分析的景区游客旅游体验质量提升策略研究——以成都东郊记忆公园为例［J］.旅游论坛，2014，7（2）：31-36.

［14］罗云艳.边境地区旅游环境与旅游体验质量研究——以丹东为例［J］.辽东学院学报（社会科学版），2015（4）：37-42.

［15］李爽，周璇玲，丁瑜，等.大陆居民赴台旅游体验感知研究——基于98篇马蜂窝游记的文本分析［J］.旅游论坛，2015，8（6）：7-20.

［16］丛丽，吴必虎.基于网络文本分析的野生动物旅游体验研究——以成都大熊猫繁育研究基地为例［J］.北京大学学报（自然科学版），2014，50（6）：1087-1094.

［17］何丹，李雪妍，周爱华，等.北京地区博物馆旅游体验研究——基于大众点评网的网络文本分析［J］.资源开发与市场，2017，33（2）：233-237.

［18］刘小英，毛长义.基于网络文本分析的历史街区旅游体验研究——以成都宽窄巷子为例［J］.四川旅游学院学报，2017（1）：57-59.

［19］陈宁，申轩昂.基于网络文本分析的梯田景观旅游体验研究——以广西龙脊梯田为例［J］.度假旅游，2018（4）：48-51.

| 第十一章 |
张家界乡村民宿开发分析

第一节　民宿旅游研究现状

21 世纪是体验经济的时代，随着旅游业的迅速发展，民宿作为一种区别于传统酒店的新型业态，得到越来越多顾客的青睐。许多企业为了增加自己的顾客和"回头客"，开始从顾客的感知方面留意，关注他们的感受，提高他们的满意程度，使其产生重购意向，对于民宿业也是如此。关注顾客感知才是民宿业健康、可持续发展的前提。从国家发布的政策文件来看，国家对民宿业的发展也是大力支持的，民宿的快速发展也少不了国家的助推作用。2015 年 11 月，国务院发布《国务院办公厅关于加快发展生活性服务业促进消费结构升级的指导意见》，首次点名要积极发展客栈民宿、短租公寓、长租公寓等业态，推动了民宿合法化。2016 年 1 号发布，其中明确指出要大力发展休闲农业和乡村旅游，有规划地开发休闲农庄、乡村酒店、特色民宿、自驾露营、户外运动等乡村休闲度假产品。2017 年 2 月，中国社会科学院发布的《旅游绿皮书：2016—2017 年中国旅游发展分析与预测》，建议各地探索合理合法、高效一体的民宿行业管理政策，推行行业许可经营制度，建立统一的民宿审批与监管机制，提高民宿经营的规范性与稳定性。2019 年，是民宿行业快速增长的一年。《2019 年上半年中国民宿行业发展研究报告》显示，从行业整体增长速度来看，民宿收入年均增速约为 45.7%，是传统住宿业客房收入的 12.7 倍，搭上共享经济风口的民宿行业发展势头迅猛。

张家界行政区分为永定区、武陵源区、慈利县以及桑植县。张家界是世界"张家界地貌"的命名地，旅游资源得天独厚，在民宿业也掀起了一股热潮，例如一些特色的民宿：回家的孩子、远方的家、五号山谷等。2017 年 8 月，《张家界日报》提到张家界民宿如雨后春笋冒出，在全域旅游大格局中借势发展，形成差异化、个性化、标杆化的旅游文化，具有独特的张家界味道、张家界属性、张家界特色。2018 年，仅"五号山谷"度假民宿就为用房屋、土地入股经营的当地农村股民分红将近 30 万元。截至 2018 年，张家界民宿业共接待来自 120 多个国家和地区的旅游者 300 多万人次，安置当地村民 4000 多人就业，实现营业收入 4.2 亿元，住宿消费市场份额达到 1200 万人次 / 年，形成了"三圈一线"的民宿产业格局，即武陵源民宿圈、天门山民宿圈、大峡谷民宿圈、西线民宿线。

民宿的经营方式多是以农村房屋改建、土地流转、农村劳动力入股、农民房屋参股等，不仅改善了农村现有的环境，很大程度上也帮助农村劳动力就近就业，促进了农民增收致富。2018 年 5 月 17 日，张家界举办首届民宿旅游文化节暨武陵源第三届农耕文化节。2019 年 6 月 10 日，湖南省第八届网络文化节之"我行我宿"网络名人探访张家界主题活动在张家界市举行，仅新浪微博此次的专题访问量就已突破 1 亿次。根据《2019·张家界民宿旅游年综述》研究调查，截至 2018 年年底，张家界开展经营活动且有一定规模的民宿数量达到了 1280 家。2019 年 12 月 1 日《张家界日报》中明确提到民宿（客栈）申报审批的具体要求，申报要遵循"分级管理、分类指导、一窗受审、联合审核"的原则，还提到 2020 年，张家界将针对全市民宿（客栈）的发展进行专题研究。

虽然民宿正处于快速发展的聚光灯下，但由于缺少实战经验和系统管理以及没有完善的民宿监管政策出台，民宿也渐渐出现些问题。比如硬件设施不完善，具有安全隐患；不能有效结合地方产业及文化资源建立自己的特色；产品和服务不到位等。上述这些问题如何解决，民宿如何才能健康持续地发展，才是我国的民宿业今后发展的关键所在。

张家界旅游发展激发了张家界的乡村民宿市场活力，大量由自家房屋改造而来的以住宿为核心功能的民宿开始涌现。张家界民宿依靠旅游的发展越来越火爆，以景区为主出现圆形辐射，集中发展使少部分民宿没有确立自身经营特色，造成同质化现象而影响民宿业的发展。现阶段，基于顾客的感受与评价来制定服务、产品也是一个重要的内容。所以在规范民宿的经营与保障顾客权益的同时，也亟须提高服务质量和满意度。

综上所述，本章从消费市场—顾客感知角度来研究张家界民宿业的满意度与重购意向程度，探讨分析它们之间的关系，并根据存在的问题提出具体建议。这样才能更好地提高顾客的满意度与重购意向，有利于民宿产业长久发展。

第二节　研究方法和意义

一、研究方法

1. 文献研究法

通过图书馆、中国知网以及其他学术资源，查找国内外与顾客感知、满意度、重购意向相关的文献作为参考资料，梳理提炼收集顾客价值理论的演化过程、民宿的相关研究进展与成果，以及有关顾客感知研究的视角与满意度指标的研究成果，为乡村民宿顾客感知、满意度与购买意向建模的研究提供一定的理论支撑。

2. 问卷调查法

采取问卷调查法进行数据的收集，问卷对象为住过张家界民宿的顾客，问卷主要是通过实地调研和网络调研两个渠道发放。本研究的实地调研地点主要是在溪布街、张家界森林公园景区、天门山游客休息区和火车站附近，通过询问筛选曾在张家界民宿住宿的顾客进行问卷调查。网络调研是通过"问卷星"平台进行线上问卷发放，从而获得所需要的数据。

3. 定量分析法

定量分析法是对研究及实验数据进行整理分类、统计分析的一种方法。通过将张家界乡村民宿的网络评论数据和发放问卷回收的数据作为研究对象，并对数据收集、分类整理、归纳总结，再利用SPSS19.0软件进行分析，使用描述性分析、信度分析、效度分析等方法。最后用AMOS24.0软件进行模型绘制，识别影响顾客感知、满意度与重购意向指标，进一步分析这些指标对顾客重购意向的影响。

二、研究的目的及意义

1. 研究目的

张家界作为一个旅游城市，在乡村民宿方面也得到了较快的发展，但是随着发展的迅速，也会逐渐出现一些问题。如何更好地规划兴建民宿，更好地为顾客提供服务以及提高顾客的重购率，是现在有必要进行研究与讨论的重要事情，并探讨顾客感知、满意度、重购意向三者之间的关系。本章主要研究目的如下。

（1）初步探究顾客感知价值的维度组成。

（2）构建顾客感知价值、满意度和重购意向的关系模型。

（3）根据检验的结果提出对于张家界乡村民宿的相关建议。

2. 研究意义

本章以张家界市乡村民宿为例，以顾客感知、满意度与重购意向为出发点，通过文献研究、定量分析与实地调研分析，构建关于顾客感知—满意度—重购意向三者之间的概念模型。同时，为了提高顾客的满意度与重购率，结合当前的乡村民宿发展状况，提出需要强化提升的建议，使乡村民宿得到更好的发展。这一研究的理论意义和现实意义主要表现如下。

通过以乡村民宿旅游者为研究对象，进行顾客感知、顾客满意程度、重购意向这三方面的研究，尝试从乡村民宿顾客感知为出发构建模型。旅游者对乡村民宿消费的需求不仅仅是住宿设施和服务，更是一种希望获得的体验。顾客感知价值能有效地促进企业提高市场竞争力。目前，很少学者以顾客感知价值的视角来研究乡村民宿，这是研究顾客视角的真正价值所在。本章通过顾客感知的指标识别，基于顾客感知价值构建张家界乡村民宿顾客满意度评价体系，为顾客视角下的民宿发展的理论研究做出贡献，并为张家界乡村民宿的发展奠定一定的理论基础。

探讨顾客感知情况，为民宿业的经营提供参考。通过积极提升入住顾客感知价值、满意度以及正向的情感联结，进而培育高忠诚度的民宿顾客，以获得长期的市场竞争优势。本研究有助于民宿管理者通过感知价值增强顾客满意度及其与民宿之间正向的情感连接，进而产生重购意向，在激烈的市场竞争中获取优势，有助于实现张家界民宿的可持续发展。

第三节　相关理论及相关文献

一、相关理论依据

1. 动机理论

动机是推动人进行活动的内在动力。动机理论是指关于动机的产生、机制、需要、行为和目标关系的理论。动机是心理学中的一个概念，指以一定方式引起并维持人的行为的内部唤醒状态，主要表现为追求某种目标的主观愿望或意向，是人们为追求某种预期目的的自觉意识。动机是由需求产生的，只有当需求达到一定的强度并且有对象来满足需求时，需求才可以转化为动机。依据该理论，从动机的角度分析是非常重要的，当顾客对某一目的地有强烈的需求或者满意时会产生动机，继而推进活动。动机是出发的源头，而再次产生动机得看顾客感知与满意度。本节尝试从顾客角度出发，了解他们的出行动机原因，对民宿顾客的感知进行调查研究，以促使他们对同一目的地产生"二次动机"的需求。

2. 顾客满意度理论

顾客满意度理论又称 4C 整合营销理论，它以消费者需求为导向，重新设定了市场营销组合的四个基本要素：即消费者（Consumer）、成本（Cost）、便利（Convenience）和沟通（Communication）。它强调企业首先应该把追求顾客满意放在第一位，其次是努力降低顾客的购买成本，再次要充分注意到顾客购买过程中的便利性，而不是从企业的角度来决定销售渠道策略，最后还应以消费者为中心实施有效的营销沟通。它重视顾客导向，以顾客满意为追求目标。该理论注重的是以顾客为导向，本节尝试分析顾客对民宿的满意程度，分析顾客感知是如何影响满意度的，得出顾客感知与满意度的关系。该理论的基本要素是成本和便利，在顾客感知价值维度也涉及相关体量，如在成本与社会价值中的时间和金钱花费匹配度等。

3. 消费者购买行为理论

消费者购买行为也称消费者行为，是消费者围绕购买生活所需所发生的一切与消费相关的个人行为。包括在购买或消费过程中表现出来的心理、生理等实质性活动，从需求动机的形成到购买行为的发生，再到购买后感受的总结。一般表现为五个阶段：（1）确认需要，（2）收集资料，（3）评估选择，（4）购买决定，（5）购后消费效果评价，包括购后满意程度和是否重购的态度。根据该理论，顾客的购买行为发生后的感受会对该产品或者服务产生评价，对该目的地的满意度和重购意向的产生都会有很大的影响。本节尝试运用该理论分析顾客购买体验后的满意程度与重购意向之间的关系，以及顾客感知与重购意向之间关系的研究。

二、民宿的相关文献研究

1. 民宿的概念

民宿起源于欧美，由于不同的环境和文化生活，世界各地对民宿这一业态会有不同的认识，民宿的发展形态和定义也因地而异。Jackie（1996）认为民宿是指能够体验旅游环境的住宿产品[1]。Dallen（2009）认为民宿是建在乡村环境中的旅舍，为旅游者提供住宿与餐饮服务，通过入住体验，旅游者可以了解当地居民的日常生活和当地文化[2]。日本学者认为，所谓民宿聚落是由农民或渔民作为副业来经营的旅游住宿设施，一般价格都比较便宜[3]。瑞士学者朱颂瑜（2013）认为，民宿应该在国家旅游局和民宿组织的管理下经营，虽然它是私人经营的小型家庭旅馆，但是需对民宿的环境、居家设施、卫生条件有严格的要求[4]。我国台湾地区《民宿管理办法》(2001、2017)规定了民宿是利用自用住宅空闲房间，结合当地人文、自然景观、生态环境资源及农林渔牧生产活动，以家庭副业方式经营，提供旅客乡野生活之住宿处所[5]。我国大陆地区民宿兴起于20世纪90年代，2015年开始呈现爆炸式增长。中高端产品不断涌现，经营模式逐渐多元。张广海等(2017)总结了国内外学者对民宿的定义，认为民宿一般具有以下特点：第一，在规模上，民宿比传统酒店小；第二，民宿从原来的家庭自办发展到专业管理，由政府和专门机构管理；第三，民宿为顾客提供了更多与旅游目的地社区居民沟通的机会；第四，民宿服务强调本土文化和"家"的感觉[6]。

2. 民宿的类型

当前，国内学者对民宿已进行一定的分类研究。陈昭郎(2002)按照功能将民宿分为赏景度假型、复古经营型、艺术创作型、社区文化体验型、农村体验型[7]。杨欣(2012)将民宿依据主题特色分为自然风光民宿、历史文化民宿、异国风情民宿、温馨家庭民宿、名人文化民宿以及艺术特色民宿[8]。张延等(2016)专门对民宿的分类进行了系统性的整理与总结，并根据经营模式，将民宿分为主业或副业经营的个体经营民宿和合作经营[9]。

3. 民宿的研究管理内容

从民宿经营管理的内容上看，注重研究顾客动机的学者有甘博英(2012)、孙明月(2016)、黄联(2017)、杜娟(2019)等，例如学者杜娟(2019)研究共享经济住宿下顾客的动机偏好，包括价格、民宿的地理位置、互动体验、周边的便利性等[10]。注重研究顾客满意度的学者有孙华贞(2016)、刘佳(2017)、包苍飘(2018)、王萍(2019)等，例如学者包苍飘(2018)在研究西湖景区的民宿时，发现民宿的效益性、环境与体验性、宁静与质朴性、尝试性对顾客满意度会产生显著作用[11]。注重研究民宿可持续发展的学者有邢剑飞(2016)、李泽(2017)、李备(2018)、杨春燕(2019)等，例如邢剑飞(2016)在研究杭州精品民宿时，指出民宿存在法律法规不完善、品牌不突出、特色不鲜明等问题，并根据这些问题提出相应对策路径[12]。注重研究民宿网络化营销的学者有吴玮(2015)、刘洋(2017)、郑晓旭(2018)、王丽军(2019)等，例如，王丽军(2019)研究了抖音短视频App对民宿营销的影响，优质视频的制作，打造"网红"品质民宿，扩大市场容量，提高用户参与度等[13]。

4. 民宿顾客的住宿动机

从研究顾客的住宿动机上来看，具有影响力的是国外学者 Dawson 等（1988）对民宿顾客住宿动机的研究，并且总结了 11 种类型，分别是：特定旅游路线及其地理位置；亲切的服务；喜欢民宿的体验及概念；餐饮；引导与介绍；住宿需求；性价比高，物有所值；具有效果的广告；地方吸引力；对民宿有独特的兴趣；希望与民宿主人或者其他顾客有交流[14]。我国学者胡丽花（2008）在研究丽江大研古镇家庭旅馆时，把顾客的动机分为四个，分别是：环境体验、民俗特色体验、服务口碑和实质效益因素[15]。孙明月（2016），黄朕（2017）在民宿顾客的动机上依据"推—拉"理论进行研究，例如孙明月（2016）在研究德清莫干山精品民宿顾客的选择动机时，依据"推—拉"理论得出：放松解压、增强身心、家庭需要、社交需要、怀旧情结共五个推力因子，人文艺术情怀、经营特色、地理优势和社会口碑共四个拉力因子[16]。卢长宝等（2018）在研究短期住宿顾客的动机时，得出与酒店不同的特殊动机，包括类家性、社交性和原真性三类。并且发现顾客注重房源的价格的实惠性、环境的优越性、服务的友好性、设施的舒适性、住宿的保障性[17]。

5. 民宿的研究方法

从研究民宿的方法上来看，定性研究与定量研究都至关重要。但从数据的获取来看大部分是倾向于问卷调查，使结果更容易量化分析。例如孙明月（2016）通过问卷调查和访谈的形式，对莫干山民宿的顾客选择动机因子、预订途径偏好、附加活动的需求以及如何提升顾客的选择等内容做了研究[16]；莫佳蓓（2017）通过问卷调查和语义差异量表，对宜兴湖㳇镇篱笆园民宿的顾客感知前后质量评价进行了研究[18]。接着，随着研究的深入细化，学者们多角度利用模型分析。例如包苍飘（2018）采用量化研究与验证假设结合的方法，构建了关于顾客对民宿满意度的三维模型，并对影响顾客满意度的相关因素以及之间的关系影响进行建模研究分析[11]；李素梅等（2019）运用 SEM 对影响民宿顾客满意度的因素进行了分析；卢慧娟等（2020）运用 IPA 对北京四合院民宿的吸引力进行了分析[19]。现在，随着新媒体运用领域更广泛，顾客更倾向于通过网络查询信息，学者们也利用网络文本进行分析研究。例如袁洪英（2019）根据游峨眉山的网络游记，研究了顾客对生态旅游地民宿的体验[20]；高尚（2019）通过游记文本挖掘，发现了开封地区民宿顾客的主要关注点[21]。

6.民宿的研究数量

从知网上以"民宿"为关键词进行检索，发现 2016 年至 2019 年文献共有 1136 篇，其中期刊文章有 935 篇，博硕士论文有 176 篇，其他 25 篇。目前对民宿的研究主要包括以下 9 个主题：乡村旅游、民宿产业、农家乐、民宿设计、经营者、旅游业、民宿旅游、旅游产业和民宿管理。但以顾客感知角度出发研究满意度与重购意向之间的文章却很少，特别是关于张家界乡村民宿方面。因此，本章将从顾客感知、顾客满意度与重购意向之间的关系来研究张家界的乡村民宿。

综合以上发现，虽然关于民宿的住宿动机没有统一的分类，随着旅游业的进步，顾客的动机需求也越来越个性化。为满足顾客的需求，不同功能定位的民宿会不断被开发出来，得到众多顾客的追捧，民宿产业发展日新月异，发展前景广阔。对于民宿旅游而言，"宿"是核心产品，企业若要在竞争如此激烈的今天获得一席之地，开发的民宿旅游项目必须有创新性，做到"人无我有，人有我优，人优我精"。

第四节　变量假设及模型提出

一、研究的变量

1.顾客感知

国外最早提出顾客感知的 Kolter（1969）认为顾客满意度取决于其感知价值[22]。目前，在顾客感知维度研究测量的方法有的是二维测量，有的是三维测量，有的是四维测量，有的是五维测量，有的是六维测量。例如，王高（2004）主张顾客价值有两个维度，分别是认为感知价值包括感知利益[23]。

王亮伟（2010）主张顾客价值有三个维度，分别是娱乐价值、功能价值、服务价值[24]。陈海波（2010）主张的顾客价值有四个维度，分别是旅游资源、旅游活动、感知成本、情感价值[25]。孟庆良、韩玉启、黄志红等（2005）主张顾客价值有五个维度，分别是功能价值、情感价值、社会价值、知识价值和感知成本[26]。郭安禧、郭英之、李海军等（2018）主张顾客价值有六个维度，实体价值、经济价值、学习价值、社会价值、情感价值、服务价值[27]。

设施价值是顾客选择民宿的重要一部分，民宿以"宿"为中心，对于设施而言这是基础的又是重要的，设施一般分为基础设施和服务设施。参考了Woodall（2003）建立的"设施因子"对顾客的影响[28]；黄建（2017）建立的"功能性价值"公园设施的完善对顾客的需求有影响[29]；王琳（2018）建立的"旅游资源与服务价值"中测量的配套设备齐全。在管理价值上，要体现民宿的私密与安全。民宿出售给顾客的是"夜产品"，需让顾客感到"有家一样的感觉"，是安全的[30]。参考了郭慧聪（2016）建立的"可信性体验价值"中保障设施齐全与人身安全[31]；莫佳蓓（2017）建立的"可靠性价值"中的手续齐全与管理安全有保障[18]；陈云（2016）建立的"隐私与安全性价值"中注重顾客的隐私[32]。另外，服务是一种无形产品的输出，客栈民宿时时刻刻都向顾客输出服务产品。个性化的服务能够满足顾客的需求，并及时主动沟通，能够给顾客提供便利。参考了王亮伟（2010）建立的"服务因子"中的服务人员效率的影响[33]；郭安禧等（2018）建立的"经济价值"中，对服务接受的程度[34]；王闻超（2017）建立的"差异化服务传递"中的沟通方式与专业服务[35]。民宿产品在精神价值上主要体现在是否满足顾客消费后积极正面的享受，这很大程度影响顾客的满意程度。参考了Woodall（2003）建立的"享乐因子"对顾客的影响[28]；黄建（2017）建立的"情感性价值"中的心情愉悦与缓解压力[29]；包苍飘（2018）建立的"享乐价值"中的能让人松弛身心的感觉[11]。最后，成本与社会价值对顾客感知也会产生影响，民宿产品是否物有所值，以及是否满足社会交往的需求会对顾客的心理之间的利得产生比较。此维度采用对金钱货币成本与时间非货币成本以及交往范围进行测量。参考了陈海波（2010）建立的"感知成本价值"中的景区价格、食宿价格的合理性以及是否结识更多朋友[25]；郭安禧等（2018）建立的"经济价值"中的价格合情合理，是否可以接受[27]；郭安禧等（2019）建立的"学习价值"中的满足了顾客的好奇心，经历独特，社会认同中受益[36]；屠天诚（2019）建立的"社会价值"中的能否增加对自己的好印象，是否更受欢迎等[37]。本次乡村民宿考察顾客感知维度及测量项目如表11-1所示。

表11-1　顾客感知维度及测量项目

维度	测量项目	参考文献
设施价值	c1：该民宿有满足需求的基础设施	Woodall（2003）黄建（2017）王琳（2018）
	c2：该民宿有满足需求的服务设施	
	c3：该民宿附近有满足需求的交通设施	
	c4：该民宿与景区景点的距离合理	
管理价值	d1：该民宿存放物品安全	郭慧聪（2016）莫佳蓓（2017）陈云（2016）
	d2：该住宿空间或者活动空间具有私密性	
	d3：该民宿的用电安全	
服务价值	j1：该民宿服务人员的态度好	王亮伟（2010）郭安禧等（2018）王闻超（2017）
	j2：该民宿服务人员的沟通能力强	
	j3：该民宿服务人员的主动性服务强	
精神价值	f1：这次的民宿体验，感受到心情愉悦	Woodall（2003）黄建（2017）包苍飘（2018）
	f2：这次的民宿体验，享受了休闲时光	
	f3：这次的民宿体验，有了全新的生活方式	
成本与社会价值	g1：这次的民宿体验，花费的时间合理	陈海波（2010）郭安禧等（2018）郭安禧等（2019）屠天诚（2019）
	g2：这次的民宿体验，花费的金钱合理	
	g3：这次的民宿体验，拓宽了交往范围	
	g4：这次的民宿体验，得到了更多的社会认同	

2. 顾客满意度

顾客满意度概念最早是由国外学者 Cardozo（1965）提出的，他认为顾客满意度可以强化顾客的再购买行为，并会促使他们购买同一品牌下的其他产品[38]。国内关于顾客满意方面的研究因为起步晚，所以发展较慢，1999年，国家旅游局把"游客意见评估体系"纳入质量等级评定的参考依据之中（《旅游景区质量等级的划分和评定》）。关于满意度测评的方法，目前被广泛认可的是菲利普·科特勒的测评方法，也就是顾客满意度 = 体验值 − 期望值，顾客满意度指数 = 顾客的体验 / 顾客的期望值。Kotler（1999）认为顾客满意度就是顾客愉悦的程度，是期望和实际效果相比较的结果，会使顾客有再次光顾的意向[22]。因此，将期望值列入满意度测量指标中，如表 11-2 所示。

表 11-2 顾客满意度测量项目

	测量项目	参考文献
顾客满意度	h1：大体上，对该民宿的服务是满意的	粟路军（2011） 郭慧聪（2016） 谢新丽（2017）
	h2：大体上，对该民宿的设施是满意的	
	h3：与期望相比，此次民宿体验是满意的	
	h4：总体来说，您对该民宿是满意的	

3. 顾客重购意向

最早探讨重购意向这一概念的是国外学者 Gitelson 与 Crompton（1984），他们对游客进行深入访谈，调查了影响顾客再购买意向的因素，其中关键的还是顾客社会与情感的需要、避免不良因素和旅游体验等[39]。黎碧媛（2012）认为重购意向是顾客消费产品和服务之后感到满意，将可能产生重复购买的行为[40]。而在陈冠宏（2004）看来，游客的重游意向应该有两个因素：一是游客有重游的意向；二是游客有分享旅游目的地的意愿，并向亲友推荐。因此，在重购意向测量项目中加入下次是否会选择该民宿和乐于分享体验的程度，如表 11-3 所示。

表 11-3　顾客重购意向测量项目

	测量项目	参考文献
重购意向	I1：如果再次来到张家界，您还会选择该民宿	陈海波（2010）
	I2：您愿意向亲友分享此次的民宿体验	郭慧聪（2016）
	I3：您愿意向亲友推荐该民宿	郭安禧等（2018）

二、变量之间的关系分析

1. 顾客感知与顾客满意度的关系分析

随着旅游业的不断发展，游客满意度、游客忠诚度、目的地产品质量等之间的关系开始成为研究的重点。关于游客感知与游客满意度关系，当旅游目的地的服务设施和其他功能满足了游客的需求时，游客会对旅游目的地产生局部依赖性，并会对旅游目的地的场所和设施有较高的满意度。郭慧聪（2016）在研究大围山景区的游客关于体验价值、满意度与重游意向的关系时，证实了体验价值对游客满意度有显著正向影响，游客体验价值越高，就越容易产生满意度[31]。

综上分析，对于乡村民宿的总体满意度评价，采用五点尺度量表，分为非常不同意、不同意、一般、同意、非常同意，并且为了测量顾客感知价值对顾客满意度是否有影响，提出以下研究假设。

A1：顾客感知对顾客满意度有显著的影响；

A11：设施价值对顾客满意度有显著的影响；

A12：管理价值对顾客满意度有显著的影响；

A13：服务价值对顾客满意度有显著的影响；

A14：精神价值对顾客满意度有显著的影响；

A15：成本与社会价值对顾客满意度有显著的影响。

2. 顾客感知与顾客重购意向的关系分析

关于顾客感知与重游意向关系，陈海波（2010）在研究凤凰古城的游客感知对重购意向的影响时，证实了游客对于旅游资源与服务这一感知价值维度几乎对所有游客的重购意向有着较大的正向影响[25]。邱守明和聂铭等（2018）对达措国家公园的游客进行调查时，证实了游客的"观光感知"是对游客重游普达措公园意愿影响最大的属性[41]。王琳（2018）在研究莆田湄洲岛的游客时，证实了游客对于文化价值这一感知价值维度对重购意愿有显著正向影响[42]。

综上分析，重购意向的测评主要是顾客对于目的地有没有重购意向或者推荐意向。为了测量顾客感知对重购意向是否有影响，提出以下研究假设。

A2：顾客感知对重购意向有显著的影响；

A21：设施价值对重购意向有显著的影响；

A22：管理价值对重购意向有显著的影响；

A23：服务价值对重购意向有显著的影响；

A24：精神价值对重购意向有显著的影响；

A25：成本与社会价值对重购意向有显著的影响。

3. 顾客满意度与顾客重购意向的关系分析

关于顾客满意度与重购意向的关系，粟路军和黄福才（2011）在研究武夷山观光旅游者与对长沙市乡村旅游者的调查中，证实了游客满意度对重购意向具有显著正向影响，并且游客满意度是重购意向的重要的前因变量[43]。郭安禧和张一飞等（2019）在研究500名团队游客关于重购意向的影响时，实证考察了游客感知价值维度对重购意向的影响机制，并得出游客感知价值维度以游客满意为中介传导影响重购意向[34]。

综上分析，为了测量顾客满意度对重购意向是否有影响，并提出以下假设。

A3：顾客满意度对重购意向有显著的影响。

三、模型提出

根据前面理论的基础上，从设施价值、管理价值、服务价值、精神价值、成本与社会价值五个维度来分析顾客感知，并与满意度、重购意向建立概念模型，见图11-1。

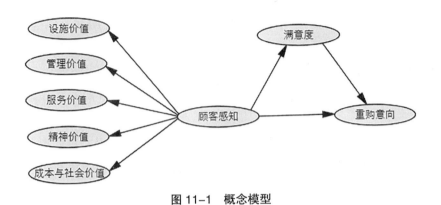

图 11-1　概念模型

第五节　实证检验

一、数据来源及处理

1. 数据来源

本研究于 2020 年 1 月 3 日至 11 日，在张家界溪布街、张家界森林公园景区、天门山游客休息区和火车站附近进行实际调研，通过询问对住过张家界民宿的顾客进行问卷调查。选取该调研时间的原因主要是时值春运前期和寒假，会有很多人利用这个空当来旅游放松，时间上避免了元旦高峰期。此外，考虑到有部分人没有空闲或者想回家，所以也采取了网络调研的方式，通过"问卷星"平台进行线上问卷发放，调研的对象都需在张家界的民宿住过一次以上。问卷一共收集到 400 份，剔除具有缺失值问卷 61 份，有效问卷 339 份，问卷有效率为 84.75%。

2. 数据处理

（1）样本描述性分析。

此次调查对顾客的八项人口统计学特征进行了分析，包括性别、年龄、职业、月收入、教育程度、第几次入住张家界的民宿、在民宿停留几晚和出行的目的，结果如表 11-4 所示。

表 11-4 样本人口统计学特征

基本特征	分类指标	人数（人）	百分比（%）	基本特征	分类指标	人数（人）	百分比（%）
年龄	18 岁以下	6	1.8	性别	男	177	52.2
	18~24 岁	101	29.8		女	162	47.8
	25~34 岁	131	38.6	教育程度	初中及以下	16	4.7
	35~44 岁	62	18.3		高中/中专	80	23.6
	45~64 岁	34	10.0		大专	64	18.9
	64 岁以上	5	1.5		本科	146	43.1
职业	事业单位人员	31	9.1		研究生及以上	33	9.7
	公务员	23	6.8	第几次入住张家界的民宿	第一次	196	57.8
	教师	44	13.0		第二次	97	28.6
	军人	7	2.1		第三次	27	8.0
	企业工作人员	93	27.4		三次以上	19	5.6
	学生	63	18.6	在民宿停留几晚	一晚	59	17.4
	退休人员	8	2.4		两晚	202	59.6
	自由职业	29	8.6		三晚	63	18.6
	其他	41	12.1		三晚以上	15	4.4
月收入	2500 元以下	56	16.5	出行的目的	喜欢民宿本身的体验	75	22.1
	2500~4000 元	122	36.0		临时住宿，方便游玩	123	36.3
	4001~6000 元	104	30.7		放松心情，缓解压力	102	30.1
	6001~8000 元	36	10.6		求知学习，调研考察	19	5.6
	8001~10000 元	15	4.4		公司活动	9	2.7
	10000 元以上	6	1.8		其他	11	3.2

从表 11-4 可以得出样本基本情况，统计结果表明在 339 份有效问卷中，男性受访者 177 人，占比 52.2%，女性受访者 162 人，占比 47.8%，有效样本的男女比例相当。从年龄构成来看，25~34 岁的群体最多，其次是 18~24 岁的

群体，这两类群体人数占比共计 68.4%，说明来张家界住民宿的顾客以中青年人为主力军，64 岁以上和 18 岁以下占小部分。从职业构成来看，企业工作人员人数最多，占比 27.4%，其次是学生和教师。从个人月收入方面来看，月收入为 2500~4000 元的群体居多，其次是 4000~6000 元的群体。从教育程度来看，拥有大专、本科、高中／中专的游客最多，共占比 85.6%，顾客文化水平普遍较高。从顾客入住张家界民宿的行为次数来看，57.8% 的顾客第一次入住，42.2% 的顾客都有两次及以上次数的入住，其中 28.6% 的顾客是第二次入住，8.0% 的顾客是第三次入住，5.6% 已经超过第三次入住张家界的民宿。这些数据说明顾客对于民宿的重购意向较好，在某种程度意义上也说明了顾客对民宿的满意度较高。在顾客停留时间方面，有 59.6% 的顾客选择入住两晚，17.4% 的顾客选择入住一晚，而选择入住三晚的顾客有 18.6%。对于出行的目的，顾客临时住宿的最多，占比 36.3%，其次是放松心情和喜欢民宿本身体验的人群。

（2）信度分析。

运用 SPSS19.0 软件对收集的 339 份有效问卷进行分析，采用克朗巴哈系数（Cronbach's Alpha）对量表进行信度的检验，一般认为，当克朗巴哈系数大于 0.6 就达到了进行分析的可行性标准。经检验，由表 11-5 可知，问卷 24 个测量项目的 Cronbach's Alpha 值为 0.915，顾客感知价值、满意度和重购意向量表的 Cronbach's Alpha 值分别为 0.877，0.765 和 0.746，均大于 0.6。此外，由表 11-5 可知，各题项测量项目指标都不满足删除条件，具有较好的信度。因此，本研究最终确定的量表符合信度要求。

表 11-5 问卷信度分析

项目	题项数	Alpha
顾客感知价值量表	17	0.877
设施价值	4	0.742
管理价值	3	0.745
服务价值	3	0.728
精神价值	3	0.700

项目	题项数	Alpha
成本与社会价值	4	0.774
满意度量表	4	0.765
重购意向量表	3	0.746
整体量表	24	0.915

（3）效度分析。

①顾客感知效度分析。

运用 SPSS19.0 软件对顾客感知进行效度分析，采取 KMO 和巴特利（Bartlett）球形的检验。由表 11-6 可知，KMO 度量值为 0.883，大于 0.6 说明顾客感知量表适合做因子分析，巴特利球形近似卡方值为 1866.186，自由度 df 为 136，p 值为 0.000，小于 0.05，通过显著水平为 5% 的显著性检验，由此可见顾客感知量表非常适合进行因子分析。

表 11-6　顾客感知效度

取样足够度的 Kaiser-Meyer-Olkin 度量		0.883
Bartlett 的球形度检验	近似卡方	1866.186
	df	136
	Sig.	0.000

所以，进行因子分析得到顾客感知因子解释的总方差，如表 11-7 所示。

表 11-7　因子解释感知价值总体方差情况

成分	初始特征值			提取平方和载入			旋转平方和载入		
	合计	方差%	累积%	合计	方差%	累积%	合计	方差%	累积%
1	5.794	34.084	34.084	5.794	34.084	34.084	2.375	13.968	13.968
2	1.54	9.057	43.141	1.54	9.057	43.141	2.321	13.654	27.622
3	1.278	7.519	50.66	1.278	7.519	50.66	2.177	12.806	40.427
4	1.107	6.512	57.172	1.107	6.512	57.172	2.003	11.784	52.212

续表

成分	初始特征值			提取平方和载入			旋转平方和载入		
	合计	方差%	累积%	合计	方差%	累积%	合计	方差%	累积%
5	1.044	6.14	63.312	1.044	6.14	63.312	1.887	11.100	63.312
6	0.737	4.338	67.649						
7	0.71	4.177	71.826						
8	0.647	3.805	75.631						
9	0.568	3.344	78.974						
10	0.541	3.181	82.155						
11	0.524	3.084	85.239						
12	0.511	3.007	88.246						
13	0.472	2.777	91.023						
14	0.442	2.6	93.623						
15	0.392	2.303	95.927						
16	0.365	2.146	98.072						
17	0.328	1.928	100						

提取方法：主成分分析。

从表 11-7 中可以看出，因子分析的结果得到五个因子，解释能力分别为 13.968%、13.654%、12.806%、11.784%、11.100%，累计解释能力为 63.312%，也就是说它们涵盖了 63.312% 的信息，所以可以用这五大因子来代替 17 个变量。

同时，得到旋转后的因子负荷矩阵，如表 11-8 所示。

表 11-8　旋转后的因子负荷矩阵（a）

顾客感知项目	成分				
	1	2	3	4	5
c1	0.692				
c2	0.704				

顾客感知项目	成分				
	1	2	3	4	5
c3	0.699				
c4	0.698				
d1		0.680			
d2		0.780			
d3		0.687			
j1			0.757		
j2			0.795		
j3			0.732		
f1				0.681	
f2				0.826	
f3				0.634	
g1					0.621
g2					0.616
g3					0.745
g4					0.831

提取方法：主成分分析。
旋转法：具有 Kaiser 标准化的正交旋转法。
a. 旋转在 6 次迭代后收敛。

由表 11-8 可知，每个测量项目的因素载荷量均大于 0.5，它的成分有 5 个与开始设定的五个价值维度相符合。即 c1-c4 归于设施价值；项目 d1-d3 归于管理价值；项目 ji-j3 归于服务价值；项目 f1-f3 归于精神价值；项目 g1-g4 归于成本与社会价值。

分析旋转后因子后，继而对顾客感知因子进行验证性分析，并画出顾客感知价值模型，如图 11-2 所示。

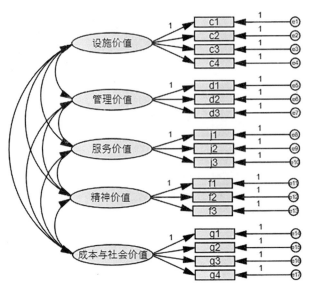

图 11-2　顾客感知验证性因子分析模型

由表 11-9 可知，标准化因子载荷值（*Estimate*）均大于 0.5，表示量表有很好的聚合效度。设施价值、管理价值、服务价值、精神价值、成本与社会价值五个维度的组合信度（*CR*）分别为 0.745、0.745、0.729、0.708、0.772，都大于 0.6，平均方差提取值（*AVE*）分别为 0.424、0.494、0.473、0.447、0.460。

表 11-9　顾客感知验证性因子分析结果

路径			*Estimate*	*AVE*	*CR*
c1	←	设施价值	0.556		
c2	←	设施价值	0.704		
c3	←	设施价值	0.690	0.424	0.745
c4	←	设施价值	0.643		
d1	←	管理价值	0.669		
d2	←	管理价值	0.696	0.494	0.745
d3	←	管理价值	0.742		

续表

路径			Estimate	AVE	CR
j1	←	服务价值	0.694		
j2	←	服务价值	0.660	0.473	0.729
j3	←	服务价值	0.708		
f1	←	精神价值	0.702		
f2	←	精神价值	0.681	0.447	0.708
f3	←	精神价值	0.621		
g1	←	成本与社会价值	0.718		
g2	←	成本与社会价值	0.763		
g3	←	成本与社会价值	0.571	0.460	0.772
g4	←	成本与社会价值	0.648		

由表 11-10 可知，五个维度之间相关系数均小于该维度平均方差提取值（AVE）的平方根。因此，顾客感知价值量表的效度较好。

表 11-10　顾客感知平均方差提取值的平方根与相关系数

	设施价值	管理价值	服务价值	精神价值	成本与社会价值
设施价值	0.424				
管理价值	0.671	0.494			
服务价值	0.509	0.621	0.473		
精神价值	0.575	0.653	0.552	0.447	
成本与社会价值	0.621	0.637	0.455	0.616	0.460
AVE 平方根	0.651	0.703	0.688	0.669	0.678

②顾客满意度分析。

由表 11-11 可知，KMO 度量值为 0.782，大于 0.6，说明顾客感知量表适合做因子分析，巴特利球形近似卡方值为 319.449，自由度 df 为 6，p 值为 0.000，小于 0.05，通过显著水平为 5% 的显著性检验，由此可见，顾客满意度量表非常适合进行因子分析。

表 11-11　顾客满意度效度

取样足够度的 Kaiser-Meyer-Olkin 度量		0.782
Bartlett 的球形度检验	近似卡方	319.449
	df	6
	Sig.	0.000

由表 11-12 可知，每个测量项目的因素载荷量均大于 0.5，累计差解释率为 58.876%，它的成分有 1 个与一开始设定的单维度相符合。

表 11-12　顾客满意度验证性因子分析结果

项目	成分 1	旋转后方累计差解释率（%）
h1	0.789	
h2	0.771	
h3	0.755	58.876
h4	0.753	

提取方法：主成分分析。
a. 已提取了 1 个成分。
旋转法：具有 Kaiser 标准化的正交旋转法。

分析旋转后因子后，继而对顾客满意度因子进行验证性分析，并画出顾客满意度模型，如图 11-3 所示。

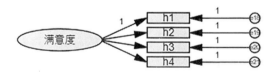

图 11-3　顾客满意度验证性因子分析模型

由表 11-13 可知，标准化因子载荷值（*Estimate*）均大于 0.5，表示量表有很好的聚合效度。组合信度（*CR*）为 0.766，大于 0.6，平均方差提取值（*AVE*）为 0.451。

表 11-13　顾客满意度验证性因子分析结果

路径			Estimate	AVE	CR
h1	←	满意度	0.725		
h2	←	满意度	0.679		
h3	←	满意度	0.655	0.451	0.766
h4	←	满意度	0.623		

由表 11-13 的顾客满意度的平均方差提取值（AVE）为 0.451 可得出平均提取方差的平方根，即 0.672。并根据表 11-14 可知，顾客项目间的相关系数小于平均方差提取值（AVE）的平方根。因此，顾客满意度量表的效度较好。

表 11-14　顾客满意度项目间的相关性分析

	h1	h2	h3	h4
h1	1			
h2	0.471**	1		
h3	0.473**	0.444**	1	
h4	0.464**	0.411**	0.447**	1
** 表示在 0.01 的水平（双侧）上显著相关。				

③顾客重购意向分析。

由表 11-15 可知，KMO 度量值为 0.685，大于 0.6，说明顾客感知量表适合做因子分析，巴特利球形近似卡方值为 231.375，自由度 df 为 3，p 值为 0.000，小于 0.05，通过显著水平为 5% 的显著性检验，由此可见，顾客重购意向度量表非常适合进行因子分析。

表 11-15　顾客重购意向效度

取样足够度的 Kaiser-Meyer-Olkin 度量		0.685
Bartlett 的球形度检验	近似卡方	231.375
	df	3
	Sig.	0.000

由表 11-16 可知，每个测量项目的因素载荷量均大于 0.5，累计差解释率为 66.380%，它的成分有 1 个与一开始设定的单维度相符合。

表 11-16　顾客满意度验证性因子分析结果

项目	成分 1	旋转后方累计差解释率（%）
i1	0.838	
i2	0.806	66.380
i3	0.799	
提取方法：主成分分析。		
a. 已提取了 1 个成分。		
旋转法：具有 Kaiser 标准化的正交旋转法。		

分析旋转后因子后，继而对顾客重购意向因子进行验证性分析，并画出顾客重购意向模型，如图 11-4 所示。

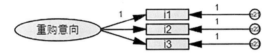

图 11-4　顾客重购意向验证性因子分析模型

由表 11-17 可知，标准化因子载荷值（*Estimate*）均大于 0.5，表示量表有良好的聚合效度。组合信度（*CR*）为 0.748，大于 0.6，平均方差提取值（*AVE*）为 0.498。

表 11-17　顾客重购意向验证性因子分析结果

路径			*Estimate*	*AVE*	*CR*
i1	←	重购意向	0.691		
i2	←	重购意向	0.736	0.498	0.748
i3	←	重购意向	0.688		

由表 11-17 的顾客重购意向的平均方差提取值（*AVE*）为 0.498 可得出平均提取方差的平方根，即 0.706。并根据表 11-18 可知，顾客重购意向项目间的相关系数均小于平均方差提取值（*AVE*）的平方根。因此，顾客重购意向量表的效度较好。

表 11-18　顾客重购意向项目间的相关性分析

	i1	**i2**	**i3**
i1	1		
i2	0.524**	1	
i3	0.451**	0.511**	1
** 表示在 0.01 水平（双侧）上显著相关。			

二、检验结果

1. 结构方程模型分析

通过以上信度、效度分析之后，本研究运用 AMOS24.0 作为分析工具，进一步采用结构方程模型（SEM）的分析方法来检验各变量之间的关系，对构建的理论模型以及所提出的假设进行验证。根据图 11-2、图 11-3、图 11-4 所示的理论模型，建立初始结构模型（见图 11-5）。该模型分为三大部分，即顾客感知、满意度和重购意向，共计 7 个潜变量、24 个测量指标。顾客感知分为设施价值、管理价值、服务价值、精神价值、成本与社会价值五个潜变量。

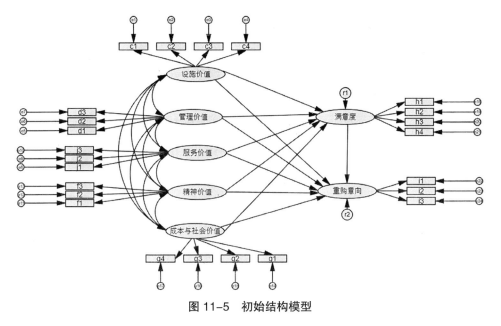

图 11-5　初始结构模型

将 339 份样本导入 AMOS24.0 软件进行运算分析，分析结果显示模型的 $x2/df$=1.563，小于 3；$RMSEA$=0.041，小于 0.08；IFI=0.954，TLI=0.945，CFI=0.954，大于 0.9，但 NFI=0.883，RFI=0.860，略小于 0.9，表明初始结构模型拟合优度还可以，但个别指标没有达到标准。

可以根据表 11-19 通过中间变量满意度计算出顾客感知价值五维度对重购意向影响路径系数。设施价值→重购意向 Estimate=0.341×0.541=0.184，设施价值→重购意向 $S.E$=0.115×0.155=0.018，设施价值→重购意向 $C.R$=2.981×3.480=10.374，设施价值→重购意向 P=0.003×0.000=0.000；管理价值→重购意向 $Estimate$=0.166×0.541=0.090，管理价值→重购意向 $S.E$=0.091×0.155=0.014，管理价值→重购意向 $C.R$=1.835×3.480=6.386，管理价值→重购意向 P=0.660×0.000=0.000；服务价值→重购意向 $Estimate$=0.146×0.541=0.079，服务价值→重购意向 $S.E$=0.070×0.155=0.011，服务价值→重购意向 $C.R$=2.089×3.480=7.270，服务价值→重购意向 P=0.037×0.000=0.000；精神价值→重购意向 $Estimate$=0.270×0.541=0.146，精神价值→重购意向 $S.E$=0.091×0.155=0.014，精神价值→重购意向 $C.R$=2.980×3.480=10.370，精神价值→重购意向 P=0.003×0.000=0.000；成本与社会价值→重购意向 $Estimate$=0.118×0.541=0.064，成本与社会价值→重购意向 $S.E$=0.077×0.155=0.012，成本与社会价值→重购意向 $C.R$=1.535×3.480=5.342，成本与社会价值→重购意向 P=0.125×0.000=0.000。见表 11-20。

表 11-19 结构方程顾客感知→满意度→重购意向结果

路径			Estimate	S.E.	C.R.	P
满意度	←	设施价值	0.341	0.115	2.981	0.003
满意度	←	管理价值	0.166	0.091	1.835	0.660
满意度	←	服务价值	0.146	0.070	2.089	0.037
满意度	←	精神价值	0.270	0.091	2.980	0.003
满意度	←	成本与社会价值	0.118	0.077	1.535	0.125
重购意向	←	满意度	0.541	0.155	3.480	0.000

表 11-20 结构方程顾客感知→重购意向结果

路径			*Estimate*	*S.E.*	*C.R.*	*P*
重购意向	←	设施价值	0.184	0.018	10.374	0.000
重购意向	←	管理价值	0.090	0.014	6.386	0.000
重购意向	←	服务价值	0.079	0.011	7.270	0.000
重购意向	←	精神价值	0.146	0.014	10.370	0.000
重购意向	←	成本与社会价值	0.064	0.012	5.342	0.000

结合表 11-19 和表 11-20 方程模型结果对假设进行检验得出表 11-21，当入径系数临界值（*CR*）大于 1.96 且 *p* 值小于等于 0.05 时，则路径显著。结果显示顾客感知对满意度有显著性的影响大部分通过，其中设施价值、服务价值和精神价值通过。满意度对重购意向有显著性的影响通过，顾客感知对重购意向有显著性的影响也通过。

表 11-21 结构模型检验结果

假设	路径			检验结果
A11	满意度	←	设施价值	通过
A12	满意度	←	管理价值	不通过
A13	满意度	←	服务价值	通过
A14	满意度	←	精神价值	通过
A15	满意度	←	成本与社会价值	不通过
A3	重购意向	←	满意度	通过
A21	重购意向	←	设施价值	通过
A22	重购意向	←	管理价值	通过
A23	重购意向	←	服务价值	通过
A24	重购意向	←	精神价值	通过
A25	重购意向	←	成本与社会价值	通过

2.最终结构模型

根据表 11-21 检验出的结果，在图 11-6 上把不通过的路径 A12 与 A15 剔除后得到最终路径结构模型，如图 11-7 所示。

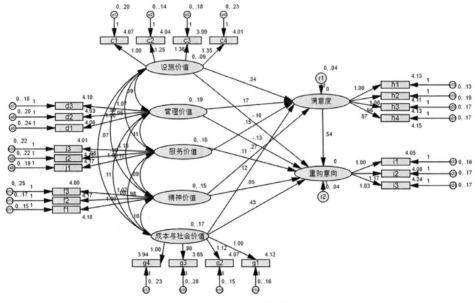

图 11-6　路径结构模型

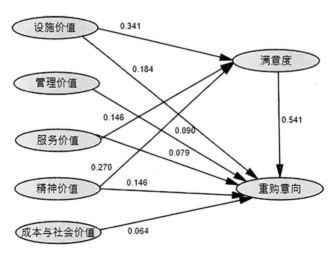

图 11-7　最终路径结构模型

第六节　本章结论与讨论

一、本章结论

本章以入住过张家界民宿的顾客为研究对象，采用描述性统计分析、因子分析、结构方程等分析方法，从顾客感知的角度，构建了张家界民宿情境下的顾客感知、顾客满意度和顾客重购意向之间关系研究模型，并得出了以下的结论。

（1）设施价值是顾客选择民宿的重要部分，民宿内的设施设备是顾客在居住期间使用的主要产品，对于民宿而言这是基础而又重要的。在管理价值上，要体现民宿的私密与安全，需让顾客感到"有家一样的感觉"，是安全的。另外服务是一种无形产品，民宿时时刻刻都向顾客输出服务产品。在精神价值上，主要体现在是否满足顾客消费后积极正面的享受。成本与社会价值对顾客满意度也会产生影响，民宿产品是否物有所值，以及是否满足社会交往的需求会对顾客的心理之间的利得产生比较。以上五个感知价值都会对顾客满意度与重购意向产生影响，所以本章选取设施价值、管理价值、服务价值、精神价值、成本与社会价值这五个感知因子对满意度与重购意向的影响进行分析。

（2）首先是顾客满意度对顾客重购意向的影响作用最为显著（A3 *Estimate*=0.541），其次是顾客感知价值对顾客满意度的影响（平均 A1 *Estimate*=0.208），最后是顾客感知对顾客重购意向的影响（平均 A2 *Estimate*=0.108），证实了三组关系变量中有些相互影响的关系，表现了乡村民宿的顾客在感知价值、满意度与重购意向存在着结构性关系。其中设施价值、服务价值和精神价值对顾客满意有显著的正向影响。顾客满意度对顾客的重购意向具有显著性影响。

（3）乡村民宿顾客的重购意向来源的途径有 3 个，分别是感知价值、满意度的直接影响和通过顾客满意度产生的间接影响。根据检验结果发现，虽然顾客感知价值直接影响满意度，但是对重购意向的影响小于满意度对重购意向的影响。所以，可以认为，顾客产生重购意向的关键在于顾客的满意度，满意度在顾客感知和重购意向关系中起到中介作用。

（4）根据研究可知顾客感知价值对满意度是有影响作用的，从结构方程的结果可以看出感知价值的五个因子对满意度的影响系数分别如下：设施价值对满意度的影响系数为 0.341；管理价值对满意度的影响系数为 0.166；服务价值对满意度的影响系数为 0.146；精神价值对满意度的影响系数为 0.270；成本与社会价值对满意度的影响系数为 0.118。影响满意度的程度从高到低来看：设施价值＞精神价值＞管理价值＞服务价值＞成本与社会价值。

（5）从结构方程的结果可以看出感知价值的五个因子对重购意向的影响系数分别如下：设施价值对重购意向的影响系数为 0.184；管理价值对重购意向的影响系数为 0.090；服务价值对重购意向的影响系数为 0.079；精神价值对重购意向的影响系数为 0.146；成本与社会价值对重购意向的影响系数为 0.064。影响重购意向的程度从高到低来看：设施价值＞精神价值＞管理价值＞服务价值＞成本与社会价值。

二、讨论

关于对重购意向的影响程度，不同的学者在不同的场景下研究的结论是不一样的。学者陈云（2016）在研究服务场景对重购意向的影响时，发现民宿的外部环境和隐私安全对重购意向的影响是最大的，以及顾客的体验价值都会对重购意向产生显著的正向关系[44]。黄建（2017）对主题公园进行顾客重游意向调查时，得出顾客互动价值中的社交互动对重游意向的影响是最大的[45]。陈小曼（2018）对顾客的重购意向采取的是线上评论研究，并把顾客的感知价值分为五个维度，得出社会价值对重购意向的影响最为显著的结论[46]。因此，我们可以发现顾客在不同环境的影响下，各感知价值对重购意向的影响程度是不一样的。在本章中，得出的结论是感知价值中的设施价值对重购意向的影响是最高，说明顾客对张家界乡村民宿的设施很重视。因为设施设备和物品的配备与摆放都和顾客的起居与睡眠习惯息息相关，更好的定量定位才便于顾客的使用。而感知价值中的成本与社会价值对重购意向的影响最小，一般来说，成本与社会价值表现为顾客在入住民宿所花费的时间精力金钱是否合理，是否结交新的朋友、扩宽自身的交往范围、得到其他人对自己的认同等。说明此次被调查的顾客对时间精力不敏感，在入住张家界民宿期间没有或极少参与民宿举办的活动，顾客对于社交互动没有更多的期待，所以影响程度不大。

参考文献

［1］JACKIE CLARKE. Farm Accommodation an the Communication Mix［J］. Tourism Management，1996，17（8）：611-616.

［2］DALLEN J.Timothy，Victor B Teye.Tourism and the lodging Sector［M］. New York：Oxford，2009：12.

［3］石井英也，白坂蕃，高豫功.日本旅游地理学研究的回顾与展望［J］.地理译报，1990（1）：1-6.

［4］朱颂瑜.在瑞士体验民宿的乐趣［J］.中国乡镇企业，2013（5）：85-86.

［5］刘晴晴.民宿业态发展研究——台湾经验及其借鉴［D］.青岛：青岛大学，2015：5-6.

［6］张广海，孟禺.国内外民宿旅游研究进展［J］.资源开发与市场，2017，33（4）：503-507.

［7］陈昭郎.台湾农村民宿之类型及其行销策略［C］//中国地理学会，北京市科学技术学会，北京市延庆县人民政府，台中健康暨管理学院.海峡两岸观光休闲农业与乡村民俗旅游研讨会论文集（下）.北京：中国地理学会，2002：74.

［8］杨欣，殷燕.两岸民宿比较研究［J］.经济研究导刊，2012（34）：187-209.

［9］张延，代慧茹.民宿分类研究［J］.江苏商论，2016（10）：8-11+21.

［10］杜娟.共享经济下旅游住宿消费行为研究进展与启示［J］.旅游纵览（下半月），2019（8）：23-24+27.

［11］包苍飘.住宿动机、感知价值和满意度关系研究［D］.厦门：厦门大学，2018：18-20.

［12］邢剑飞.杭州精品民宿可持续发展分析［J］.经贸实践，2016（3）：

249-250.

［13］王丽军.抖音短视频 APP 对民宿营销的影响分析［J］.电脑知识与技术，2019，15（15）：245-247.

［14］DAWSON C P，BROWN T L. B&Bs：A matter of choice. Cornell Hotel And Restaurant Administration Quarterly，1988，29（1）：17-22.

［15］胡丽花.家庭旅馆游客动机、服务质量、满意度与忠诚度关系研究［D］.重庆：西南大学，2008：26.

［16］孙明月.基于家庭生命周期的游客乡村精品民宿选择动机研究［D］.上海：上海师范大学，2016：32-34.

［17］卢长宝，林嗣杰.游客选择在线短租住宿的动机研究［J］.经济管理，2018，40（12）：153-167.

［18］莫佳蓓.基于顾客感知价值的民宿服务质量评价研究——以江苏宜兴湖㳇篱笆园为例［D］.南京：南京农业大学，2017：24-26.

［19］李素梅，杨杰，刘胜林.基于 SEM 民宿游客满意度影响因素研究［J］.大连民族大学学报，2019，21（4）：339-344.

［20］袁洪英，唐袖妍.基于网络文本分析的生态旅游地民宿体验研究——以峨眉山欢喜无厌·拈花溪为例［J］.四川文理学院学报，2019，29（6）：12-17.

［21］高尚.基于文本挖掘技术的开封民宿用户关注点分析［J］.环球市场，2019（19）：190.

［22］KOTLER，PHILLIP，GARY ARMSTRONG. Principles of Marketing［M］.Upper Saddle Rirer，NJ：Prentice hall，1969：24.

［23］王高.顾客价值与企业竞争优势——以手机行业为例［J］.管理世界，2004（10）：97-106.

［24］王亮伟，周芳.顾客体验价值及其创造分析［J］.统计与决策，2010（3）：180-182.

［25］陈海波.顾客感知价值视角的旅游者重游意愿研究［D］.长沙：湖南师范大学，2010：23-24+55.

［26］孟庆良，韩玉启，陈晓君.客户价值研究及其对客户关系管理绩效的影

响〔J〕.运筹与管理，2005（1）：138-142.

〔27〕郭安禧，郭英之，李海军，等.旅游者感知价值对重游意向影响的实证研究——旅游者满意和风险可能性的作用〔J〕.旅游学刊，2018，33（1）：63-73.

〔28〕WOODALL T. Conceptualising Value for the Customer：An Attributional，Structural and Dispositional Analysis〔J〕. Academy of Marketing Science Review，2003：12.

〔29〕黄建.娱乐型主题公园游客互动、体验价值及游后行为意向之间的关系研究〔D〕.杭州：浙江工业大学，2017：36-37.

〔30〕王琳.游客感知价值、地方依恋与重游意愿的关系研究——以莆田湄洲岛为例〔D〕.广州：暨南大学，2018：43-44.

〔31〕郭慧聪.山地度假旅游体验价值、满意度、重游意向的关系研究〔D〕.长沙：湖南师范大学，2016：18-19+61.

〔32〕陈云.民宿服务场景对顾客行为意向的影响研究〔D〕.南京：南京财经大学，2016：37-40.

〔33〕王亮伟，周芳.顾客体验价值及其创造分析〔J〕.统计与决策，2010，303（3）：180-182.

〔34〕郭安禧，张一飞，郭英之，等.旅游者感知价值维度对重游意向的影响机制——基于团队旅游者的视角〔J〕.世界地理研究，2019，28（1）：197-207.

〔35〕王闻超.差异化服务质量感知对民宿再次消费意愿的研究〔D〕.杭州：浙江工商大学，2017：33-34.

〔36〕郭安禧，郭英之，梁丽芳，等.古镇旅游地居民旅游影响感知对支持旅游开发的影响——信任旅游开发公司的调节作用〔J〕.世界地理研究，2019，28（6）：178-188.

〔37〕屠天诚.民宿原真性对顾客满意度的影响研究〔D〕.杭州：浙江工商大学，2019：24-26.

〔38〕CARDOZO R N. An Experimental study of consumer effort-expectation and satisfaction〔J〕.Journal of Marketing Research，1965（2）：224-249.

［39］GITELSON R J，CROMPTON J L. Insights into the repeat vacation phenomenon［J］. Annalsof Tourism Research，1984，11（2）：199-217.

［40］黎碧媛.基于游客动机的旅游者重游意愿研究［D］.长沙：湖南师范大学，2012.

［41］邱守明，聂铭，刘传.普达措国家公园游客重游意向及影响因子研究［J］.旅游研究，2018，10（4）：77-85.

［42］王琳.游客感知价值、地方依恋与重游意愿的关系研究［D］.广州：暨南大学，2018.

［43］粟路军，黄福才.旅游者满意与旅游者忠诚的关系研究——观光旅游者与乡村旅游者比较分析［J］.旅游学刊，2011，26（11）：39-45.

［44］陈小曼.基于在线评论的民宿顾客感知价值及行为意向关系研究［D］.河北：燕山大学，2018：35-37.

| 第十二章 |
张家界旅游土特产供给分析

第一节　旅游土特产概述

一、土特产的概念

土特产，是指来源于特定区域、品质优异的农林产品或加工产品，是某地特有的或特别著名的产品[1]。一般而言，土特产既可以是直接采收的原料，也可以经特殊工艺加工的制品，无论是原料还是制品，与同类产品相比，其品质是特优的或有特色的。

广义的土特产，是土产和特产的并称，包括农林特产、矿物产品、纺织品、工艺品等[2]。在我国，土特产中的"土产"一般指各地的农副业产品和部分手工业产品，如松香、毛竹、栲胶、陶瓷器、丝织品、茶叶、水果等。"特产"指各地土产中具有独特品质、风格或技艺的产品，如云南过桥米线、杭州的织锦、景德镇的瓷器、宜兴的陶器、绍兴的黄酒、张家界的葛粉等。食品类土特产指的是各地土特产中可以食用的农林副产品。

二、土特产的特点

1. 分布地域性

分布地域性也可以说是本土性，是土特产产地区别于其他地域的独特性，也是外界对于该地域的总体性印象。农副产品类的土特产地域性相对显著，因为特定的气候土壤环境才能种植出特定的产品。虽然随着农业科技的发展，许多农副产品都可以在其他地方种植养殖，农副产品的生产季节性也在不断淡化，然而，在崇尚自然环保的现在，人们更喜欢天然的不加任何人工技术的"天然产品"，蔬菜水果也都喜欢吃当地生长的，这使得地域性突出的旅游土特产始终经久畅销，供不应求。

2. 生产工艺性

生产工艺性指土特产的生产基本源于自然经济状况下的传统生产方式，其种植、加工制作都有自身特定的工艺流程和生产方式。这种独特的生产工艺往往能吸引人们进行消费。虽然随着生产工艺的不断进步，其他地方或许也会生产某一种土特产，但始终没有原产地的来得正宗，也不会像原产地有大量集中的生产分布来得更吸引人。

3. 历史文化性

土特产在长期的区域经济文化发展过程中，逐渐形成和积淀下来具有特色的产品特质和文化内涵。这一类特点显著的旅游土特产都有历史悠久的传说，人们在享用的同时能了解产品的起源发展过程和当地的一些历史文化传统，从一个侧面展示旅游地的文化内涵，如北京的大碗茶、湘西腊肉等。这些产品其他地方也都有出售，甚至口味有些还更占优势，但在旅游过程中，还是有很多游客愿意购买和品尝这种传承下来的产品。

4. 功能生活化

随着旅游业的大众化，旅游已经成为人们生活的重要部分。在购买旅游土特产时，很多人对土特产的需求也日益生活化。相比其他类型的土特产，食品类土特产的生活化特征更加显著，因为其本身就可以满足消费者日常生活需求。因此很多土特产在设计开发中也充分考虑人们的需求，注重生活化功能的体现。

三、土特产的分类

目前土特产行业内部的分类多按地区分类，有助于消费者识别土特产的产地。对于生产和销售土特产的商家而言，土特产可以简单地分为两大类：食品类和工艺品类。主要是因为一方面这两大类是特产行业目前的主要经营类别，另一方面是根据其市场定位分类的[3]。"民以食为天"，大多数食品类土特产主要是走大众化路线，销售面较广，认知和接受程度都比较高，即使是放在超市销售，只要价格合理，也有较大的市场份额，属于中低端产品。食品类特产也有高端产品，如一些具有地方标志性的食品类特产，由于其生长环境的特殊性或者加工工艺的特殊性，导致其价格较高，比如安化黑茶、阳澄湖大闸蟹，所以也经常走礼品化路线。工艺品类土特产主要还是小众市场，很多消费者包括游客购买的工艺品一部分是自用，大部分是作为馈赠礼品。张家界代表性土特产名单如表12-1所示。

表12-1　张家界代表性土特产名单

分类	张家界代表性土特产
食品类土特产	"三宝一绝"：葛粉、岩耳、土家莓茶、杜仲茶； 娃娃鱼产品系列：娃娃鱼活体、面条、茶叶、蛋白粉； 其他：七星椒辣椒系列产品；腊肉、香肠等肉制品；张家界酒、武陵酒等酒类；天子山云雾茶、龙虾花茶、竹溪茶叶、茅坪毛尖等本地茶叶产品；中湖鱼泉贡米等
工艺品类土特产	土家织锦；蜡染画；军声砂石画；张家界丑石画院石头画；木雕；石雕；牛角梳；土家银饰等

四、食品类土特产的经营模式

随着社会经济的发展和技术的不断更新，食品类土特产的经营方式越来越多样化。总结目前我国土特产经营的模式，主要有以下几种形式。

（一）"前店后厂"经营模式

这种经营模式是对土特产生产和销售的统一。在很多旅游目的地，为了提高消费者对土特产的认知和认可，经营者通常会将土特产的生产基地、制作场地和销售店面放在一起，销售店面在前，后面的生产基地和制作场地则将土特产的生产环境和制作过程展现出来，如广东鼎湖山的灵芝、湖南凤凰的姜糖等都属于这种模式经营。随着人们对食品安全的重视，这种"前店后厂"的食品类土特产经营模式，可以极大地提高消费者对产品的信任，从而提高土特产的销售量[4]。

（二）实体店经营模式

实体店经营模式在旅游土特产经营中比较普遍，一般只是针对土特产的销售。目前，市场上主要有两种形式：商场规模化经营和小规模专业代理经营。商场规模化经营一般是以大型超市为载体，在超市设置土特产专柜，价格上一般以中低端为主，食品类土特产的经营往往采取这种模式，张家界梅尼、万和等都属于此类。还有一种是小规模的土特产专业代理经营，主要经营本地土特产，有的只代理一个或几个类型的土特产，如茶叶经营、酒类经营等，也有的走全面经营路线，代理的产品类型比较齐全，档次覆盖也比较全面，如张家界的祥和春、湘小伍等土特产连锁经营就属于这种模式。

（三）O2O 经营模式

O2O 模式即 Online To Offline（线上到线下），是一种线上与线下融合的模式，将线上的互联网与线下的商务机会相结合，让互联网成为线下实体店交易的前台[5]。一般地，人们通过线上浏览了解和选择土特产，在旅游中寻着途径到线下的实体店里确认选择，并在线上付费。这是对旅游土特产的一种全新销售模式。随着互联网技术的不断成熟，旅游者群体选择这种模式进行土特产选购的将会越来越多，而且这种模式不仅限于旅游过程中，消费者在实体店确认消费后，如果对产品产生偏好，也可以在今后的生活中继续购买。食品类土特产选择这种方式经营具有较强的市场持续性。

（四）列车特产经营模式

列车特产经营是近几年土特产销售出现的一种新模式。我国铁路纵贯南北、横穿东西，列车在行驶的过程中跨越众多省、市，各条线路列车会选择起始站或终点站的代表特产，将特产销售引入列车服务中。这种模式既可以使乘客在短短数小时的旅途中感受到各地的特色，减轻旅途的枯燥感，同时又能销售各地土特产，产生经济效益，拉动各地经济的发展。这种模式通过列车的移动将不同地方的特产销售给消费者，具有一定的吸引力和可信度。

（五）导游车载销售模式

随着《中华人民共和国旅游法》的出台，导游从业人员在购物中获得的回扣等收入越来越少，为了改善生存现状，越来越多的导游选择在旅游车上代销土特产，尤其以食品类特产比较畅销。这种销售模式一方面节省了旅游者进店消费的时间，另一方面又满足了部分旅游者的消费需求，一定程度上也改善了导游的生存环境。虽然目前有的导游销售的产品不一定是旅游地的土特产，产品品质难以得到保障，但这种销售模式的存在有其合理性，如果在产品上能适当进行控制和引导，有可能会成为旅游地土特产经营和销售的一种补充方式。

第二节　食品类土特产对旅游目的地的作用及贡献

一、土特产的作用与贡献

（一）增加旅游目的地经济效益

随着人们收入的不断提高和消费观念的改变，很多旅游者在旅游过程中消费能力不断增强。购物是许多游客消费的重要方面，购买各地旅游土特产也是旅游者出门在外的必选项目。旅游目的地通过生产、销售旅游土特产，经济效益得到了提高，有的地方土特产甚至成了当地的主导产业，如安化黑茶产业，促进了当地的经济发展。

（二）传递旅游目的地文化

饮食文化是旅游目的地文化的重要部分，食品类土特产在原料、制作工艺、品尝等过程中，都具有浓厚的地方文化特色，因此成为向外界传递地方饮食文化的重要载体。在食品类土特产开发中，也要充分重视原产地文化内涵的挖掘，在产品创新、包装设计等方面充分展现旅游目的地的历史文化。

（三）树立旅游目的地形象

旅游目的地形象不仅体现在景区特色上，还可以通过特色旅游商品去树立。土特产商品大多具有浓郁的地方特色和标签，土特产自身包含的文化内涵、生产工艺水平以及包装设计等，都能充分体现旅游目的地的商业形象，建立与旅游者的沟通渠道。

二、食品类土特产行业发展的未来前景

（一）消费市场越来越广阔

随着人们生活水平的不断提高，对物品的消费水平也会水涨船高，有特色、品质好的物品将会成为人们消费追逐的对象。食品类土特产的"土"和"特"使其具有满足人们的消费欲望的条件，随着人们消费能力的增强，这一类产品的消费市场将会越来越广阔。

（二）互联网推动作用越来越强

传统的旅游购物店都是一些实体店。互联网出现之后，实体店开始还只是利用互联网做一些宣传，发展到现在，利用互联网电商开店，直接就能把货物卖给所有人。这些人中的大多数不是在旅游中购买商品，而是一种一般性购物行为。随着物流业不断发展，互联网对食品类土特产销售的推动作用将越来

强，也就是说，无论是不是旅游需要，人们都可以通过互联网购买到各地的土特产。

（三）信誉和品质越来越重要

现阶段我国旅游土特产行业的主要问题在于消费者对土特产的品质表示怀疑，因此，未来要做好土特产行业，土特产不仅要坚持"土"和"特"的优势，还要讲究信誉和品质。目前市场上，部分土特产存在假冒伪劣的情况，以次充好，有的地方土特产甚至都不是本地生产的，严重损害了消费者的权益，土特产行业也因此面临很大的发展困局。破解这一困局最好的办法，就是保证土特产的品质，重塑市场信心。

第三节　张家界土特产旅游开发面临的问题

据座谈调研分析结果看，张家界市食品类土特产行业发展面临的问题与政府、企业以及行业协会三大主体关系密切。

一、政府重视不足，管理欠缺抓手

从政府角度看，在张家界市食品类土特产行业发展中还存在观念问题、平台搭建问题以及政策支持问题。

1. 土特产作为旅游宣传品重视不够

在食品类土特产（甚至整个土特产行业）的营销上，政府重视不够。作为一个以旅游立市、旅游兴市乃至以旅游强市的地级市，张家界市对旅游目的地形象的营销非常重视。旅游界有个说法，政府营销的是形象，企业营销的是产品。这固然没错。但张家界市政府对土特产的营销明显重视不够。从飞机场、火车站、汽车站这些主要的游客集散中心看，绝大多数广告都是景区的宣传，而像具有极大消费潜力的旅游购物品，尤其是张家界土特产较少在这些枢纽中心看到。

2. 土特产现代营销模式认识不深

这一问题表现在政府对电商的认知比较肤浅，没有真正弄懂电商是什么。有些政府官员认为企业要狠抓产品质量，原料质量的供应、生产环节的质量把关都很重要，这没有错。但有的官员认为电商也可在供应链上做做工作，甚至说电商可在供应链的源头，即原料上自己去种植，这想法也不错但有点天真，但还是犯了个简单的认知错误。电商是什么？电商即电子商务就是通过互联网做生意，其本质就是一种营销渠道，就是"互联网＋产品"，产品尤其是质量过硬的产品是核心，互联网是方式。把企业或厂家该做的事要求电商去做就犯了常识性的错误。

3. 土特产经销平台搭建欠缺

张家界有工业园区，有产业园区，但没有具有较大规模的土特产展示区，或旅游购物大卖场。土特产经销平台实际上也是一个公共服务设施的建设与规划问题。

4. 土特产生产经营政策扶持不够

这一问题主要体现在政策宣传、制度落实、土地政策、金融政策等方面。

在政策宣传方面，尤其是税收政策宣传还不太到位，还应加大宣传力度。如张家界大部分食品类土特产生产经营企业为小微企业，应针对这种现状，加大宣传国家相关政策。如财政部、税务总局为扶持小微企业的发展壮大，专门规定，自 2014 年 10 月 1 日起至 2015 年 12 月 31 日止，对月销售额（营业额）低于 3 万元的小微企业，免征增值税和营业税；自 2015 年 1 月 1 日起至 2017 年 12 月 31 日止，对年应纳税所得额低于 20 万元的小微企业，减半征收企业所得税等。这些相关内容要及时为小微企业进行宣传讲解。此外，还应对《张家界市鼓励和保护外来投资的若干规定》（张政发〔2009〕7 号）中有关土地、收费、财政税收、审批、保护等相关内容与政策，《张家界市招商引资优惠政策》中有关的土地使用优惠政策、规费优惠政策、税收优惠政策等，以及《张家界市加快发展开放型经济的若干政策措施》中的相关政策进行宣传与讲解，做到"送政策下企业""送服务下企业"。

在制度落实方面，还存在落实不到位的问题。据座谈会企业代表反映，存在补贴不到位的问题。当地政府不能做到雪中送炭，往往是民营企业做得好时当地政府机关就来监管你，有困难需要政府帮助与支持时就不见人影。像国家出台的政策和湖南省及张家界市、各区县出台的相关优惠政策如收费、财政税收等方面的政策要落实到位，做到无一遗漏。针对食品类土特产企业，除上述文件规定的相关优惠政策要落实外，还应针对《张家界市食品工业企业诚信体系建设工作实施方案》（张政办函〔2011〕83号），保障食品类土特产企业尤其是试点企业享受的优惠政策真正落实到位。对于扰乱食品类尤其是食品类土特产企业的行为实施严厉打击。此外，对于一些真正的困难企业也要实施困难企业稳岗补贴政策，并对符合条件的困难企业给予一定的稳岗补贴，帮助它们暂时渡过难关。当然对于长期靠政府扶助，企业利润远远低于政府补助资金的企业，要敢于"断奶"，政府要有敢于甩掉包袱的勇气。

在土地政策方面，存在土地供给、土地保障不够问题。据超市、商场企业代表反映，每到周末，停车位就严重不够，希望城建部门、城管部门给予土地停车方面的支持。有些生产经营有机食品（如大米）的企业代表反映，田地数量少，规模不大，最终生产出来的有机食品数量不多，不能形成规模经济，企业发展不起来。

在金融政策方面，存在融资难、融资渠道少的问题。张家界食品类土特产企业绝大多数是中小企业，在发展过程中存在资金不足的问题。在金融信贷审批环节方面还存在手续烦琐等问题。

二、企业创新发展动力不足，核心竞争力不够

从食品类土特产企业自身看，主要在观念认知、销售对象认知、产品质量、恶性竞争、市场定位、信息闭塞、品牌打造以及缺少创新等方面存在问题。

1. 企业定位低，缺乏战略规划

人类发展史告诉我们：思想观念的落后是最大的落后。贫穷落后地区最主要的问题还是观念认知问题。在张家界土特产生产经营中也存在发展观念及知识认知问题。一是企业目光短浅，缺乏长远规划。很多企业现在不是做企业而是做生意，仅以目前的利润为行为导向，凡是有利益者则为之。因此，出

现罔顾土特产食品安全卫生、罔顾行业规则、罔顾企业长期发展等行为。二是"等、靠、要"思想仍然严重。有不少企业不是忙于自己企业的生产经营业务，为企业创造利润，为政府创造税收。而是总往政府跑，要资金、要扶持政策，其向政府要的钱比企业本身创造的经济效益还要多，这些企业变成了政府的"吸血虫"。三是缺少合作、抱团取暖、共同营销的观念。如生产经营娃娃鱼系列产品的企业、葛根粉的企业、辣椒的企业等都是各自埋头苦干，较少考虑两家甚至是多家合作，共谋发展、强强联手的问题。

2. 销售对象过于集中，缺乏大市场思维

当前张家界市食品类土特产生产经营企业把游客当作主要的也是重要的市场销售对象。不可否认，作为国内知名、国际有名的张家界市，每年前往张家界旅游的游客人数达 400 多万人次，这是一个非常庞大的市场。土特产生产经营企业把游客当作销售对象没有错，游客应该是一个相当重要的市场。但如果把游客当作最主要或全部销售对象，这点就值得商榷。食品类土特产生产经营企业除了把游客当作一个重要的市场外，还应把本地居民（含城市市民）当作对象，还应通过互联网把食品类土特产销售给未谋面的网民，他们也是一个相当重要的市场销售对象。

3. 产品质量保障没有成为企业第一要义，缺乏安全意识

不可否认，张家界土特产的总体质量不太令人满意。除了外地土特产尤其是有些以次充好的产品冲击外，本地有些企业缺少行业自律也毁坏了整个张家界土特产的形象。如葛根粉本来是一种相当好的食品，具有保护心血管、调节肠胃功能、增强体质等重要作用，是张家界三宝之一。但有些企业只顾眼前短期利益以红薯粉充当葛根粉卖给游客，最终受损的是张家界形象以及企业自己。2015 年 1 月 19 日，央视曝光病死猪被制成腊肉香肠作为特产卖给游客，其中就提到几家张家界本地的企业，其中还有几家是张家界知名企业，这可以说对成长中的张家界食品类企业来说又是雪上加霜。另外，张家界不少食品类土特产生产经营企业都缺少质量监测设备，其质量把关都是内部自定标准。目前，只有一家生产食品类企业引进了杀菌生产线。

4. 价格成为市场主要竞争力，行业缺乏核心竞争力

张家界土特产的恶性竞争问题着重体现在两个方面。一是企业间的恶性竞争。可以说，张家界土特产生产经营企业间的竞争仍然处于市场竞争中的最低竞争阶段，即价格竞争阶段。有些企业只顾眼前利益，缺少长远发展眼光，以低价格进行产品销售，扰乱了整个土特产市场。二是不良导游车载产品销售扰乱市场。由于全国性的导游薪酬管理体制问题，以及《中华人民共和国旅游法》明文规定的"不得指定具体的购物场所"等规定的实施，不良导游为利益驱使，在旅游车上推销土特产，对游客销售低劣、低价格产品。加上游客对土特产的优劣辨识度不明，有些游客只看重价格而忽视产品质量等，这样就助长了不良市场的形成，导致假冒伪劣产品盛行，形成了"劣品驱逐良品甚至优品"现象。

5. 产品定位与宣传有误区，企业与市场缺乏有效沟通

在 2015 年 5 月 31 日召开的"张家界食品类土特产产业深度调研"课题开题及座谈会上，不少企业代表开诚布公，畅谈了自己企业发展中存在的问题及困惑。从中可以发现，有不少企业对自家生产的产品存在市场定位不准的问题。如有家桑植的企业，生产的白茶比福鼎白茶还好，但价格较贵。该企业认为老百姓买东西，只看价格，不看品质，便不便宜。有一家生产娃娃鱼面的企业也存在类似困惑。其实这两家企业都犯了市场定位不准的毛病。像这两种产品瞄准的消费群体就应该是中高档市场，而不是普通的大众群体，企业的营销就应该针对中高档市场进行轰炸式宣传。

6. 产品技术含量低，行业缺乏技术进步推动

张家界食品类土特产生产经营企业存在信息闭塞或信息不对称问题。观察目前张家界食品类土特产企业可知，不少是规模较小的企业，甚至是家庭小作坊式企业。它们只知埋头苦干，利用当地的原料进行加工生产，不太注意其他生产同样产品的企业，对电商的认知、销售功能不太清楚。另外由于严重缺乏电子商务方面的技术人才，有些土特产经营企业对电子商务的看法存在较为严重的错误认知。本地一些刚起步或稍有业绩的土特产生产经营企业找不到销路或销路遇到问题时也不愿寻找电商的合作。在这些企业看来，电商是企业或厂家的敌人，因为在他们看来线上（虚拟商店）卖的同样产品比线下（实体商店）卖得便宜，价格更低，导致这些企业不得不降低价格，从而利润下降。其实电商绝对不是厂家或企业的敌人，而是朋友。因为电商打击的是中间流通环节的利润，电商的出现可以减少中间流通环节，从而降低企业运营成本。

7. 产品种类多，但缺乏品牌

张家界有不少地方特产，但能够叫得响的旅游品牌土特产却较少。像说起百合大家都知道兰州百合，枣子都知道和田玉枣，莲子都知道湘莲，石榴都知道临潼石榴，脐橙都知道赣南脐橙，板栗都知道怀柔板栗等。而闻名遐迩的具有"地理标志"性的土特产在张家界还较少。如果在国内提起葛根粉大家都知道张家界葛根粉或张家界是葛根之乡，七星剁椒都知道沅沽坪七星剁椒，香肠、腊肉都知道张家界香肠、张家界腊肉等，那品牌才是真正树立了起来。

目前，张家界有少数几家拥有了"地理标志"性的企业。这些企业在获得"地理标志"后，更加需要"内敛气质，外修形象"，沉下心来做实事，才能为土特产在省内外、国内外的市场上开出致富路。"内敛气质"就是要把好产品的质量关，土特产如果没有好的品质监控，就有可能被市场淘汰。外修形象就是要把好"地理标志"的声誉关，这个声誉靠的是"地理标志"下每个地理商标使用人小心翼翼地呵护，提高土特产的附加值，由原来的粗加工向深加工转变。

8. 创新研发问题

总的说来，处于发展初期阶段的张家界土特产生产经营企业还存在创新研发能力不足的问题。原因有三：一是企业资金问题；二是目标问题；三是对创新研发的重视问题。张家界有不少生产经营企业自身规模就小，主要是家庭作坊式的生产，谈何创新研发？有些企业发展到一定程度，获得一定利润后满足于现状或不知创新。如葛根粉生产经营企业生产的葛根粉几十年都一样，只在包装上下了功夫，但对于产品的多样化（含形式、味道的多样化）、休闲化、速食化较少关注。没有针对"90后""00后"的消费习惯推陈出新，向市场提供新的与时俱进的产品。

三、行业协会管理无力，行业氛围不浓

张家界涉及土特产行业的工商联总会本身存在一系列问题。其一，与土特产行业相关的工商联总会的监管地位是否得到认同问题。具体来说，工商联总会角色、地位是否得到相关企业的认同？其二，工商联总会的作用、职责与政

府监管部门的职责是否存在雷同问题，是否存在僭越问题？其三，行业协会本身的建设、监管体系是否健全？相关章程、制度是否完整、落实到位？

第四节　张家界食品类土特产开发存在的风险

在调查中发现，目前张家界市土特产生产销售企业多为规模中小微企业，缺乏履约保证和违约后的赔偿能力。2014年年底的腊肉事件，郝胖子、吃香等企业的悲剧虽说是个案，但也一定程度暴露出了张家界市食品流通行业在多个方面，特别是抗风险能力和规范管理方面的问题。

一、不少生产企业和个人"险中求富"，无长期规划，导致抗风险能力差

抗风险能力差是张家界市土特产行业多年来积存的沉疴，像死猪肉制作腊肉这样的恶性事件在张家界市土特产行业也时有发生。有时就只是一次疏忽，或是一次经营失误，企业便遭覆灭。走访中，有些行业内人士说，经营土特产生意就是在"险"中求富。随着越来越多的导游车载市场的打开，导游销售赚取利润占到了产品销售的50%以上，市场竞争日益加剧，目前特产生产供应生意利润微薄，小作坊生产厂家经营者主要靠委托加工生产维持生存，通过为中间商大量代工做短线投资，来赚取利润。然而很多定制的产品，因为缺乏对产品的长期规划，对产品质量要求也较低，而昙花一现，却令厂家对市场销量的估计过于乐观，产生大量存货，资金套牢，最终失去资金周转能力，盈利能力续而丧失。

为了增强经济实力和竞争力，有些小作坊便联合起来，互为连带担保从信贷机构贷款，但这却更加大了经营的风险，往往是一损俱损，就如同多米诺骨牌一样，一家"倒了"就会因连带牵扯一批企业。

同时，由于导游群体松散的特点，相关文件只是针对正规店铺进行了规范规定，并没有明确规范导游车载市场，导游行政管理部门和工商行政管理部门缺少明晰的权责划分。这样看来，导游车载既是土特产销售市场活力的分子，

更是行业健康发展隐疾，亟待提升和规范。

二、只顾传统式发展，无视信息化带来的行业变化，不转变思想，导致抗风险能力差

据了解，近年来，也有不少土特产商家意识到了信息化和电子商务对生产销售的好处，先后依托天猫、阿里巴巴等大型销售平台建成了大型电子商务旗舰店，政府对于少部分电商企业也给予了部分优惠政策，提供了优惠的工业园办公场地，鼓励其发展壮大。但其高昂的物流成本，也使部分企业萌发了到长沙发展的念头。

但从总体上来看，多数土特产企业规模偏小，各自为战，产业链条单一，信息化、管理科学化水平较低，抗风险能力差。现代土特产行业需要信息化作为先导，要提供最佳的服务，客户管理系统必须有良好的信息处理能力。信息化是一切的基础，只有实现了信息化，才能实现生产的科学化，避免传统特产行业经营的盲目，将生产的产品更加快速销售到客户手中。

参考文献

［1］佚名. 土特产热卖 掘"土"成金［J］. 科技创业月刊：创富指南，2010（12）：10.

［2］成浩. 土特产市场李鬼横行［J］. 法制与社会：锐视版，2013（19）：3.

［3］龚美慧，王铜梁. 我国土特产行业发展研究［J］. 城市地理，2015（22）：233-234.

［4］王先庆. 粤港澳大湾区背景下贸易方式变革与贸易体系重构——基于"前店后厂"关系视角［C］// 广东省社会科学界联合会 .2019 年广东社会科学学术年会——粤港澳大湾区与全球化贸易学术研讨会论文成果汇编，2019：9.

［5］汪旭晖，张其林. 基于线上线下融合的农产品流通模式研究——农产品 O2O 框架及趋势［J］. 北京工商大学学报：社会科学版，2014，29（3）：8.

第四篇
提质升级的发展篇

|第十三章|
张家界旅游业提质升级的理念及战略

第一节　张家界旅游业提质升级的理念

一、发展新理念

旅游业提质升级要契合党的二十大提出的科学发展新理念，坚持创新发展，积极推动旅游业体制改革，重新配置旅游要素，发展产品新业态，对接市场新需求；坚持统筹发展，从战略统筹角度，对张家界市进行整体谋划，推动产业联动；坚持融合发展，充分发挥"旅游＋"的拉动、催化和集成作用，通过多元融合，催生附加值高、成长性好的旅游新业态[1]；坚持可持续发展，严守生态红线，倡导生态、低碳的旅游方式，推动张家界旅游产业健康可持续发展。

二、总体新定位

依托张家界世界自然遗产和多样交融的红色、人文、民俗旅游资源谱系，以全域生态山水为基地，整合现有景区、景点，挖掘庸城文化、土家文化等文化内涵，以休闲、度假、游憩为核心诉求，实现文旅融合，把张家界建设成为集山水览胜、户外游憩、民俗体验、红色研学、乡村旅游为一体的国内外知名的旅游目的地。

三、发展新战略

依据旅游业转型提质目标下创新、统筹、融合、可持续的发展理念，按照全市统筹、梯次推进、品牌引领、融合共享的发展思路，坚持整体布局、多级联动、广泛参与的原则，构建起"1235"转型提质战略思维，即一大集成中心、两大驱动平台、三大供应体系、五大开发模块（见图13-1）。

图 13-1 "1235"转型提质战略思维

第二节 张家界旅游业提质升级的指导思想、原则及目标

一、指导思想

高举中国特色社会主义伟大旗帜，全面贯彻党的十八大和十八届三中、四中、五中、六中全会精神，深入贯彻习近平总书记重要讲话精神，落实党中央、国务院决策部署，按照"五位一体"总体布局和"四个全面"战略布局，

牢固树立和贯彻落实"创新、协调、绿色、开放、共享"的新发展理念，以"转型升级、提质增效"为主题，实施"对标提质、旅游强市"战略，促推旅游业与农业、林业、水利业、体育、教育、商业等一、二、三产业深度融合，以丰富旅游产品供给为抓手，以创立国家旅游经济示范区为目标，按照"三星拱月、月照三星"总体布局、"双核三极多点"产业布局，做精做美全域旅游，大力推动张家界市旅游业高质量发展[2]。

二、基本原则

（一）坚持产业融合、全产业链发展的原则

坚持旅游业与农业、林业、水利业、商业、体育业的融合发展，充分挖掘农、林、水利、商、体资源发展潜力，开发其生态功能、休闲功能、康养功能、美学功能和文化内涵等，实现农林水利种植养殖、农产品加工、休闲农业、康养休闲业的全方位发展，结合当地民俗文化、饮食文化、历史文化、自然文化等文化产业和旅游产业的开发，形成特色农业、旅游业、农产品加工业的渗透融合体系，延长农林水商体业的产业链，提高产品附加值，实现全产业链发展[3]。

（二）坚持因地制宜，可持续发展的原则

根据全市各地资源禀赋、区位优势和发展水平，分类规划，因地制宜，合理规划不同的优势产品生产区域，发展特色优势产品，逐步形成特色农、林、水利、商、体的产品生产、加工和流通相协调的现代产业体系。在发展现代融合产业进程中，着眼于融合产业的长远发展、持续发展，有效利用、配置、保护农林水商体资源，增强对农林水商体资源多样性的管理和保护，强化污染治理，统筹人与资源、生态和环境的和谐发展，走"安全、高效、创新"的现代融合产业发展之路。

（三）坚持体制机制创新，深化农村改革原则

在保持农村土地承包关系稳定并长久不变的前提下，推进农业经营体制创

新，在切实尊重农民意愿、维护农民利益的前提下，大力推进土地有序流转，培育新型农业经营主体，发展农业适度规模经营，全面深化农村产权制度改革，促进农民增收致富和现代农业与旅游业有机衔接的发展[4]。

（四）坚持"政府支持、个体与企业主体、社会参与"的原则

强化政府引领作用，加大强农惠农支持力度，财政资金主要用于农林水利商体文产业建设的公共部分和关键环节，充分发挥农户个体与企业的主体作用和首创精神，引导和鼓励社会资本、金融资本投入融合创新产业，凝聚各方力量，合力推进"旅游+"融合发展[5]。

三、主要目标

力争在 3 年后全市旅游接待人次达到 1 亿人次 / 年，夜宿旅游者达到 55%，实现旅游年收入 800 亿元，带动就业 25 万人以上。通过旅游精准扶贫消灭贫困村，建设"旅游 + 农业"示范点 10 个、"旅游 + 水利业"示范点 8 个、"旅游 + 林业"示范点 10 个、"旅游 + 体育业"示范点 4 个、"旅游 + 商业"示范点 10 个。

第三节　张家界旅游业提质升级的主要任务及战略布局

一、主要任务

（一）统筹建设提质升级融合创新发展规划

将提质升级、"旅游 +"融合创新发展规划与区域发展规划对接，在经济建设中，将"旅游 + 农业 + 林业 + 水利业"打造成战略性支柱，成为稳增长、调结构、转方式的重要力量；在生态文明建设中，以"旅游 + 农业 + 林业 +

水利业"转化生态价值，传播和分享生态文明；在政治建设中，以"旅游＋教育产业"推进社会主义核心价值观教育；在文化建设中，以"旅游＋文化产业"继承传统、发展文化创意产业。

（二）打造"旅游＋"融合创新平台

由市政府牵头成立"旅游＋"融合创新平台，以网络、信息、协调互通服务于融创，推动传统旅游产业的转型升级。"旅游＋"融合创新平台包含四大功能模块："旅游＋"融创信息互通体系、"旅游＋"融创设施保障体系、"旅游＋"融创服务体系、"旅游＋"融创产品供应体系。"旅游＋"融创信息互通体系主要负责平台内部的互联互通，采集用户行为数据及用户的评价反馈，分析用户的消费需求，有效规避信息不对称导致的旅游者被宰、产品假冒等问题，公布行业黑名单。"旅游＋"融创设施保障体系负责保障平台运行的物质基础，包括一切与旅游相关的行业，如法律、医疗、运输、通信等，保障平台的平稳运行。"旅游＋"融创服务体系主要为旅游者推荐酒店、宾馆、导游、交通服务等，解决产品伪劣、价格虚高等问题，平台提供旅游企业的业务项目信息、服务满意度、售后评价等数据，并设立投诉渠道。"旅游＋"融创产品供应体系面向广大消费者提供产品信息，链接"旅游＋农业""旅游＋林业""旅游＋水利业""旅游＋体育业""旅游＋商业"等产品供应区块，提供产品信息，是"旅游＋"融创平台向消费者供应产品的窗口。

（三）打造"旅游＋"融合创新示范点

各地以"旅游＋"融合创新示范点创建为抓手，搭建更大的融合平台，通过推动"旅游＋"项目促进传统产业的创新和衍生产业化，寻找"旅游＋"融合的突破点和增长点，同时对接张家界市全域旅游发展战略，培育发展新亮点。

（四）实施"旅游＋"整体营销

把"旅游＋"宣传推广纳入张家界整体形象对外宣传的总体战略中去，以宣传口号的形式进行整体营销，如"奇山秀水聚宝盆，天上人间张家界""迷人的张家界，名副其实的人间仙境"等脍炙人口的广告语，或以"美丽的张家界"为中心主题的系列活动进行整体营销，提出张家界旅游整体营销的主体形象，并结合具体的营销活动进行宣传，避免张家界旅游形象的多元宣传导致形象泛化，实现"旅游+"广告效应的最大化。以政府为主导，整合行业力量实施"旅游+"整体形象宣传，市政府主导实施张家界"旅游+"产品的推广，财政拨付专款，委派专业团队，精心策划与推广。整合全行业的力量，综合利用各种有效资源，打造专业化旅游目的地营销平台，突出张家界旅游宣传的整体性概念和特色，丰富张家界整体旅游形象内涵，增强产品竞争力。另外，"旅游+"产品的市场营销应该具有长远规划和可持续性，用同一个形象、同一个声音，对消费者不断地进行整合传播，强化张家界"旅游+"的整体形象，使旅游者产生深刻印象。同时充分利用信息技术开展网络营销，向消费者快速、及时、全面地提供旅游消费信息，增加旅游信息的可用性，加强主、客互动与便利性，满足旅游者的个性需求。

二、张家界旅游业提质升级的战略布局

（一）一大集成中心

张家界拥有完备的设施、优越的交通和快捷的信息流，在全域旅游时代，理应承担起集散中心和服务中心的职能，包括客流集散、餐宿服务、信息服务等。全域旅游强调全局协调和产业统筹，是对传统景点旅游发展模式的突破，张家界旅游业转型提质发展面临着继承传统成果和开创新局面两大任务。张家界在传统景点旅游方面取得了举世瞩目的成就，可以通过精品化、标准化、个性化、智慧化实现成果转化，通过精品化提升张家界旅游产业的品牌形象和竞争力，以标准化完善旅游业质量体系，融入国家标准体系的建设，通过个性化彰显地方特色，以智慧化实现张家界旅游产品的网络延伸，对接转型提质的产品创新。

张家界作为全域旅游中心城市，除了是政治、经济、文化、商业中心以外，还要建成为游客集散中心、形象展示中心、文化体验中心和休闲娱乐中心。用建景区的理念建设城市，彰显本地文化元素，合理规划功能分区，将城

市划分为若干功能分区，用景区的理念建设城市各个功能分区，用景观化的理念造楼盘，形成处处是景、景城结合的良好格局。实现张家界城市信息化，一是无线网络全覆盖，二是信息内容全面化，三是信息渠道多元化，四是公共信息符号化。实现张家界城市休闲化，在空间布局上突出城市的休闲功能，密集分布景点、公园、城市绿道、功能街区[6]；在产业结构上优化休闲，突出第三产业比重，做大做强第三产业；在基础设施上体现休闲，充分考虑游客的需求，优先建设酒吧、茶吧、书吧、睡吧；在商业模式上趋向休闲，将休闲与购物、餐饮、演艺、运动紧密融合。实现张家界城市国际化，一是语言国家化，配备擅长英语口语的工作人员，培养英语导游。二是文字国际化，各种编牌标识系统、道路指示系统、景观介绍系统，都要根据客源结构增加相应的外文。三是服务内容国际化，了解客源国概况，研究客源国的宗教信仰、风俗习惯，提高服务的针对性。

（二）两大驱动平台

1. 依托"旅游+"促进产业融合

打造"旅游+"平台，把产业融合作为推进转型提质发展的有力抓手。

促进旅游与农业融合，打造花卉盆景基地、婚庆产业园区，将花卉苗木传统的"封闭式经营"升级为"综合式经营"，形成旅游集群效应，从而实现联动式消费；打造果蔬采摘园，对果蔬进行创意化设计，形成以果蔬花朵、果实、苗木及其以吉祥寓意为原型的各种创意景观、休闲空间和动态体验项目；打造休闲农场，集生态农业、养生度假、科普教育于一体，提供安全健康的农产品，实现经济价值、社会价值和生态价值的现代旅游农业创新经营。促进旅游与林业融合，针对经济林以外的林业资源，秉承"树顶木屋、树中穿越、林下游憩"的三维空间开发理念，依托树冠开发树顶度假木屋、树顶休闲书吧、树顶观光餐厅等项目，将观光与休闲进行整合；依托树干，通过空中吊桥、藤索、栈道，打造适合儿童、团队的拓展训练项目；树下利用陆地空间打造帐篷营地、森林氧吧、林下采摘等项目。促进旅游与体育融合，将传统观赏型体育运动发展成为体验式体育运动，通过徒步、溯溪、穿越、潜水、滑翔、运动自行车、滑雪、登山、划船等新兴体育运动带动体育小镇建设，使体育产业兼具文化、旅游、养生功能。促进旅游与商业融合，依托临河、滨湖新建商业街区，在设计中贯穿"城市微度假"主题，着意打造城市"微度假场景"，将园林式街区与休闲场所和谐地融为一体，运用绿色植被、假山、喷泉水系、文化长廊等环境元素，实现空间的自然延展。

2. 通过"互联网+"催生智慧旅游

促进全域旅游与互联网深度融合，打造智慧旅游，为游客提供更加个性化、多样化、智慧化的旅游生活。

建立旅游大数据服务中心，实现景区人流、酒店住宿、气象数据、交通拥堵等实时数据的屏幕推送，为游客提供实况数据的手机查询，提供热力分析图谱，方便游客错峰出游。建立"手机畅游张家界"App平台，提供张家界范围内所有旅行社、景区、酒店、餐饮、娱乐场所、购物商城的信息，游客只需用手机下载客户端，就能查看张家界市的旅游咨询、旅游线路、在线导览情况。与腾讯智慧文旅平台合作，为游客提供购票、线路优化、景点讲解等服务，每到一处景点，游客只需轻轻点击，即可打开语音讲解，避免了没有导游和陌路的困扰[7]。建立互联网服务公开、投诉理赔、运营监管窗口。将全市主要景区、旅行社、酒店的服务项目、服务内容、质量承诺进行网络公示，开辟网络投诉窗口，保障游客的旅游权益和旅游体验，建立旅游行业主管部门监管机制，对旅游企业经营动态实施观察、了解，监督旅游运营状况。

（三）三大供应体系

1. 提质升级的全域旅游要素体系

传统"食、住、行、游、娱、购"六要素旨在"服务游客"，已经形成了行程与供应的稳定模式，转型提质需要重新构建全域旅游要素体系，从时间、空间和领域上实现突破。结合资源优势、品牌优势，张家界可以从"商务、度假、休闲、养生、研学、新奇"六个方面构建新的旅游要素体系。（1）拓展张家界"商务"旅游业务。承办国内外会议、展览项目的策划与接待，借武陵山区六城同创机遇发展商务旅游，丰富旅游产品体系。（2）打造宜居度假目的地。走"生态观光·高端度假·综合开发"的路子，结合度假旅游地产开发，打造山地度假、温泉度假旅游形象，将张家界建设成为宜居城市。（3）发展休闲产业。包括都市休闲、乡村休闲、山地休闲，通过购物、阅读、河景、山色、温泉、风光带，让游客置身于温煦阳光下，踯躅于森林怀抱中，在"闲适"中达成积极的休息。（4）开发生态养生。充分利用张家界区位优势、环境优势、资源优势，开发森林养生、温泉养生、饮食养生项目，打造养生人文环境。（5）推动"研学"游。针对学者、专业人士、学生提供科考、培训、修学、拓展、夏令营、冬令营等服务项目，扩展张家界全域旅游产品的空间。（6）挖掘"新奇"审美情趣。开发以探奇为主要特征的新产品、新要素，包括探险、游乐、登山、骑行等深度体验的旅游方式，以探索、发现的个性化体验经历，促使游客获得身心的锤炼和提升。通过构建新的旅游要素体系，推动张家界旅游业产业布局、产品结构、服务方式的改变。

2. 提质升级的全域旅游交通供应体系

在旅游业转型提质期，产业融合和出游休闲化、度假化对旅游交通提出了新的要求。对比已有的旅游交通，张家界应该从网络化、立体化、景观化等方面加强旅游交通供应体系的建设，通过密集、多样、优质的旅游交通服务将旅游者、旅游资源、乡土民俗、各类业态有机串联在一起，不仅服务旅游，而且加深行业融合，催生新业态，为旅游者出游休闲化、度假化创造条件。首先，拓展交通支线，实现旅游交通网络化。以主要景区景点为中心点，建设连接美丽乡村、农业示范基地、山地景观的交通支线，以旅游为引领，带动林业、农业、渔业与旅游业的融合发展，增加新的旅游吸引物，提升旅游形象；其次，实现旅游交通多层级供应，满足各类游客的旅游交通需求，增开与韩国等重要客源国的国际航班，增加与国内重要客源地的旅游列车班次，加快高铁的运营宣传，在市域交通范围，从交通工具、交通调度、交通服务上实现多样化；然后，增加旅游交通服务网点，合理分布旅游集散中心、游客中心、咨询服务站、旅游岗亭；最后，重视交通线路质量建设，实现路景融合，重视路面、路基建设，注意培植两侧绿色植被，将交通线景观化，多修观景台，达成处处皆景点的效果。

3. 转型提质的全域旅游公共服务体系

进入转型提质阶段，游客的旅游活动自由、灵活、多样，对旅游公共服务的需求将急剧增加，张家界旅游公共服务结构不合理的问题将进一步凸显。

"十四五"期间，张家界应当将旅游公共服务体系视为重要工作。首先，要加强旅游设施建设，主要是以停车场、镇际交通、景区摆渡为主的交通设施，以观景台、休憩点为主的游憩设施，以游客服务中心、残疾人指引为主的便民设施等。其次，重视旅游咨询服务。在景区建立旅游引导标识，提供静态咨询，为游客服务中心、咨询台配备高素质工作人员，为游客提供现场咨询，开通旅游电话呼叫中心，为游客提供远程咨询服务；然后，健全旅游安全保障措施。建立市、县、乡三级旅游应急救援中心，健全应急救援规章制度，保持110、119、120等报警电话的即刻服务，及时回应游客的紧急求助，积极推动旅游相关部门的联动，推动以意外险、人身安全险为代表的保险服务建设，建立游客法律援助机构。最后，加强旅游保障建设。重视旅游从业人员的教育培训，定期评估服务质量，建立游客投诉服务平台，实行旅游投诉的标准化处理，推行旅游企业、旅游景区、旅游服务机构的评级、监测机制，推动旅游公共服务的有序开展。

（四）五大开发模块

1. 景区景点提质升级开发模块

张家界旅游业已经取得了举世瞩目的成就，以武陵源世界自然遗产为核心的景区景点谱系得到了外界的一致认可，在转型提质阶段，各类景区景点可以发挥辐射、带动功能，依然是开发的重点。（1）充分利用张家界景区资源的品牌优势，为张家界全域旅游发展造势，增强张家界旅游业的起点优势；（2）以景区为核心，建立旅游功能分区，如张家界东线以大峡谷为核心的体验旅游、西线以洪家关为核心的红色旅游、南线以天门山为核心的城市花园，将整个功能分区视为一个大景区来规划、建设、管理和营销，形成全域大发展，区域有特色；（3）以景区为点、旅游交通为线，辐射周边，按照点、线、面、网的延伸覆盖原则，实现景区周边的全域覆盖、全资源整合、全社会参与；（4）强化景区的带动功能，改变景区旅游点线式产品结构，将景区与周边的美丽乡村、农业示范区、民俗文化、体育科教高度融合，打破区域阻隔；（5）弱化景区的视觉观光效果，减少套路式的神话传说、历史故事，充分挖掘生态景观的文化审美意义，从摄影、造型、养生、环保等方面引导游客发现山之雄、水之韵、峰之秀，给自然景观赋予文化意蕴，减少远距离观景，增加体验式感悟，使人景相融，景美随心生。

2. 户外游憩提质升级开发模块

在传统旅游时代，户外游憩是指市内适量运动或城郊休闲，进入转型提质旅游阶段，户外游憩的内涵和外延有了极大扩展，包括漫步、野营、野生动物观赏、狩猎、垂钓、山地自行车、野泳、滑雪等在森林、河滩或荒野区域开展的活动。张家界山地资源丰富，开发各类户外游憩项目，将成为张家界旅游业转型提质的重要构成。（1）扩大户外游憩项目覆盖面。张家界山地资源丰富，丛林、丘陵遍布全境，目前业界推出的户外项目覆盖有限，主要集中在城区、城郊及景区周边，随着全域旅游的深入推进，有必要将东线的四十八寨、棉花山以及西线的八大公山、五道水等纳入覆盖范围。（2）丰富户外游憩产品类型。当前开发的杨家界探险游、空中田园背包游、武陵源北线挑战游属中高端拓展项目，难度系数高，只适合少数户外达人，应该开发多类户外游憩产品。开发康体类户外游憩项目，如金鞭溪溯溪游、崇山徒步、棉花山攀爬等。开发运动类户外游憩项目，如茅岩河漂流、红岩岭户外攀岩。开发怡情类户外游憩项目，如江垭水库垂钓、中湖蓝莓基地采摘等。开发少儿游戏类户外游憩项目，如琵琶洲树上拓展、澧水湾水上闯关等。（3）加强张家界户外游憩俱乐部的管理。制定户外游憩市场的地方规章，加强户外俱乐部的行为规范，推动张家界户外俱乐部有序、安全地开展活动，借助蜗牛驿站、星光大道等户外俱乐部频繁、广泛的户外游憩活动，扩大张家界户外游憩市场的社会影响力，推动张家界户外游憩项目的开发与营销。

3. 乡村旅游提质升级开发模块

张家界乡村旅游经历了农家乐、古村古镇、美丽乡村三个时期，在转型提质阶段，张家界乡村旅游不再是简单的供吃观景，而是要打造三重家园：一是要打造青山绿水、环境优雅的自然家园；二是要打造宜居宜游、安居乐业的幸福家园；三是要打造承载文化、发挥传统的精神家园。张家界乡村旅游的三重家园既是建设，也是分享。首先，做好乡村旅游规划。由政府主管部门组织人力进行乡村旅游资源普查，制定科学合理的乡村旅游规划，从顶层设计上消除同质化现象。其次，强调乡村旅游差异性发展。挖掘每个乡村的不同资源，突出每个乡村的个性，建设民俗活动村、农业观光村、传统民居村、特色美食村、休闲娱乐村，大力倡导"一乡一景、一村一品、一家一艺"。再次，注重乡村旅游的参与体验。乡村旅游的主要动机是远离喧嚣、回归山林，乡村旅游的开发应该紧紧围绕参与体验农居生活展开设计，设计出农事活动项目、民俗活动项目、农事采摘项目、农家庆典项目，以乡村旅游的形式把幸福生活分享给游客。最后，突出乡土特色，减少商业氛围。乡土民俗是乡村旅游的卖点，越是乡土的越有个性，拒绝过度的商业包装，主张呈现"真山真水真乡情"。

4. 红色旅游提质升级开发模块

张家界西线旅游以红色旅游为主，由于交通可达性较差，一直不温不火。随着张桑高速、黔张常高铁的相继开通，西线红色旅游迎来了发展的新契机。首先，打造红色旅游品牌形象。张家界红色旅游文化品牌要紧扣元帅故里、长征文化、老区苏区文化三大元素，打造张家界"革命老区，元帅故里"红色旅游品牌形象[7]。其次，实施红色旅游资源与其他旅游资源组合开发策略。充分利用张家界绿色旅游、民俗旅游、研学旅游多格局发展的优势，采取"红色＋绿色""红色＋民俗""红色＋教育"组合开发策略，形成张家界红色旅游组合式开发的格局。再次，做好红色旅游市场细分。针对中小学生推出红色旅游革命教育活动，取得张家界教育系统的支持，将红色旅游作为对学生进行革命传统、爱国主义、集体主义、社会主义教育的第二课堂；针对吉首大学、张家界学院等高等院校的大学生开发军训、社会实践以及"两课"教育项目，实现教育载体的创新；针对党政干部打造党性教育基地、党员"三会一课"教育基地，组织党员干部考察实习、教育培训。最后，做好红色旅游市场营销。重视红色旅游网络营销，依托各类网络平台进行红色夏令营免费体验、有奖转发、集赞有礼等活动，在微博、微信、贴吧、朋友圈形成转发热潮。联合剧组拍摄红色旅游电视剧、电视节目，以元帅故里、洪家关革命烈士纪念塔、战役遗址为取景素材，吸引目标客源市场。通过建党节、建军节开展红色旅游节事活动，吸引游客参与。

5. 民俗文化提质升级开发模块

张家界民俗文化的开发已经取得了一定的成绩，如秀华山馆、土家风情园、老院子等广受称赞[8]。在全域旅游阶段，张家界民俗文化的开发利用需要从开发理念、开发方式、开发内容上进行调整。首先，深度挖掘，提升品位。有必要对张家界民俗文化进行一次全面、系统的大清查，了解各类民俗文化事项的存续状况和文化土壤，对各类民俗文化事项进行科学的价值评估，杜绝盲目开发。对具有开发价值的民俗文化事项，组织专家论证开发的内容和模式。其次，打造民俗旅游标志性事件，创建民俗旅游品牌形象。鉴于社巴节、四月八、六月六、女儿会等民族传统节庆失去了文化土壤，应以正月十五元宵节为民俗节庆平台，集中展示摆手舞、民歌、茅古斯等民俗文化，通过年复一年重复举办，树立民俗旅游的品牌形象。再次，对不同的民俗文化事项采取不同的开发模式。张家界民俗文化事项的品质与状态各不相同，对已趋消失的民俗文化通过搜集、整理，以"复古再现"的形式让游客了解、欣赏；对建筑、服饰、居所等显性民俗文化事项，采取"原地浓缩"的形式完整呈现；对保存完整的民族村落，除了基础设施建设以外，保持原貌，让游客获得真实体验。最后，强化民俗文化事项的体验参与。通过游客参与提升民俗旅游的品质，对服饰、建筑、生产器物等民俗文化事项，游客以欣赏、观摩为主的方式实现静态参与，对舞蹈、民歌等表演类民俗文化事项；游客以热情参与、积极配合的方式实现中度参与；对榨油、打糍粑、熬米糖等民俗行为事项，游客可以通过动手实操达成深度参与，留下深刻印象。

第四节　张家界旅游业提质升级发展的对策建议

一、构建丰富多样的提质升级产品体系

（一）打绿色旅游牌——继续做大做强山水休闲观光系列产品

现在的人们更加重视健康，更加愿意将旅游活动渗透到人们的日常生活里，在周末、节假日、带薪假期，寄情于山水，以获得精神上的愉悦和享受。张家界森林公园、天门山森林公园、大峡谷等自然山水风光的景区应挖掘国际

和国内旅游市场，先注重本地游客的需求，从本地客源市场做起，从周末游开始，由近及远，向国际国内市场推出"春洗肺，夏看绿，秋吸氧，冬养生"的绿色精品系列旅游产品。

（二）打文旅融合牌——创新文旅融合的系列产品

目前在文化产业和旅游产业融合的传统思维上存在合而不融、融而不实等问题，在项目上存在重复投资建设、产业链条单一、文化意识不强、文化旅游产品同质化严重、缺乏体验感、产品国际竞争力弱、入境旅游不振等现象。张家界市文化和旅游融合发展经历了"单向相加，各唱各戏"文旅结合发展阶段，现处于"双向相加，同台唱戏"磨合阶段。跨界融合是文化产业与旅游产业紧密融合双向相加的重要途径。从旅游产品角度来看，文旅创新产品是文化资源与旅游市场结合的产物，从旅游产品消费链来看，是旅游产品消费环节的纵向深度挖掘。支持建好大庸古城、张家界千古情、冰雪世界等一批文旅项目，推广溪布街景区与非遗项目、非遗传承人合作的模式，提质军声画院、土家风情园等人文景区，包装推介红二方面军长征出发地纪念馆等红色旅游产品，升级砂石画、茶叶、土家织锦等一系列文创旅游商品，打造建设一批文旅产品和线路，融入张家界—湘西—怀化生态文化旅游经济带发展，争取建成一批文化和旅游产业融合发展的示范基地。支持广大文化文艺工作者立足旅游创作文化精品，并支持其参加国内外相关演出、展览、赛事等活动。

（三）打乡村振兴牌——构建一批有特色的乡村旅游产品

乡村旅游发挥着提振乡村经济，传承乡村文化，促进乡风文明、民主自治等诸多功能。乡村旅游可称为城市旅游产品的补充，是城市居民短期与近距离旅游消费的主要产品。乡村旅游开发的前提是梳理乡村资源的价值，对乡村资源价值进行挖掘，实施自然资源、产业资源、文化资源、民俗资源、建筑资源等多元价值挖掘，做好"加减乘除"法，厘清价值要素，打组合拳，做出特色，树立品牌，做到"一村一品"，不做重复建设，不做同质化竞争。大力发展民宿乡村旅游，建成"锦绣潇湘—最美张家界市"旅居综合体。按照"旅游＋住宿"的开发思路，充分利用特色村镇建筑、屋舍和改造升级原有旅游景点区旅游住宿业态，开发中高端特色农业园、乡村野奢产品与业态，把民宿打造成为张家界市周边乡村旅游核心吸引物。建成村居民宿（以张家界市核心景区周边旅游小镇为重点，遵循当地主体民族建筑风格，凸显当地主体民族核心文化元素，做好细节上的文章，进行土家族村寨民居改造，推动村居民宿外部环境和内部设施的升级）和山居民宿（以张家界市世界自然遗产地张家界国家森林公园景区附近乡村为重点，利用山岳、村寨、民俗、农业等资源开发建设云端木屋、山居帐篷民宿、民俗民宿等多样化的山居民宿，打造山地型旅游休闲度假胜地）。

（四）打健康旅游牌——构建水陆空立体系列康养旅游产品

（1）水上康养产品。充分利用张家界市丰富的地热资源，树立"温泉三养"（休养、保养、疗养）理念，通过温泉体验、运动健体、营养膳食、健康教育、修身养性、文化活动、融入自然、关爱环境等各种健康促进手段，由单一的娱乐型旅游产品逐步转向休闲度假与康养双功能定位的温泉产品。利用温泉本底资源结合温泉周边人文与自然资源，开发四季温泉水疗康养系列产品。分段利用张家界澧水流域，打造不同类型的康养休闲旅游产品。澧水上游，河流清澈，水流湍急，两岸风景秀丽，茅岩河段除开发漂流项目还可打造水上摩托等水上运动项目。澧水城区段，可打造成城市休闲娱乐及漫游、散步、慢跑、骑行等有氧运动区，开发澧水风光文化长廊。以"大庸古城"为主题，以浮雕、圆雕艺术为主要表达手法，通过客运码头文化、商业文化、红色文化等主要文化区域，让游客了解张家界市深厚的文化气息与文化肌理，拓展张家界城市特色文化内涵，提升张家界地域文化的层次和品位，打造张家界澧水流域的文化休闲康养产品。

（2）空中运动产品。重点挖掘中高端旅游消费者的需求，推出直升机游览、滑翔机飞行、低空跳伞、低空摄影、动力三角翼观光旅游、热气球观光旅游、索道观光、低空滑索等产品；要推动低空观光运动旅游产品与自驾游、户外徒步、攀岩以及其他极限运动等旅游产品与业态的结合，开发特色鲜明的低空旅游产品；设计与开发各种低空旅游线路，将直升机观光线路、索道观光线路与水陆游憩线路、低空滑索运动线路进行有效组合，实现低空运动与低空观光旅游产品的有效串接与整合。

（3）陆地康养产品。发挥张家界永定区国家农业生态产业园示范区的引领和辐射作用，利用产业园区的中草药基地、有机茶园基地、有机蔬菜基地、园艺基地，大力开发绿色康养的旅游体验产品，依托张家界市中湖、协和等小镇，发展生态观光农业和五星级农庄，打造长寿养生区，打造负氧离子最高、生态环境最优的森林康养旅游胜地。

（五）打科普教育牌——开发系列研学旅游产品

2014年8月，教育部等部门发布的《关于推进中小学生研学旅行的意见》意见中首次明确了"研学旅行"要纳入中小学生日常教育范畴。按照全面实施素质教育的要求，将研学旅行、夏令营、冬令营等作为青少年爱国主义和革命传统教育、国情教育的重要载体，纳入中小学生日常德育、美育、体育教育范畴，增进学生对自然和社会的认识，培养其社会责任感和实践能力[9]。按照教育为本，安全第一的原则，建立小学阶段以乡土乡情研学为主、初中阶段以县情市情研学为主、高中阶段以省情国情研学为主的研学旅游产品体系。结合张家界市的森林资源、地质地貌资源、民族文化资源、民俗风情资源、乡村乡风资源、红色旅游资源等开发各项研学旅游产品。主推包含"大湘西记忆博物馆—魅力湘西—溪布街老戏等非遗演艺项目"等在内的"土家历史与文化"研学主题和线路；主推"黄石寨—天子山—黄龙洞"线路，打造地质科考研学主题和线路；主推"金鞭溪—大鲵科技博物馆"线路，打造大鲵自然保护动物研学主题和线路；主推"金鞭溪—张家界千古情"亲子研学主题和线路；主推"黄石寨—金鞭溪—天子山""美学摄影"研学主题和"美学国画"研学主题；主推"黄石寨—金鞭溪—天子山""森林植被、生态环境及植物辨析"研学产品；主推"贺龙故居—刘家坪红二方面军博物馆"等红色旅游项目；主推"张家界博物馆—张家界土家博物馆—土家风情园"等线路的张家界历史研学主题和线路。创建"全国中小学生研学实践教育基地或营地"。

（六）打共享经济牌——打造泛产业链旅游产品

"80后""90后"等年轻消费者对共享理念有更强的接受度，也对互联网平台的使用较熟练，是旅游业共享经济的主要受众。共享经济下的碎片化闲置资源如私人住房、私家汽车、租赁汽车、私人藏品、家庭农场、照相机、旅游攀岩装备、探险专有运动装备等之前不对外开放的资源，其所有者可以采用共享经济的方式进入旅游市场，形成系列旅游住宿、交通、旅游装备等共享（出租）业态新产品。

二、创新"旅游+"产品供给

（一）创新"旅游+农业"融合

1. 旅游+花卉苗木

花卉产业在旅游开发上一般与婚庆产业相结合，打造花卉盆景基地、婚庆产业园区，以各种芳香、观赏和经济花卉种植为底色，形成七彩浪漫童话花海，种植本身可以形成大地景观，成为亮丽的风景线。

（1）关键举措。

第一，宏观调控花卉种植产品。对在建的花卉基地进行容量和品种的登记编目，调控待批花卉苗木基地的区域分布与发展方向，提供必要的技术援助及项目经费支持，合理布局。第二，丰富花卉苗木品种，搭接相关产业。通过购买花卉种子、种苗、树苗更换原有种植的花卉，建立研究团队，为花卉苗木景观提供新设计和新品种，搭桥国际国内高校的土木工程与建筑学院风景园林专业，研发花卉新品种，应用于花卉苗木旅游园区，通过宣传花卉苗木新品种，销售花卉苗木种源获取利润。将花枝作为干花材料销售，与摄影行业合作搭建婚纱摄影基地，樱、桃、梨的花与果可作为酿酒原材料，也可提取精油。第三，创新花卉苗木旅游模式。改变花卉苗木"圈地—花卉种植—收门票盈利"的传统经营模式，对模式进行升级，从"封闭观赏式"升级为"多样、综合式"，建设特色园区的同时，整合周边自然、人文景区景点，形成旅游集群效应，使旅游者在一定区域内进行串联式旅游，形成联动性消费。第四，花卉苗木旅游与美丽乡村相融合。充分利用乡村美丽的自然环境与生态环境，因地制宜，形成颇具特色的花海景观、岩石花卉园、溪流河道景观带、树下花卉景观等，打造集农业体验、田园风光、科普展示、生态绿色、民风民俗于一体可持续发展的花卉苗木旅游模式。

（2）主要盈利方式与模式。

花卉种植、花卉摄影及婚庆、花卉深加工、花卉销售、花卉养生、花卉保健、花卉美容及其他延伸品。

2. 旅游＋果蔬采摘

一方水土长一方果蔬，一方果蔬养一方生灵。通过种植地方独有的瓜果蔬菜和引种人们喜闻乐见的果蔬品种，形成以瓜果蔬菜为主体的观光园、采摘园、娱乐园，提升瓜果种植技术，引入科技大棚使瓜果蔬菜四季常熟，实现不同时节、不同地带的果蔬采摘游乐[10]。对果蔬进行创意化设计，形成以果蔬的花朵、果实、苗木及其吉祥寓意为原型的各种创意景观、休闲空间和动态体验项目。

（1）关键措施。

第一，把关项目审批及选址。严格项目审批，采摘观光果蔬园必须有良好的生态环境，大气、土壤、灌溉水符合无公害果蔬生产的国家标准，土壤适合果蔬生长，灌溉条件良好。同时审查项目的经营种类，防止简单模仿，力求立体布局并产生聚集效应。第二，提供技术援助。联络各地各级农业技术部门、研究部门及吉首大学生态旅游湖南省重点实验室、植物资源保护与利用湖南省高校重点实验室，搭建果蔬种植及防护技术通道，提供土壤有机质、果蔬行距、施肥配方等关键技术的指导，联络高校土木工程与建筑学院风景园林专业技术力量，指导果树造型及丰产树形，合理调节亩枝量和叶果比，在健壮美观的同时确保稳产丰产。第三，建立果蔬采摘园示范点。政府倡导建立果蔬种植行业协会，制定果蔬种植项目开发的行业规则，实现行业自律，在琵琶洲花海采摘园、天元采摘园、九澧生态采摘园、章氏采摘园、老吴生态采摘园、竹叶坪君健采摘园、关门岩采摘园等成功的果蔬采摘园中评选示范点，加大对示范点的政策支持力度，打造行业品牌。其四，开发多种采摘旅游项目。依托生态学和景观学原理精心设计各种景观和景点，营建一个融"自然美景、现代科技、人文情怀"于一体的生态旅游区。完善果蔬采摘园的基础设施，加大各个采摘环节的科技含量，配备各类旅游设施设备。其五，深加工并形成系列延伸产品。由于新鲜果蔬不耐储运，产品深加工成为必要，包括汁、酱、酒、蜜饯等多种形式，也可烘焙成干货，供应酒店并形成特色餐食，在产品销售上加大宣传力度，以吸引不同层次的旅游者。

（2）主要盈利方式及模式。

果蔬种植、果蔬采摘、亲子游乐、婚庆酒宴、种植科普、创意劳动、创意景观、农居体验、棋牌服务。

3. 旅游 + 家庭休闲农场

依托生态田园般的乡村自然环境，以具有当地特色的大农业资源为基础，向城市居民提供安全健康的农产品，满足都市人群对乡村生活方式的参与体验式消费需求，集生态农业、乡村旅游、养生度假、休闲体验、科普教育等功能于一体，实现经济价值、社会价值和生态价值，向现代农业创新经营体制和新型农业旅游产业延伸[11]。

（1）关键举措。

第一，宏观调控家庭休闲农场的发展类型及数量。促使家庭休闲农场在市区、市郊、旅游交通主干道沿线的合理分布，将项目审批与当地生态环境、物产风物结合起来，促进产业良性发展。第二，倡导差异性经营。基地型家庭休闲农场通过"点对点"供应模式，为都市中高端家庭提供安全健康的农产品，满足其对高品质乡村生活方式的消费需求；园艺型家庭休闲农庄运用科技培育农艺与园艺作物，同时辅以各种苗圃生产过程的参观、参与活动；景观型家庭休闲农庄以乡村农业风光为主题，融入地方特色和农耕文化元素，开展软性休闲活动；体验型休闲农庄通过颇具创意的农耕文化和农趣活动的深度包装，根据不同年龄段和不同季节设计不同的农业活动、生产相应的产品；养生型家庭休闲农场利用独有的温泉资源、森林资源、中药材等，结合中医进行健康保健，提供延年益寿的膳食、理疗、环境和服务；游憩型家庭休闲农庄主要是缓解消费者的心理压力，放慢生活节奏，为压力大、需要放松但又不愿运动的城镇居民提供一个游憩的场所，确保消费者农庄游憩活动的私密性和品质感。第三，开辟"家庭休闲农场"区域发展聚集区。在市场需求引导下实现"家庭休闲农场"自发性聚集发展，或者由政府牵头，通过有步骤地科学规划，实现组织性聚集。无论哪种方式的聚集，在水平结构上都会各具特色，在垂直结构上都会与交通、旅行社、餐饮业、旅馆业、金融业、医疗保健等相关产业形成策略联盟，构成复杂的服务系统。第四，增加营利性活动项目。除了经营好常规性的活动项目以外，还要植入爆发式的营利性活动项目，如六一儿童节亲子活动项目、春游秋游学生实践活动、企业团建拓展活动、客户回馈性体验活动等依托场地开展活动的项目。

（2）主要盈利方式及模式。

田地增值、农副产品、政策补贴、家庭养殖、餐饮供应、住宿服务、考察接待、自助厨房。

（二）"旅游＋林业"融合创新产品

1. 旅游＋树上游乐园

依托林业种植，针对经济林以外的几百上千亩不等的林业资源，根据规模大小进行不同设计，秉承"树顶木屋、树中穿越、林下游憩"的三维空间开发理念，即依托树冠可以开发树顶度假木屋、树顶休闲书吧、树顶瑜伽健身台、树顶观光餐厅等项目，将观光与休闲项目进行整合；树中依托树干，通过空中吊桥、藤索、栈道和各种拓展运动结合，打造适合儿童、团队的拓展训练项目；树下利用陆地空间打造帐篷营地、森林氧吧、林下采摘等项目。

（1）关键举措。

第一，项目审批与运营监管。严格把好项目审批关，慎防项目匆忙上马损毁林业资源，对慈利琵琶洲树上游乐园等运营项目实施过程监管，确保林业用地规范和项目安全。第二，依托张家界独特的地形地貌、丛林景观，邀请国内外著名的树上游乐园项目设计师，遵循原生态的开发原则，设计出集冒险、运动、挑战于一体的树上游乐项目，汇集高空、速度、力量、毅力、胆略等户外运动所必备的元素，为参与者提供感官享受和情感认同。第三，凸显树上游乐项目的趣味性。树上游乐项目要严格区别于户外拓展项目，或者强调个人提升突破，或者讲究团队磨合与协作，或者培养自信心与责任感；可以区分年龄层级，设置儿童区、少年区、成人区，不同年龄层级树上游乐项目的挑战性、冲击感有所差异，但是都强调活动项目的游乐性、趣味性，旨在游乐中促进参与者的进步与成长。第四，突出项目场地、活动内容的原生态元素。拓展器材是各类营地、景区、基地不可或缺的体验项目器材，传统的拓展器材以生硬的钢架构为主，树上游乐园在树林中搭建拓展通道，通过绳索、胶管等替代或包裹钢架构，起到了防护、仿生的作用。第五，开发相关产业的产品与服务。依托张家界庞大的树上游乐园消费群体及树上游乐基地的建设，在附近发展餐饮、住宿、装备租赁等相关产业的产品与服务，形成集聚效应，扩大树上游乐园消费声势。

（2）主要盈利方式及模式。

游乐活动、运动项目、林区度假、林下经济、采摘销售、烧烤、器具租赁、特色旅游工艺品。

2. 旅游＋森林康养

以张家界森林公园、自然保护区、国有林场为依托，以森林景观、生态环境、绿色食品、生态文化为主要资源，开展以修身养性、调适机能、延缓衰老为目的的森林游憩、度假、疗养、康复、度假、运动等一系列有益于消费者身心健康的活动项目。

（1）关键举措。

第一，完成森林康养基地顶层设计。从产业层面完成张家界森林康养基地的设计规划，在实现经济社会生态效益的同时，保证生态环境的可持续发展，既促进森林产业的转型升级，确保相关主体的无缝转岗就业，实现现有基础设施、投资遗产的效益最大化。第二，完善森林康养基地的基础设施及配套建设。包括森林康养基地的交通运输、饮水、厕所、停车场、垃圾处理等，完善无线网络、宽带、电视等通信、视听讯息等条件，增强森林康养基地的可达性和吸引力，不断扩大客源市场，优化客源市场结构。第三，打造森林康养产品体系。在张家界境内形成以生态度假、生态疗养为主，生态养老、森林游憩为辅的多元、多级康养产品供应体系，打造森林康养拳头产品，形成森林康养品牌景区。第四，森林康养与旅游观光多产业融合建设。充分利用现有的森林游憩设施设备，开展森林浴、森林步道、养生温泉、森林运动等项目，激发旅游者森林康养的参与热情。第五，在森林康养基地引入中药医疗服务。将森林康养项目与中药医疗养生相结合，深入挖掘中药保健养生，组建森林康养、医疗保健联合机构，以市场为导向，开展健康管理、康复医疗等高端健康服务，打造区域特色养生保健品牌。第六，加强森林康养人力资源建设。加强森林康养体验项目指导培训，培养当地森林康养讲解员，建立森林康养解说人才队伍，或者引进优质教育资源，开展森林康养教育培训，为森林康养产业提供人才和科技支撑。

（2）主要盈利方式及模式。

医疗服务、森林康养服务、绿色餐饮服务、生态保健器材、森林保健工艺品、森林养老服务、中医药保健、美容养颜服务、民宿客栈。

3. 旅游 + 茶业融合

扩大张家界现有茶业的经营范围和经营种类，以茶为主题、以茶园为载体、以旅游休闲为内容、以市场为动力，将茶园建成旅游景区，开发茶园餐厅、茶园文化节、茶园迷宫游艺、茶园民宿、茶艺体验馆等特色业态，形成以茶叶品尝、茶叶销售、茶园养生、茶园游憩为基础的茶园系列产品，实现茶旅品牌、文化、餐饮产品一体化。

（1）关键举措。

第一，合理规划产业布局，强化理念渗透。在全市开展茶业资源调查，分析茶业发展现状，完成茶旅融合的顶层设计，将茶业基地、茶业交通、茶业基础设施等纳入乡村振兴规划，共建共享，大力推进茶业、旅游业融合发展，助推旅游经济转型。第二，提炼特色，建设一批茶韵村落、小镇。由政府牵头布局，抓住当前国家和省部委建设特色小镇的良好机遇，筛选一批环境好、产业基础扎实的乡镇建设茶韵特色小镇，明确以茶业为主导产业，有机结合山水风光，融合茶产业、茶园游憩、生态观光等诸多元素，突出"茶园风情、茶韵养生、采茶体验"主题，打造具有浓厚茶特色的休闲健康养生示范基地。第三，加强茶旅融合人才队伍建设。招聘或组织现有从业人员开展茶文化知识培训，开设茶旅融合专题培训班，将培训对象扩展到茶企、茶农、茶文化爱好者，在张家界航校、旅职、技工学校开设茶文化课程。将本科教育资源引入茶旅融合人才培养计划，通过项目合作，引入茶旅专业管理、茶旅创意、茶旅营销策划等各方面人才，推动人才队伍建设。第四，丰富茶旅融合业态，开展多项经营。在不影响茶叶生长的前提下，改变景观造型、补植花木，提高茶园生态观光价值，开展茶园生态观光旅游；举办茶文化节事活动，充分发挥会展节庆联动效应，促进茶旅融合，实现茶业整体营销；引导茶企将茶叶加工流程作为旅游卖点，建设"工农业旅游示范基地"；利用茶园优美的自然环境和丰富的茶文化知识，举办以茶园生态游为主题的茶乡夏令营活动，开展研学旅游产品。第五，打造张家界本土茶叶品牌。做好品牌的统筹规划建设，加强品牌的管理与规范，统一推介"张家界绿茶""张家界红茶""张家界莓茶"等"张家界茶"品牌，鼓励茶叶企业在"张家界茶"品牌之下打造各自的特色商标或子品牌。

（2）主要盈利方式及模式。

茶叶销售、茶文化纪念品、茶园休闲观光庄园、茶园农家乐、茶乡农副产品、茶艺培训、茶具销售、茶面膜、现代茶食品、茶酒、茶园住宿及饮食。

（三）创新"旅游＋体育"融合产品

1. 旅游＋体育小镇

在"健康中国，全民健身"的大背景下，以体育运动项目为创新基础，将传统观赏型体育运动发展成为体验式体育运动，通过徒步、溯溪、穿越、潜水、滑翔、骑行、登山、划船等新兴体育运动带动体育小镇建设，使体育小镇除体育产业以外兼具文化、旅游、养生功能，实现生态、环保、宜居等多重属性。

（1）关键举措。

第一，凭借张家界独特的地形地貌、丛林峡谷景观，选取交通方便、体育资源丰富、基础设施良好的小镇，以健身休闲重点项目和体育产业示范基地为依托，建设极富特色的体育休闲旅游小镇、体育度假旅游小镇、体育探险旅游小镇、体育养生旅游小镇。第二，引入体育类企业积极建设体育旅游小镇。参与企业根据自身既有优势和当地优势资源，谋划体育旅游项目的主题创新，定位体育产业与旅游产业的融合，实现企业成长和体育小镇的经济发展。第三，突出区域资源优势，实现差异化发展。根据张家界各地环境、气候、资源条件，将体育旅游产品与当地旅游资源结合起来，赵家垭水库、南山坪水库发展水上运动项目，阳和以红岩岭为依托发展高空攀岩、溶洞探险项目，柳叶溪、高峰开发山地徒步项目。第四，建设多类型户外运动基地，形成体育旅游专项产品。张家界地质地貌造就了无数峡谷峰林，可立体开发水陆空户外运动基地，天门山可建立翼装飞行、高空滑翔户外运动基地，洞溪、南山坪、王家坪可建立丛林穿越、峡谷溯溪、山地骑行户外运动基地，娄水、茅岩河可建立漂流户外运动基地，另外，还可将户外运动基地连接成片，形成聚集效应。第五，积极举办体育赛事。成立户外运动俱乐部，促进体育企业与户外运动俱乐部举办联谊活动，积极推动户外运动体育赛事的申报和举办，参照天门山国家森林公园事件营销经验，邀请国内外户外运动顶级冒险家参与户外赛事、户外运动表演，通过媒体造势扩大影响，形成社会热点效应。第六，实现户外运动产业拓展，延伸产业效益。依托两区两县工业园区打造户外运动品牌装备制造基地，吸纳研发人员，设计、制造户外运动装备并打造自主品牌，通过互联网技术拓展营销渠道，形成户外运动装备供应产业链。

（2）主要盈利方式及模式。

运动器材销售、运动器具租赁、项目培训、运动陪护、林区度假、餐饮服务、住宿服务、农副产品、特色旅游纪念品。

（四）创新"旅游＋商业"融合产品

1. 旅游＋风情小镇

依托城市商业资源，汇集国内外轻奢休闲时尚品牌、艺术人文体验店、国内外餐饮品牌，引入符合都市文化审美趋势的商业体验项目，实现生活馆、屋顶农场、休闲屋、精品超市等新业态，将"城市微度假"主题的体验元素贯穿于细节之中，打造"城市微度假"场景，不定期举办主题活动，为风情小镇增添绚丽的风景。

（1）关键举措。

第一，依托临河、滨湖新建商业街景区，在设计中贯穿"城市微度假"主题，着意打造"城市微度假"场景，将园林式街区与休闲场所和谐地融为一体，运用绿色植被、假山、喷泉水系、文化长廊等环境元素，实现内外部空间的自然延展。第二，通过建筑轮廓、颜色外墙强化商业风情小镇的视觉效果。消费者的消费体验首先来自视觉感受，建筑轮廓和颜色外墙有利于商业风情小镇形成区别于市区的主题氛围，增强代入感。第三，通过商业风情小镇分区实现功能组合。风情小镇具备居住功能、游乐体验功能、主题餐饮功能、商业服务功能，方便商家居住、消费者住宿、餐饮、购物、休闲，在设计上划分功能区，有利于形成聚集效应，增强功能区的主题氛围。第四，提升消费者的体验感、参与感。城市风情小镇适当放弃部分商业面积，扩充公共空间，巧建开放式乐园、花卉种植基地，与邻近商业项目相交相融，弱化小镇商业气息，强化休闲、娱乐、闲适感。第五，不定期推出主题活动。风情小镇成立专业营销团队，有计划地推出大型娱乐活动、组合推广活动、会员回馈活动等，通过迎新春、购物节、主题会等造节策略，推出系列主题活动，为消费者带来别具一格的购物体验。

（2）主要盈利方式及模式。

商业购物、娱乐休闲、主题餐饮、主题酒店、主题会所、主题活动、旅游纪念品、旅游房地产、演艺剧场、音乐吧等。

2. 创新"旅游＋旅游新零售"融合产品

基于 OTA 的用户体验和效率优势、线下旅行社的产品和服务优势，在新业态、新人群、新品牌、新技术等方面，改变传统旅游业的商业要素和商业流程，线上、线下形成合力，通过旅游大数据和旅游供应链的强力支撑，降低产品购买和消费服务的中间环节，提高旅游产品购买和消费的效率，实现旅游产业集约化、协同化。

（1）关键举措。

第一，政策性引导旅游新零售。优化旅游新零售的建设环境，大力吸纳国内外知名的旅游企业，如同程旅游、南湖旅游、金马国旅、春秋旅游、广之旅、途牛旅游等品牌，入驻张家界并推出线下新零售业态——旅游生活馆，增加一线旅游企业在张门店数量。第二，地方政府、旅游资源主体整合高品质、高口碑的旅游企业、旅游景区景点，和携程、春秋国旅、康辉国旅、中国国旅、中国青旅等一线旅行社合作，实现线上、线下旅游资源共享、旅游产品互通、旅游者流互享的模式，抢占旅游新零售的先机。第三，加大旅游新零售配套产业的发展力度。利用张家界旅游的国际影响力和湖南"一带一部"的特殊区位，在国家战略的框架下筹划张家界产业布局，大力发展张家界互联网、物联网、人工智能、旅游大数据等相关产业，初步形成旅游零售业产业体系，面向全客户群体，提供全渠道、全品类、全时段、全体验的旅游产品新零售模式。第四，以共享互通为基础，实现旅游供应链渠道间的深度融合。拥有供应就拥有了未来，打造旅游供应链就掌握了旅游新零售的"钥匙"。从政府层面推动旅游供应链的建设，引入国内外旅游品牌企业，与网银、物联网、互联网、智能移动终端深度融合，分析旅游消费数据，预判旅游消费趋势，推送旅游消费产品，突破以景区为核心的旅游供应模式，推出集"旅行社 + 酒店 + 景区 + 旅游大巴"于一体的新零售供应模式。第五，加大旅游者需求管理和行为预测管理。引入或筹建旅游大数据公司，基于旅游大数据对旅游需求、旅游行为进行研究和预测，实现旅游供应链之间的信息沟通和反馈，推动信息共享和协同管理。

（2）主要盈利方式及模式。

旅游大数据、旅游门店、旅游供应产业、旅游者流、资金流、长线团队游、旅游餐饮、旅游纪念品、酒店住宿。

（五）创新"旅游 + 渔业"融合产品

1. 旅游 + 休闲垂钓

选取水源充足、水质良好、植被茂盛的水库塘区，人工养殖宜食鱼类，或选取河道、湖泊宜钓地段，依岸修建垂钓台，提供垂钓器具销售与租赁，实现休闲垂钓爱好者吃、住、钓、购、娱服务一体化。

（1）关键举措。

第一，划分垂钓休闲中心的功能区。可设计垂钓区、赏荷区、餐饮区、娱乐区。垂钓区是主营项目，有大小不等多个垂钓园，不同垂钓园鱼的品种不同，包括鲤鱼、鲫鱼、青鱼、草鱼、白鲢等；赏荷区以绿色、田园为宗旨，设凉亭、凳、椅、步道等，捧一盏香茗，看醉人荷景；餐饮区以卫生、安全为宗旨，建设饭庄，供应农家蔬菜、肉类、鱼类，设自助烤鱼、自助鱼火锅；娱乐区设各种娱乐设备，吊椅、棋牌室、影视厅等。第二，把握养鱼、放鱼各个环节。根据垂钓者喜欢新奇刺激的特点，垂钓园内的鱼类品种多样化，既考虑到上钩难易度，也考虑水体承载力，常规鱼类与特种鱼类相结合，多层水体鱼类同时施放，尽量就近购置鱼类，防止因长途运输导致鱼体表鳞片脱落、活力不足、擦伤死亡。第三，做好垂钓者市场调研。调查垂钓者消费目的，针对娱乐、休闲、使用等目的，采取不同的措施；调查垂钓者偏好的消费方式，是按天计算，还是按斤称重，适当调整收费方案；调查垂钓者的鱼类偏好，根据调查结果调整放养品种和放养分区。第四，垂钓宣传与垂钓服务并举。注意培养员工爱岗敬业意识，学习垂钓知识技能，了解鱼类生活习性，树立顾客至上的服务理念。做好休闲垂钓园宣传，通过网络媒体和垂钓爱好者之间传递的方式进行宣传，借助相关用品店扩大宣传效果。第五，举办垂钓赛事活动。积极推动钓鱼协会的成立，垂钓园主动加入并推动协会运行，建立休闲垂钓策略联盟，实现联盟之间的差异化发展，交流业内信息，共享行业资源，携手举办垂钓赛事活动，推动休闲垂钓产业的发展，实现共赢。

（2）主要盈利方式及模式。

水产养殖、特色餐饮、棋牌娱乐、住宿服务、垂钓器具销售、垂钓器具租赁、农产品销售等。

2. 旅游 + 大鲵养殖

依据"生态优先、产业关联、品牌战略、持续发展"的原则，充分发挥张家界适宜大鲵养殖的环境优势，深度挖掘大鲵食用、保健、美容、医药及观赏价值，扩大大鲵产品的开发与加工，延长产业链条，开发大鲵旅游商品，利用张家界的旅游资源和媒体，大力宣传大鲵旅游商品，提升大鲵产业经济价值。

（1）关键举措。

第一，夯实产业支撑体系。建立健全大鲵产业发展规划，借助张家界市委、市政府先后出台的《关于大鲵资源保护与产业发展意见》《张家界市大鲵资源保护与产业发展总体规划》《张家界市农业产业提质升级"523"行动计划》等文件，完成顶层设计。充分借力张家界市大鲵科研所的研究成果，推行大鲵养殖试点。在大鲵行业管理上，率先建立大鲵产品质量地方标准，建立大鲵产品质量安全追溯体系。第二，推动大鲵产业与相关产业融合。大鲵产品既是美食、美容品，又是保健品、文化产品，其商品附加值可带动相关产业的发展。放宽星级酒店、特色餐馆和旅游超市挂牌经营大鲵及其产品的范围，发展市内特许经营大鲵的餐馆酒店。建设张家界大鲵高新产业园和大鲵生态园，引进影视、动漫、游戏创意等企业，实现大鲵产业与文化业、服务业的深度融合，逐步形成关联产业集群发展的格局。第三，打造大鲵文化系列产品，实现产业价值延伸。利用外包加工或引进加工企业，开发融入大鲵元素的黄金收藏品、旅游纪念品、卡通玩具、文化衫、民族服饰等。开展大鲵养殖和烹饪技术培训、大鲵产品信息中介、大鲵产品物流服务和大鲵产品电子商务平台建设。第四，探索大鲵养殖的新模式，实现旅游脱贫。充分发挥张家界金鲵生物科技有限公司等大鲵龙头企业的带动作用，通过"公司＋科研＋基地＋农户＋旅游"的产业融合模式，带动大鲵养殖户产业脱贫。第五，开发大鲵旅游商品，填补张家界缺乏旅游商品精品的空白。大鲵是珍稀两栖动物，国际知名度高，具有科研、使用、医疗、美容和观赏等开发价值，被医药界誉为"水中人参"，依托大鲵开发出来的旅游商品如大鲵面条、大鲵护肤品、大鲵保健品等，打造系列旅游特色纪念品。

（2）主要盈利方式及模式。

大鲵科研成果转化、大鲵养殖基地观光、大鲵食品供应、大鲵文化系列产品、大鲵科普书籍。

（六）创新"旅游＋水利业"融合产品

1. 旅游＋温泉体验

以张家界温泉资源为基础，依托温泉文化，形成集旅游、度假、休闲、娱乐、保健于一体的温泉旅游度假村，主要服务于企事业会务、企业奖励旅游、休闲度假等消费市场。

（1）关键举措。

第一，坚持政府统筹、市场主导相结合的原则。摆脱传统模式中内部发展与外部投资割裂的状态，自主发展与外部投资双管齐下。以市场为主导，坚持创新业态、创建品牌，政府的宏观统筹重点在制定温泉旅游产业规划、温泉旅游资源管理、公共服务政策等方面，推动温泉旅游产业以多元经营、产业互动的方式可持续发展。第二，突出产品特色。在温泉度假村总体景观的塑造上，要围绕温泉洗浴这一主题，突出当地自然资源优势及地方文化的特点，使旅游者体验到多景观层次的空间过渡与渗透，从而营造一个生态化、特色化的景观空间。以温泉度假村、温泉度假酒店、特色民宿、商业中心为核心载体，打造一个汇集当地文化资源和品牌符号，同时具备文化展示、商业服务等综合服务功能的人气聚集地、形象窗口，构筑温泉度假村完整的公共空间网络。第三，加强温泉旅游硬、软件环境建设。增加县城至温泉点、温泉点之间及周边景区间的道路建设，提高道路质量和通达性。根据温泉旅游供需实情合理配备酒店、主题客栈、民宿等住宿设施，并打造富有地方特色的餐厅、美食街。在软环境方面，重视温泉专业人才的培养，加大对内部员工的职业培训。第四，策划个性化的温泉体验活动。根据不同时节及温泉地自身资源特色开发多样化、个性化的温泉旅游体验项目，结合春节、六一儿童节、中秋节、教师节等节日举行一系列活动，营造特定的节日气氛，针对特定人群的身体状况或情感诉求，如情侣、毕业生、军人、离退休人员等，举办"温泉＋读书会""温泉＋感恩会""温泉＋民俗传统"等主题活动，激发温泉旅游的市场活力。第五，完善温泉旅游产品体系建设。温泉旅游产品是温泉品牌塑造的前提和基础，江垭、万福、温塘温泉应该构建汇集观光休闲、药浴保健、运动康体、文化主题于一体的产品体系，以瀑布、喷泉等形式充分展现温泉自身的观赏价值，根据不同目标市场打造特色各异的温泉 SPA 主题园，如石疗温泉、鱼疗温泉、鲜花温泉 SPA、美容型 SPA、动漫 SPA 等，融入地域文化和特色文化，打造高质量的温泉产品。

（2）主要盈利方式及模式。

温泉度假村棋牌、温泉沐浴服务、沐浴用品销售、温泉度假村会务服务、温泉酒店住宿服务、温泉酒店餐饮服务。

2. 旅游＋湖泊、湿地游憩

依托张家界天然河道、水库、湿地等水体资源，以农业灌溉、生态养殖为基础，将传统水利资源开发为体验式休闲旅游产品，通过垂钓、水上游乐、登山、生态观光、摄影等活动获取经济效益，使水库、湿地等水体资源除了灌溉、养殖以外，兼具旅游、生态等多种效益。

（1）关键举措。

第一，制定合理的水库、湿地旅游开发规划。认真研究张家界的水库及湿地资源特征，制定完善的旅游开发规划，明确开发目标、具体措施、发展规模以及各部门的职责等，协调好湖泊及湿地产品开发与生态保护的关系。第二，结合水体特点，灵活运用"三结合"原则。一是动态、静态结合的原则，根据旅游者需求的阶段性特点，一般早期以静态为主，中后期以动态为主。二是水上、陆地结合的原则。江垭水库、赵家垭水库等大中型水库适当增加水上旅游项目，土木溪水库、庄塔水库等中小型水库则以陆地活动为主。三是观光、休闲度假结合的原则，由单一的水域观光游乐向个性化、参与性较强的休闲度假转变，形成产品的有机组合。第三，打造水库、湿地旅游产品体系。开发水体观光类旅游产品，利用游船、脚踏船进行水库、湿地观光，以及水上动植物、森林动植物观光，也可以开展水利工程建筑如大坝、发电站等观光，或者是生产生活观光等。开发休闲度假类旅游产品，如池钓、船钓、水上航模等。在开阔水面可以开展水上运动类旅游产品，如潜水、帆板、水上滑翔伞等。第四，配合张家界全域旅游产业规划，在不影响水库、塘坝水利功能的前提下实施景观改造。在大坝迎水坡、坝面近水处增建绿植景观带、亲水步道、观景平台；对护坝地排水沟进行生态改造，增强观景效果；在近路水位变幅区开展水土保持治理，使工程与环境协调，注重水景观、水生态、水文化的融入，形成一水一特色、一库一风景的格局。第五，强调生态、环保的景观、产品设计理念。将水库及湿地区别于其他类型的生态旅游产品，勾画出鹭舞雁翔、蛙鸣鱼跃的生态湿地景象，强调纯天然绿色饮食、原生态旅游商品，寓教于乐的湖泊湿地游乐活动等。

（2）主要盈利方式及模式。

游船和脚踏车等工具租赁、垂钓器具租赁、水体游乐活动、餐饮服务、民宿服务、渔业产品销售。

三、创新提质升级的营销品牌

首先，进一步完善张家界旅游营销体系。编制旅游宣传营销计划，制订客源市场开发工作计划，推进旅游宣传促销专业化、信息化、市场化。实施"互联网＋"营销模式，市县联动，捆绑营销。其次，实施张家界品牌营销战略。积极筹划办好已有重点活动，进一步创新旅游节庆品牌活动。以品牌为载体，以交通干线为依托，重点宣传土家风情、休闲乡村小镇风景、张家界地貌、红色教育。升级旅游宣传口号、旅游形象标识、旅游推介词、旅游宣传片品牌系统建设工程，进一步提升张家界旅游认知度、全方位提升美誉度。强化互联网新媒体旅游宣传，推进"互联网＋旅游"战略实施落地。再次，拓宽营销渠道。与毗邻地市合作建立推广联盟合作平台，并与途牛、腾讯、今日头条等网络知名媒体及抖音、快手等新自媒体进行全方位的合作，形成多方参与的全域旅游营销格局。当前张家界的旅游营销依然存在销售流量过于依赖 OTA 渠道，自媒体平台建设处于弱势地位的问题，因此必须充分利用"互联网＋"打造新型营销模式，尤其要重视自媒体营销的品质提升，以满足游客的多元化、个性化需求，吸引聚集粉丝，刺激购买，吸引二次游玩。聚焦社会化媒体营销。搭建张家界旅游部门、企业旅游信息的发布、整合、对接、分享和互动平台。利用网站、各类微平台形成张家界智慧旅游的品牌宣传渠道，利用微信、微博、头条等自媒体形成张家界智慧旅游的社会化口碑宣传阵地，充分利用搜索引擎、论坛、视频、文章等助力张家界智慧旅游的营销运营及传播。同时还应利用大数据分析，着重针对旅游爱好者进行重点营销，因为粉丝是最优质的目标消费者。但鉴于粉丝对于品质和信誉的高要求与真诚度，我们必须树立"用户体验""服务为王"的理念，高举游客思维大旗，重在产品的打造完善，而不是营销模式的复刻。最后，以旅游电商带动智慧营销。因电商平台的客户在地域、行业、性别、年龄上均实现了良好覆盖，也是人群密集的虚拟空间，非常有利于以商品为载体的旅游推广。张家界应积极鼓励旅游企业与电商合作，尽快让旅游电商与分销系统实现对接，带动智慧营销品质提升。

四、创新提质升级国际化市场

准确把握"国家全域旅游示范区"等发展定位，提升旅游基础设施的国际化水平，加强国际语言环境建设。开展旅游行业"全民学外语"工程，积极开展党政机关工作人员学外语、旅游从业人员外语培训、全域旅游英语角等活动，营造张家界国际化语言氛围。加速构建外语公共服务网络，依托"12345"政府服务热线，开发利用一体化的多语种服务系统，设立触摸式中英双语信息导航系统和电话服务热线；开通公交车中英文报站系统；在车站、机场、码头、餐馆、旅游信息咨询中心等游客相对集中的场所印发多语种志愿者援助信息卡，为国际游客提供语言沟通援助。增设外币代兑换点和移动电话卡销售点，重点涉旅场所实现 Visa、Master 等国际银行卡刷卡支付全覆盖。瞄准国际标准提高水平，加快推进以"旅游厕所革命"和旅游标识标牌国际化改造为代表的公共服务水平提升工程，着力完善港口机场、景区、道路交通、公共场所等区域的外文标识，建设与国际接轨的城市图文解说体系，实现外国游客无阻碍出游。借助人工智能等先进技术打造语言无障碍国际化城市。

第五节　张家界旅游业提质升级发展的保障

一、加强统筹规划

发挥规划引领作用，科学谋定旅游业转型提质以及旅游＋传统产业融合发展方向和功能定位，统筹转型提质发展的空间布局关系，衔接和协调国民经济与社会发展规划、农业规划、城市规划、综合交通运输规划、土地利用规划、产业规划、商贸规划、旅游规划等的关系。严格执行《张家界市"十三五"发展规划》《张家界市十三五旅游产业发展规划》《张家界市农业规划》《张家界市水利规划》《张家界市林业规划》《张家界生态红线规划》，切实加强规划控制。

二、加大政策扶持

拓宽转型提质产业创新融资渠道，鼓励和引导社会资本以合资、借贷、联营、股份、承包等多种方式投资开发"转型提质"项目，积极探索市场化发展模式，引进大型公司投资"转型提质"融合创新产业，推动"旅游业转型提质"向现代化、规模化、集约化发展，提升张家界市旅游产业竞争力。按照"分类融资，分级负责"的原则，区分项目属性，对转型提质中纯公益性基础设施建设项目，加强财政保证，落实各级政府主体责任，研究出台鼓励土地林地流转优惠政策，从土地使用、税收优惠、规费减免等方面予以扶持，不断加大对信息化、节能减排等项目的支持力度。

三、强化人才队伍建设

选拔理念先进、专业水平高的干部进入区县决策层和领导层，为"转型提质"完成"顶层设计"，面向社会公开招考旅游专业人员进入政府旅游主管部门，选派市、区、县有关领导和工作人员到上级主管部门或旅游业发达地区挂职锻炼。引进旅游规划设计、营销策划、经营管理方面的中高级实用型人才，制定优惠政策，实现引得来、留得住，充分发挥精英作用。通过招考公务员、选调生、"三支一扶"高校毕业生，充实旅游人才队伍。与国内实力雄厚的旅游策划机构合作，聘请国内一流专家开展旅游专业知识讲座，举办旅游研讨会、旅游专业培训，扩大参与面到乡镇党委负责人、基层组织负责人、旅游企业负责人。开展地校、企校合作，加强旅游从业人员培训，及时更新旅游从业人员的专业知识和服务技能。

四、加强组织领导

建立市区两级"转型提质"领导工作委员会。统筹全市"转型提质"重大项目建设，研究解决"转型提质"重大问题，对年度发展任务进行科学分解，明确相关部门和地方的责、权、利，建立并完善区县、相关部门的考核标准、考核机制及奖惩措施，签订责任状，制定时间表，确保"转型提质"规划落到实处。成立"转型提质"产业发展指导委员会，聘请来自规划、交通、旅行社、景区等多个行业领域的精英、专家组成智囊团，建立定期议事制度、目标管理制度、督办问责制度，形成专家服务长效机制，为张家界旅游业转型提质＋发展提供咨询服务。

五、加大旅游公共服务设施建设

完善旅游公共服务体系建设，充分整合旅游公共资源，结合生态旅游示范区建设，完成对旅游沿线厕所的改造升级，配合美丽乡村建设，分期分批完成全域旅游标识系统建设，制定涵盖游览咨询、市场信息、风险提示等内容在内的旅游公共信息服务标准体系。建立相关部门的旅游信息共享机制，推动旅游公共信息数据库建设。建设由政府统一规划和监管的旅游咨询中心，建设和完善主中心、分中心、信息亭等构成的旅游咨询服务网络。各区县、重点景区需加大旅游公共服务设施建设，创新运营模式，打造具有全域覆盖、全面发展、有特色的全面性服务架构。

参考文献

［1］张海燕，王忠云.旅游产业与文化产业融合发展研究［J］.资源开发与市场，2010（4）：5.

［2］李诗涵.金融支持旅游业发展情况研究——以张家界市为例［J］.商情，2021，26：68+73.

［3］张晓.陕西农产品加工业发展模式研究［D］.咸阳：西北农林科技大学，2007.

［4］郑淋议，罗箭飞，洪甘霖.新中国成立70年农村基本经营制度的历史演进与发展取向——基于农村土地制度和农业经营制度的改革联动视角［J］.中国土地科学，2019，33（12）：8.

［5］刘萍.中小企业信息化仍处于初级阶段——专访国家发展和改革委员会中小企业司副巡视员郑昕 服务与创新处调研员刘怡［J］.中国制造业信息化，2007（18）：20-21.

［6］袁南华.基于主体功能区的市域公园体系构建——以增城市为例［D］.广州：中山大学，2009.

［7］阎友兵，方世敏，尚斌.湖南红色旅游发展的战略思考［J］.经济地理，2007，27（5）：6.

［8］杨秀珍.张家界土家族民俗风情旅游开发研究［D］.长沙：湖南师范大学.

［9］蔡青.基于地理实践力培养的中学生研学旅行策略研究［D］.开封：河南大学，2019.

［10］潘刚.利辛县天禹种植专业合作社四季瓜果飘香生态旅游观光采摘园规划探析［J］.园艺与种苗，2017（7）：3.

调查问卷一：张家界旅游消费调查

尊敬的先生 / 女士：

您好！我是张家界旅游消费调研组，为提供更好的旅游产品，提升您的体验满意度，特开展本次调查。我们保证本问卷信息仅用于课题研究，您的个人信息将严格保密，您的意见将会是张家界旅游发展的重要参考。

非常感谢您抽出时间填写这份问卷。祝您旅途愉快！

第一部分：个人信息

1. 您来自＿＿＿＿＿＿＿省＿＿＿＿＿＿＿市（县）

2. 您的性别是：

□男　　　　　　　□女

3. 您的年龄是：

□ 18 岁以下　　□ 18~30 岁　　□ 31~40 岁　　□ 41~50 岁

□ 51~60 岁　　□ 60 岁以上

4. 您的职业是：

□公务员　　　　□事业单位人员　□企业工作人员　□教师

□农民　　　　　□学生　　　　　□军人　　　　　□离退休人员

□自由职业者　　□其他

5. 您的教育程度是：

□小学及以下　　□初中　　　　　□高中　　　　　□高职高专

□本科 　　　　　□硕士及以上

6. 您的月收入是：

□ 1000 元以下 　　□ 1001~3000 元 　　□ 3001~5000 元 　　□ 5001~8000 元

□ 8001~10000 元 　□ 10000 元以上

7. 您的家庭状况：

□青年单身 　　　　　　　　　□青年已婚无子女

□青年已婚有子女 　　　　　　□中年已婚有子女

□中年已婚子女独立 　　　　　□老年已婚 　　　□老年单身

第二部分：旅游者行为

1. 您此次出游的类型是：

□个人出游 　　　□情侣出游 　　　□亲子出游 　　　□好友结伴出游

□单位组织 　　　□其他

2. 您此次到达张家界乘坐的交通工具是：

□飞机 　　　　　□火车 　　　　　□汽车 　　　　　□自驾车

□其他交通工具

3. 您此次出游预计人均花费大概是：

□ 500 元以下 　　□ 501~1000 元 　　□ 1001~2000 元 　　□ 2001~3000 元

□ 3001~5000 元 　□ 5001 元以上

4. 您是第几次来武陵源旅游？

□第一次 　　　　□第二次 　　　　□第三次 　　　　□三次以上

5. 您预计在张家界游玩的天数为：

□ 1 天 　　　　　□ 2 天 　　　　　□ 3 天 　　　　　□ 3 天以上

6. 您每年出游的次数：

□ 1 次 　　　　　□ 2~3 次 　　　　□ 4~6 次 　　　　□ 6 次以上

7. 您此次选择武陵源的目的是（可多选）：

□游览名胜 　　　□休闲度假 　　　□文化交流 　　　□探险考察

□出差 　　　　　□探亲访友 　　　□增加阅历 　　　□寻求刺激

□摆脱日常环境和压力　　　　　　　　□寻求创作素材和灵感

8. 您此次出游（预计）花费最多的前三项：（多选）

□交通　　　　　□住宿　　　　　□餐饮　　　　　□景区门票

□看演出　　　　□购物　　　　　□其他

9. 您选择的住宿方式是：

□星级酒店　　　□经济型酒店　　□青年旅社　　　□家庭旅馆

□特色民宿　　　□其他

10. 您选择在哪里入住？

□张家界市区　　□武陵源区　　　□桑植县　　　　□慈利县

11. 您或您家人住宿的房费标准是（每一间）：

□ 100 元以下　　□ 101~150 元　　□ 151~280 元　　□ 281~350 元

□ 351~600 元　　□ 600 元以上

12. 您选择的餐饮方式是：

□中西式快餐　　　　　　　　　　　□当地特色美食（三下锅）

□高档饭店　　　　　　　　　　　　□其他地方特色

13. 您或您家人在武陵源就中餐或晚餐的（人均）费用是：

□ 40 元以下　　□ 41~100 元　　□ 101~120 元　　□ 121 元以上

14. 您计划到哪些景区游玩？（可多选）

□张家界森林公园　　　　　　　　　□黄龙洞　　　　□宝峰湖

□溪布街　　　　□大峡谷景区　　　□天门山森林公园

□土家风情园　　□老道湾　　　　　□贺龙纪念馆

□桑植红二方面纪念馆　　　　　　　□桑植九天洞景区

□朝阳地缝景区

15. 您非常满意的景区（可多选，最多可三个）是：

□张家界森林公园　　　　　　　　　□黄龙洞　　　　□宝峰湖

□溪布街　　　　□大峡谷景区　　　□天门山森林公园　□土家风情园

□老道湾　　　　□贺龙纪念馆　　　□桑植红二方面纪念馆

□桑植九天洞景区　　　　　　　　　□朝阳地缝景区

16. 如果您去过张家界森林公园，您最喜欢哪个景点？（最多可选三个）

☐黄石寨　　　　☐金鞭溪　　　　☐天子山　　　　☐十里画廊

☐袁家界　　　　☐杨家界

17. 您计划选择哪些文旅项目游玩？

☐张家界千古情　☐溪布街的老戏　☐烟雨张家界　　☐梦幻张家界

☐魅力湘西　　　☐大湘西记忆馆

18. 您喜欢武陵源区哪些类型旅游项目（可多选）？

☐欣赏自然风光　☐攀爬运动　　　☐观看演艺节目　☐欣赏夜景

☐逛街购物　　　☐品尝当地的特色美食　　　　　☐其他

19. 您从哪些渠道获取武陵源旅游的相关信息？（可多选）

☐旅行社　　　　☐大众网络平台　☐朋友推荐　　　☐报纸杂志

☐街头传单　　　☐旅游宣传片　　☐景区门户网站　☐自己旅游经验

☐教材课本

20. 您在选择景点时会优先考虑（最多可选三项）：

☐景点的知名度　☐旅行社的推荐　☐距离的远近　　☐景点特色

☐人流量的多少　☐交通可达性　　☐价格实惠

21. 本次旅游时间是利用您的哪个时间？（可多选）

☐年休假　　　　☐双休日　　　　☐工作日　　　　☐因公出差

☐轮休日

第三部分：游客对张家界市旅游消费的满意度情况。（若同意，请在相应的表格里打"√"）

事项列表	非常不满意 1	不满意 2	一般 3	满意 4	非常满意 5
1.景区卫生环境					
2.当地居民对游客的态度（热情、讲礼貌）					
3.城市治安状况					
4.景区供应的数量种类多，供给不暇					

事项列表	非常不满意 1	不满意 2	一般 3	满意 4	非常满意 5
5. 景区内的标志标牌清晰度					
6. 景区客流量度，旅游经营秩序					
7. 景区工作人员服务态度					
8. 公共休息设施					
9. 景区门票价格					
10. 餐饮消费价格					
11. 住宿消费价格					
12. 旅游商品价格					

第四部分（自由回答）：对张家界市旅游的建议

如果有机会下次再来张家界旅游，您希望在哪方面进步和提高？例如：服务水平、基础设施、纪念品等方面。（请解释说明）

_____

_____

_____

_____

调研学生：　　　　专业＋学号：　　　　时间：　　　　地点：

调查问卷二：张家界旅游消费动机调查

尊敬的先生／女士：

您好！我是吉首大学的大四学生，近期由于撰写论文，需要收集第一手资料，为此进行此次匿名问卷调查，需要您的配合。希望通过本问卷调查了解您来张家界的旅游消费动机，您的参与对我毕业论文的顺利完成很重要。我会按《统计法》为您的个人信息保密，保证仅用于学术研究，不用于其他。衷心感谢您的帮助和支持，请凭第一感觉在合适的选项或相应的数字处打"√"。

1. 您的性别：

A. 男　　　　　　　B. 女

2. 您的年龄：

A. 24 及以下　　　B. 25~30 岁　　　C. 31~40 岁　　　D. 41~50 岁

E. 51~60 岁　　　F. 61 岁及以上

3. 您的学历：

A. 初中以下　　　B. 高中　　　　　C. 大专　　　　　D. 本科

E. 研究生及以上

4. 您的职业：

A. 学生　　　　　　B. 公务员、机关事业单位人员　　　C. 教师

D. 企业单位人员　E. 个体经营者　　F. 军人　　　　　G. 农民

H. 离退休人员　　I. 其他_____

5. 您目前的月收入是：

A. 3000 元以内 　　　　　　　　　B.3001~5000 元

C. 5001~10000 元 　　　　　　　　D.10001 元及以上

6. 您如何获得旅游信息：

A. 旅游代理商　　　B. 亲友介绍　　　C. 互联网　　　　D. 媒体广告

E. 其他

7. 您的旅游消费动机是：

A. 欣赏美丽风景 　　　　　　　　　B. 体验风土人情

C. 独具特色的民俗活动 　　　　　　D. 缓解生活工作压力

E. 丰富阅历增长见识 　　　　　　　F. 登山探险　　　G. 探亲访友

H. 购买旅游纪念品 　　　　　　　　I. 强身健体修身养性

J. 商务需要　　　K. 与亲友一起旅游有趣　　　　　L. 寻求刺激

M. 其他（　　　）

8. 您对张家界的旅游服务是否满意？

A. 满意　　　　　B. 一般　　　　C. 不满意　　　　D. 建议（　　　）

本问卷至此全部结束，再次感谢您的支持与帮助，祝您身体健康，事事顺心！

| 问卷调查三：张家界文博旅游消费调查 |

尊敬的各位游客朋友：

您好！我是吉首大学张家界校区 17 级旅游管理专业的学生。本次调查的目的是研究文博旅游，特邀请您填写问卷调查。非常感谢您参与本次调查。

1. 您是否参观过张家界的博物馆（张家界市博物馆、大湘西记忆博物馆、土家风情园）？

□参观过（请继续填写）　　　　　　□没参观过（请终止填写）

2. 您的性别：

□男　　　　　　□女

3. 您的年龄：

□ 18~24 岁　　□ 25~44 岁　　□ 45~54 岁　　□ 55~64 岁

□ 65 岁及以上

4. 您的受教育程度：

□初中　　　　□高中　　　　□本科 / 大专　　□研究生及以上

5. 您的职业：

□工人　　　　　　　　　　□农民

□公务员、事业单位人员　　　　　　　　　　□军人

□学生　　　　　　　　　　□自由职业者

□企业员工　　　　　　　　□个体户

□退休人员　　　　　　　　□其他

6. 您的月可支配收入：

☐ 1000 元以下 ☐ 1001~3000 元

☐ 3001~5000 元 ☐ 5001~10000 元

☐ 10001 元及以上

7. 这是您第几次来张家界旅游？

☐ 第一次 ☐ 第二次 ☐ 第三次及以上

8. 您此次张家界之行的旅游方式：

☐ 散游 ☐ 跟团游 ☐ 自驾游

☐ 学校 / 单位组织游 ☐ 其他

9. 您从哪里来张家界进行文博旅游？

☐ 省外 ☐ 省内

10. 您来张家界进行文博旅游的原因：

☐ 导游推荐游玩 ☐ 对历史文化感兴趣

☐ 日常放松、休闲 ☐ 增长自己见识

☐ 其他

11. 您是通过哪种渠道知道张家界的博物馆？

☐ 电视、广告 ☐ 微信、微博、网站等 ☐ 导游推荐

☐ 景区内宣传 ☐ 朋友亲人推荐 ☐ 其他

12. 您能接受文博旅游的价格区间是：

☐ 100~1000 元 ☐ 1001~2000 元 ☐ 2001~3000 元 ☐ 3001 元及以上

13. 在观赏张家界的博物馆后，您是否愿意重游张家界博物馆？

☐ 非常不愿意 ☐ 不愿意 ☐ 一般 ☐ 愿意

☐ 非常愿意

14. 您是否愿意推荐别人来张家界进行文博旅游？

☐ 非常不愿意 ☐ 不愿意 ☐ 一般 ☐ 愿意

☐ 非常愿意

15. 您是否满意此次的文博之旅？

☐ 非常不满意 ☐ 不满意 ☐ 一般 ☐ 满意

☐ 非常满意

您对此次文博旅游的评价	不同意	同意	其他
馆内文物藏品丰富			
场馆的基础设施完善			
馆内的历史陈列品令您印象深刻			
整体环境良好			

您在结束游览后的评价	不同意	同意	其他
浏览时您沉浸其中			
游览过程中感到身心愉悦			
馆内讲解让我了解当地的历史文化			
馆内人员展示了良好的服务态度			

感谢您的合作，谢谢！

问卷调查四：张家界土特产商品调查问卷

尊敬的女士／先生：

您好！欢迎来到张家界旅游观光，我是吉首大学的一名学生，正做有关张家界土特产问题调研，本次调研仅做研究使用，不会向外透露您的个人信息，希望您能抽出宝贵的时间认真填写此表，谢谢您的参与和支持。（请您在□处打"√"）

一、购买土特产的动机调查

题目	选项		
	赞同	不赞同	其他
1. 购买土特产可以展现自己的生活品位			
2. 顺便看看或体验当地特产			
3. 获得情感的归属			
4. 获得一种舌尖上的美感享受			
5. 释放了压力，放松了心情			
6. 享受新事物的乐趣			
7. 因朋友买过并推荐			
8. 因导游推荐			
9. 因知名度比较高			

续表

题目	选项		
	赞同	不赞同	其他
10.购买土特产目的是馈赠好友家人			
11.购买土特产目的是享受参与的过程			
12.购买土特产目的是获得他人的认可			
13.购买土特产目的领略当地民俗饮食文化			
14.购买土特产目的是开拓视野，增长见识			
15.探索未知事物，满足好奇心			
16.获得优越感			
17.获得谈资			

二、土特产消费满意度调研

题目	选项		
	赞同	不赞同	其他
1.您在张家界旅游土特产上的花费占整个旅行费用的比例高			
2.您认为张家界土特产商品的价格总体上高			
3.您认为张家界土特产商品的质量好			
4.您认为张家界土特产食品安全令人放心			
5.您认为张家界土特产的品种总体上丰富			
6.您认为张家界土特产专卖店购物环境好			
7.您认为张家界土特产最好在超市购买			
8.您认为张家界土特产购物过程愉快			
9.您认为购买土特产应该比较谨慎			
10.您认为来张家界旅游必须购买土特产			

三、其他内容的调研

1. 您在张家界喜欢购买何种旅游土特产（可多选）？

☐特色食品　　　☐工艺美术品　　☐旅游纪念品　　☐生活用品

☐其他

2. 您能接受的张家界旅游土特产的价格：

特色食品：

☐ 100 元及以下　☐ 101~300 元　　☐ 301~500 元　　☐ 500 元以上

工艺美术品：

☐ 100 元及以下　☐ 101~500 元　　☐ 501~1000 元　☐ 1000 元以上

旅游纪念品：

☐ 20 元及以下　☐ 21~50 元　　☐ 51~100 元　　☐ 101~500 元

☐ 500 元以上

生活用品：

☐ 20 元及以下　☐ 21~50 元　　☐ 51~100 元　　☐ 101~500 元

☐ 500 元以上

3. 您更看重张家界的旅游土特产的哪个方面？

特色食品：

☐包装　　　　☐质量　　　　☐价格　　　　☐使用价值

工艺美术品：

☐包装　　　　☐质量　　　　☐价格　　　　☐使用价值

旅游纪念品：

☐包装　　　　☐质量　　　　☐价格　　　　☐使用价值

生活用品：

☐包装　　　　☐质量　　　　☐价格　　　　☐使用价值

4. 您认为代表张家界特色的旅游商品应更注重哪方面？

☐纪念性　　　☐实用性　　　☐轻便性　　　☐时尚性

四、个人信息

1. 性别：

□男　　　　　　□女

2. 年龄：

□ 20 岁及以下　　□ 21~40 岁　　　□ 41~60 岁　　　□ 60 岁以上

3. 职业：

□工人　　　　　□公司职员　　　□公务员　　　□农民　　□教师

□学生　　　　　□个体经营者　　□其他

4. 月薪状况：

□ 1500 元以下　　　　　　　□ 1501~3000 元

□ 3001~4000 元　　　　　　□ 4001~5000 元

□ 5000 元以上

5. 文化程度：

□高中或以下　　□大专　　　　　□大本　　　　□硕士或以上

6. 婚姻状况：

□未婚　　　　　□已婚

| 后 记 |

书稿从撰写到完成几经波折，此刻终于即将完成，心中万分感慨。

本研究缘起于 2011 年我刚刚到陕西师范大学国际商学院攻读国民经济学博士学位的"资本论"课程。我们"资本论"课程分为上、中、下三部分，由何炼成、李忠民、孔祥利三位资深教授授课。何炼成先生当时是西北大学教授，也是陕西师范大学国际商学院名誉院长，先生是湖南浏阳人，与我是湖南老乡。他是中华人民共和国成立后的第一代大学生，是中国发展经济学之父张培刚大师的弟子。1951 年何老师正式毕业于武汉大学经济学系，因响应国家号召到国家最需要的地方、最艰苦的地方就业，7 月来到西北大学，扎根大西北六十多年，培养了张维迎、魏杰等国内知名经济学教授，是我国著名经济学家，教育家，中国发展经济学奠基人之一，全国劳动模范，"有突出贡献专家"称号获得者。何老师负责给我们 2010 级博士及硕士研究生讲授《资本论》上册，先生从 8：30 到 12：00 三个半小时滔滔不绝一口气讲下来，声音洪亮，思维敏捷，旁征博引，深入浅出，他的博学与敬业深深地感染了我，让我深切感受到身正为师、德高为范的大师风范。当时我把课余时间写的《张家界旅游产业发展》九万多字的书稿提请何老师批阅，老先生一个星期后就返稿了，我在书稿上发现了很多详细的修改意见，并收到了先生给我命名的《旅游消费经济研究——以张家界旅游消费经济为例》写作提纲及热情洋溢的序言，这便是本书的雏形。

先生对我这个湖南小老乡充满关爱，对我的这个书稿也很关注。但由于我的博士论文方向与旅游经济有偏差，故这个书稿后续修改就搁浅了，哪知一搁就是十年。2020年12月底，在家清理书柜时找到了当年先生给我书稿撰写的序言和写作提纲。虽历时十年了，仍保存如新，手稿散发着淡淡的墨香味，先生字迹苍劲有力，写作提纲清晰明了，让我不由又想起与他的不请之约。于是，我开始收集这几年自己做的课题以及带领我的本科生、研究生一起做的有关张家界旅游消费方面的论文，发现自2019年来，陆续带领学生在关于张家界旅游消费动机、消费行为、消费结构、消费水平、文博旅游产品、乡村旅游产品、农家乐、民宿等方面展开了一系列研究。于是，我决定把这些零散的研究成果整理汇编成一个完整的书稿，履行与何老师的书约，不负先生的期待，为张家界世界知名旅游城市的高质量发展积累一定的基础资料及数据，为同类旅游城市推进高质量发展提供消费视角的研究案例与借鉴。

2022年8月，忽闻先生在西安仙逝，心中悔恨，责怪自己慵懒拖延，未能在先生生前给他老人家交上一份满意的书稿，只能委托肖守忠师兄在先生的告别会以及追思会上敬献花篮以表心意；也在心里暗下决心，尽快完成书稿，即以此书告慰先生对我这个小老乡的殷殷之情。

然而，书稿写作期间又遇全球新冠疫情，我国旅游业跨省流动全面熔断，尤其在2021年7月底，在书稿整理完成之际，张家界被突如其来的疫情按下了暂停键。由经停南京机场的几位游客携带的"德尔塔"病毒正悄然地在这个旅游城市散布，随着到张家界旅行的第一位确诊病例发布，随即张家界第一例本土病例被确诊，7月29日，这个以旅游业为支柱产业、旅游业占国民生产总值70%以上的城市，立刻被蒙上了一层愁容。随着疫情的发展，本着为人民生命健康负责的原则，张家界这个国内外知名旅游城市宣布关停所有旅游景区与演艺场所，对所有进出该城市的道路实行管制，全城人员都投入抗疫工作中。张家界的7月是旅游消费的旺盛期，此间的旅游市场刚刚复苏到2020年疫情之前的70%，此刻又遭受如此重大打击。面对这次艰苦卓绝的抗疫局势，旅游消费市场该如何复苏，该如何重建旅游者的消费信心，该如何度过这个艰难的时刻，基于供给端改进旅游消费机制，创新旅游新业态，探索提升旅游产业提质转型的政策与思路显得尤其迫切且重要了。

本研究依托消费、投资和出口"三驾马车"经济增长理论，结合国内旅游消费市场的激烈竞争和旅游消费升级的变化趋势，认真剖析了张家界市旅游市场领域转型升级高质量发展的背景、前期基础、需求市场的期待，供给市场的产品开发现状、开发品质等情况，并从高质量发展、全时空领域以及"旅游+"的视角，提出"十四五"期间张家界旅游业转型提质高质量发展的战略、指导思想、实现路径以及具体对策建议等。全书共分四篇十三章，分别为提质升级前提篇，提质升级的需求篇，提质升级的供给篇，提质升级的发展篇。其中第二章张家界旅游业提质升级的现实基础，第六章张家界全域旅游发展现状分析，第七章张家界红色旅游开发现状，第八章张家界城郊农家乐开发情况，第九章张家界文博旅游产品的开发分析，第十章玻璃桥旅游产品开发情况以及第十一章张家界乡村民宿开发分析分别是在我本科学生张绍彬、简子庞以及于成漩和邓钧方硕士等同学的学位论文上整理完善修改而成的。感谢余勇、覃雯、刘水良老师与本人一起合作完成多个横向委托项目，为本书的撰写提供了丰富的资料与数据。

粟娟

2024 年 7 月

项目策划：段向民
责任编辑：孙妍峰
责任印制：钱　戌
封面设计：武爱听

图书在版编目（ＣＩＰ）数据

张家界旅游业提质升级发展研究 / 粟娟著 . -- 北京：
中国旅游出版社，2024.12
　（国家自然科学基金旅游研究项目文库）
　ISBN 978-7-5032-6928-8

　Ⅰ．①张… Ⅱ．①粟… Ⅲ．①地方旅游业－旅游业发
展－研究－张家界市 Ⅳ．① F592.764.3

中国版本图书馆CIP数据核字（2022）第046839号

书　　　名：张家界旅游业提质升级发展研究

作　　　者：粟　娟
出版发行：中国旅游出版社
　　　　　（北京静安东里 6 号　邮编：100028）
　　　　　http://www.cttp.net.cn　E-mail:cttp@mct.gov.cn
　　　　　营销中心电话：010-57377103，010-57377106
　　　　　读者服务部电话：010-57377107
排　　　版：北京旅教文化传播有限公司
经　　　销：全国各地新华书店
印　　　刷：三河市灵山芝兰印刷有限公司
版　　　次：2024 年 12 月第 1 版　2024 年 12 月第 1 次印刷
开　　　本：720 毫米 × 970 毫米　1/16
印　　　张：18
字　　　数：290 千
定　　　价：59.80 元
ＩＳＢＮ　　978-7-5032-6928-8